岩　波　現　代　文　庫

完本
中国再考
領域・民族・文化

葛兆光
Ge Zhaoguang
辻　康吾［監訳］
永田小絵［訳］

学術 439

岩波書店

日本の読者へ

この小著で議論したいのは次のような一つの問題、つまり「『中国』とはなにか？」ということである。現代中国はいかに古代中国から次第に形成されてきたのか。多くの民族、複雑な文化、広大な地域を含む「中国」は、いまどのような問題に直面しているのか。

同時に、これらの問題を議論するために次のような「中国」に関するいくつかのキーワード、つまり「世界観」、「国境」、「歴史」、「周辺」、そして「現実」についても議論したい。簡潔に言って、第一に、古代中国の「天下観」はいかに現代中国の「世界観」へと転化したのか、あるいはどう転化したのか。これは中国が伝統的な朝貢秩序と、近代的な国際秩序をどう見ているかということに関わる問題である。第二に、伝統的な中国の「領域」はいかに現代中国の「国境」となることができたのか。このことは現在の東アジアにおける領土をめぐる各種の紛争についての考察を助けることになる。第三に、現在我々が言う「中国文化」とは歴史の中でいかに形成されたのか。そのことは、結局は漢族の文化だけなのか、それとも複数の文化からなる文化なのかを考えさせるものである。第四に、近世以来、とくに東アジア諸国間の相互信頼関係はいつ消滅し、東アジア各国はいかに離散していったのか。そして第五に、文化衝突という角度から見て、中国の伝統的な文化資源は一種の理性的な力となり、国際平和と地域の安定を導くものとなりうるのか。

これらの問題は表面的にはすべて「中国」について議論するものではあるが、実際にはそれは日本や韓国という隣人(〔北〕朝鮮、ベトナムなどを含む)に関わるものであることを避けることはできない。今日の相互に依存する世界に生きるとき、我々は歴史を考察することから得られる理性によって情緒に駆り立てられる民族主義的立場を排除し、同じ世界でともに敬意をもって共存し、尊重しあうことを可能とすることを願っている。今回この小著が日本語となって日本で出版されることで日本の読者とともに、あなた、私、そして他者に関わる大問題を議論できることを希望している。

お断りしておくべきことは、序章で述べたように「歴史への知識を通じて周辺の人々といささかではあれ共通の認識を得る」ことを希望するがゆえに、歴史学者のならいとして議論のすべては「歴史」に始まることである。

二〇一三年六月　上海にて

目　次

- 本文中の（　）は著者の注、〔　〕は監訳者の注である。
- 注番号（1）（2）……は原注、〔1〕〔2〕……は訳注として巻末に置いた。

序章　「中国」の歴史的成り立ちとアイデンティティの混迷

この序章で、私は読者各位とともにいくつかの歴史問題について議論したい。その歴史問題とは①「アジア」と「中国」、②「学術」、「政治」、「アイデンティティ」、③「全地球史」、「各国史」、「地域史」に関わるものとなるであろう。

歴史学を専門とするものとして、私はもとよりこのような大問題について議論することは考えていなかった。しかし、ここ数年来、中国史研究ではこうした大問題を避けて通ることはできないし、また現実の中国を見るにつけてもやはり避けられないとの思いを深めてきた。

最近、急速に膨張（私は「台頭」（原語「崛起」[1]）という言葉は好まない）してきた中国が直面する重大な問題の一つは、中国とアジアと世界が文化、政治、経済の上でいかに共存するかということである。私は、中国がすでに多くのトラブルに遭遇していることを認めなければならない。つまり高句麗問題、東海（東シナ海）と釣魚島（尖閣諸島）問題、南海（南シナ海）と西沙・南沙問題、内外モンゴル問題、新疆《しんきょう》の東トルキスタン運動とイスラム教の問題、チベットおよびチベット仏教の問題、台湾問題、さらには琉球問題〔2〕さえ再燃しようとしていることなどである。

　政治的トラブルは政治家が国際政治の準則によって処理すべきことはしごく当然のことだが、一部の歴史問題は歴史学者がそうした問題をはっきりさせてこなかったため、一部の政治家は歴史上の領域と現実の領土の問題を分けることができず、また歴史的知識を通じて周辺の隣人と共通の認識を得ることが難しくなっている。さらに一部の研究者はこうした問題の意味を認識してはいるものの、歴史的知識を十分に備えることなく慌てて議論することで、理性的、歴史的、学術的議論ではなく、既存の立場や、政治イデオロギー色の強い論争に陥るか、あるいは西側の先端的理論にはまり、「帝国」、「民族国家」、「ポストモダン」あるいは「ポストコロニアリズム」などの壮大な理論や概念を持ち込んで空しい議論をしている。

　中国の学界ではすでに「領域」、「エスニックグループ」、「宗教」、「国家」、そして「アイデンティティ」などの課題が注目を集めている。そこで私も一人の歴史学者として読者とともに、「中国」とは本当のところ何なのかという問題を歴史的に議論したい。これは二〇一一年に北京と台北で同時に出版した『宅茲《たくじ》中国』〔1〕〔3〕のテーマでもあった。

一　「中国」という言葉の解釈がなぜ問題になるのか？　また「中国」という存在にどんな問題があるのか？

「中国」とはなにか。この一見当たり前の常識の背後には面倒な歴史問題がある。一八九五年以後、清帝国は全世界、アジアの中に組み込まれ、伝統的な中国文化は西洋と東洋の新文化の衝撃を受け入れざるを得なくなり、伝統的天下観念と朝貢体制は現代の新しい世界秩序からの挑戦を受けることになった。伝統的な中国の政治制度は西側の民主制度からの衝撃を受け、二千年来かつてなかった「巨大な変動」が現れ、(2)古代中国が変化に対応する時に習慣としてきた「伝統内変動」(Change within tradition)は「伝統外変動」(Change without tradition)へと変化せざるを得なかったのである。そのゆえに歴史の中で中国について議論する場合、アジア、ひいては世界に言及せざるを得ない。つまり「中国」はもはや自己完結的な「歴史世界」ではなく、すべての歴史的議論は「世界」や「アジア」、少なくとも「東アジア」を背景とするものでなければならなくなった。

他方、こうした近代の世界とアジアの歴史的変化は、相互関係と相互影響を重視する世界史と地域史研究を刺激し、最近流行のポストモダンの歴史理論は「民族国家」という歴史記述に対する批判を鼓吹するものとなっている。学界における「アジア史」、「世界史」への関心が高まるにつれて、国際学界では一つの趨勢が生まれてきた。つまり歴史上「中国」という一つの政治的、文化的に高度の同一性をもつ国家が真に存在するのかという疑問が生まれてきたのである。なぜ「中国」を一つの「歴史世界」として認めることができるのか、また記述することができるのかと問うものもでてきた。こうした議論は中国国内に浸透してきただけでなく、世界の各地域で影響を与えている。

こうした厳しい問いかけには感謝すべきであろう。こうした疑問があるがゆえに、今日ここで「『中国』とはなにか？」というこの課題について我々が改めて議論し再考することが可能になったからである。私が常に思うのは、こうした「中国」に関する歴史問題は現実の中国にとって問題となっているし、また学術界にとっても地球大の研究課題となっているということである。それはなぜか。一つの国家としての「中国」の性質はヨーロッパの伝統的な「帝国」や、ヨーロッパ近代の「民族国家」の定義や理論をもってしては簡単に理解できないし、その領域、エスニックグループ、信仰、国境、文化、そしてアイデンティティの問題は、世界に現存する国々より遥かに複雑だからである。

「中国」の歴史を振り返ってみてすぐに言えるのは、文化的に一貫し連続性をもつ中国はかなり早くから確立されていたということである。紀元前三世紀の秦代に統一帝国が樹立され、「ます、量り、物指、両輪の幅を統一し、文字も書体を同じくした」(3)が、これらは公権力で推進された。紀元前二世紀の漢代は制度上は「覇道と王道を交えて用いる」で、思想上は「儒教のみを尊しとする」とされた。(4) つまり政治、文化、言語面でかなりの同一性をもつ中華帝国が秦漢時代にすでに形成されていたのである。その後の中古期(三―十世紀)には、中国は戦乱と分裂を経て、諸民族が融合交雑し、各族のリーダーが交代したものの、隋唐の時期に到るまで中国はやはり東アジアを包括し、域内の各民族に対して支配力をもつ大帝国であった。漢と唐の間の時期、一般の世界観においては「外国」という意識や、いわゆる「国際秩序」という考えはあまりなかった。歴史的には匈奴《きょうど》、鮮卑《せんぴ》、突厥《とっけつ》など、この帝国に対抗する異民族の勢力はあるにはあったが、全体として言えば、それは世界観において対等な「敵国」というものではなく、そのいくつかが「外国」であるということもなかった。(5)

宋代、つまり十世紀から十三世紀に中国と隣人たちとの関係には大きな変化が発生した。(6) 宋朝の中国ではすでに多数の国々が存在する国際的環境の中で、今日に到る「中国」という意識が生まれ始めた。基本的な歴史的知識があれば、この時代がそれ以前と同じではなくなったことを知ることができる。現在の学術界においては、なぜ多くの人が「唐宋変革論」を信じ、唐代は伝統的な時代であるが、宋代は中国の近世だと強調するのだろうか。日本の内藤湖南(一八六六―一九三四年)、宮崎市定(一九〇一―九五年)がこの論断を下しただけでなく、中国の傅斯年《ふしねん》(一八九六―一九五〇年)、陳寅恪《ちんいんかく》(一八九〇―一九六九年)、銭穆《せんぼく》(一八九五―一九九〇年)、傅楽成《ふらくせい》(一九二二―八四年)も似た見方をしている。私の考えでは、宋代が「近世」となったのは、都市と市民の勃興のほか、貴族の没落と皇帝権力の専制、科挙、郷紳(地方の名望家、地域のボス。多くは退職官吏)、郷土社会の形成、および文学芸術の作風の変化など、宋代のこれらの新しい要因のほかに、「民族」と「国家」意識が次第に自覚されるようになったことが、いわゆる「近世」の一つの標識となったことである。そのゆえに宋代が「中国」意識の形成のカギとなる時代であったことを強調できるのである。(7)

しかしここで指摘しておかねばならないことは、この特殊な国家が形を取り始めて後、政治的に国家の領域と国際環境の変動が続き、史的限界のあった中国では伝統的な「至大無外」(大きくて外がない)の天下観念と「自己中心」の朝貢体制が継続されたため、宋代以後、この文化的、政治的統一性をもつ「中国」はより多くのトラブルに出会うことになったということである。その後のモンゴル族の元と満洲族の清という二つの異民族の統治によってそれまでの境界を超える大帝国が生みだされたことはもちろんとして、とりわけ以下に述べるような特殊な三重の苦境に遭遇した。それが国家としての「中国」にとって「内」と「外」の別を認めるアイデンティティ上のトラブルを今日に到るまで解決できないものとし、またその苦境が現代の中国の問題ともなっている。さらに私は、この問題は未来へも続くものと思っている。

では、一体どのような三重の苦境なのだろうか。

第一の苦境は宋代以降、周辺国家(日本、朝鮮、安南〔ベトナムの中南部〕を含む)で「自国中心」の傾向が現れたことである。中国がもはや漢唐時代の包括的な文化吸引力と輻射力をもたなくなって以降、周辺国は少なくとも文化的に中国に依存することを望まなくなり、また「中国」を取り巻く「南蛮北狄西戎東夷」という情況を認めなくなったことである。たとえば日本は隋唐以来すでに中国と対等との意識をもっていたが[8]、真に政治、経済、文化の上での全面的な「自国中心意識」はおそらく元代にモンゴル・江南・高麗連合軍が日本を攻撃し(元寇)、いわゆる「神風」で失敗して以降に始まったのであろう[9]。それ以後、日本は「神国」を自認し、意識的に自分の文化を発展させた。それからしばらくして、東アジア各国は次々と立ちあがり、高麗末には李成桂が李朝を樹立し、日本ではほぼ同時期に足利義満が南北朝合一をなしとげた。

一般的に言って一つの民族や国家が一旦統一すると自我・自尊の意識が強まる。中国周辺の安南、琉球、朝鮮、日本で次第に「自国意識」が形成された後、政治的に独立し、文化的にも中国から独立し、漢唐時代の「東アジア」とは大きく異なる「国際構造」が出現した。それが「天下観念」、「礼儀秩序」に立つ中国中心の国際秩序を改変し、また次第に中国にこの種の変化した政治構造、文化的版図を受け入れることを迫った。これが周辺から来た第一の挑戦であり、中国周辺で変化が発生したのである。

第二の苦境は、明代中期に西洋人が渡来した後に始まった。[10] 大明帝国は漢族が中心となって樹立された国家だが、それ以後さらに大きな世界秩序の中に引きずりこまれ、中国史も全地球の歴史の中で再編され、中国文化はヨーロッパ文明の挑戦に直面することになった。この「初期グローバル化」という歴史の趨勢は以後いよいよ激しくなり、清朝末期には西洋人が砲艦で乗り込み、各種の不平等条約が結ばれた。それは「天下」を「国際」へと変化させ、以前は中国とは余り関係がなかった巨大な地理的世界、歴史世界、文化世界が出現した。それでは一体誰の価値観がこの世界を支配するのだろうか。誰の秩序がこの「国際」を統御するのだろうか――これが、中国が直面した第二の苦境であり、それは他の世界から来た文化と秩序による挑戦であった。

第三の苦境は大清帝国の版図は拡大したが、そこから次第に内部の問題が生じてきたことである。多くの人が気付いているように明朝中国の領域は基本的に本土の十五省であった。[11] この領域内ではエスニックグループや地域の問題はとくに重大なものではなかった。だが順治元年〔一六四四年〕に満洲族が山海関を越えて大清王朝を樹立するや「中国」は漢族を主とする中国から満洲族に漢族を加えた帝国となった。[12] 康熙二十七年〔一六八八年〕漠北〔ゴビ以北〕のハルハモンゴルが帰順し、中国はモンゴル族、満洲族、漢族のすべてを含む帝国となった。さらに乾隆二十四年〔一七五九年〕ジュンガル、天山南路の大小ホジャ〔イスラム有力支族〕を平定、新疆（回部）〔天山以南〕を獲得、満、漢、蒙、回

〔回は本来は新疆のウイグル族を指したが、後に全国のイスラム教徒を指すようになった〕が一体となって構成する大帝国となった。明朝の始まりから雍正帝時代までに基本的に「改土帰流」〔少数民族有力者と中央派遣官僚の入れ替え〕を実現、西南の苗族、彝《イ》族の土司土官統治が国家統治下の州、府、県、庁となり、その時中国は満、蒙、漢、回、苗など諸族共同の大帝国となった。順治年間から乾隆年間に到るまでパンチェン・ラマとダライ・ラマを冊封《さくほう》〔冊書を以て封爵を授けること〕した。ダライは承徳で皇帝に拝謁し、大清の朝廷は福康安をチベットに派遣し「金瓶掣籤《きんぺいせいせん》制度」〔転生霊童の抽籤選出制度〕を定めた。こうして中国は「五族」（満蒙回蔵漢）あるいは「六族」（満蒙回蔵漢苗）の帝国となり、従来の意味では単純だった民族（漢）と国家（中国）の一致はなくなった。

　巨大な帝国であることは当然誇るべきことであろう。[13] だがそれにつれて生まれる内部の問題が重大となり、巨大な統一国家、多元的な民族文化とアイデンティティの問題が同時にあとを引くことになった。一九一二年、帝政中国は共和国となり、革命派が活動を始めたときのスローガンは「駆除韃虜《だつりょ》〔5〕、恢復中華」で、この民族革命のスローガンで民衆を動員した。[14] しかしこの本来「満洲族を排除」し、漢族政権の復活を掲げて始まった革命は〔国土分割を意味することになり〕最後には、誰もが「国土分割」の罪名を引き受けることはできず、妥協せざるを得なくなった。さらに保守派の梁啓超、康有為などが唱えた「国族」（民族）の主張を受け入れ、また清朝皇帝が「退位詔勅」で願った「五族共和」を認めることになった。だが清帝国の遺産を相続した中華民国、そして中華人民共和国はともに大清帝国に隠されていた多様なエスニックグループと地域の問題を相続することになった。つまり満蒙漢回蔵苗はどうやって一つの国家としての共通認識と文化的アイデンティティをもつのであろうか。――これが「中国」の抱える第三の苦境であり、内部の各エスニックグループの国家に対するアイデンティティの苦境をどう処理するのであろうか。

現代中国が継承したのは宋代以来次第に変動してきた周辺関係、明代以来の国際環境、そして清朝が最後に到達した複雑な内部問題をもつ民族国家であった。私が二〇一一年に出版した『宅茲中国』の中で強調したのは「歴史上の『中国』は変化する『中国』である」ということであり、もし中国が依然として大一統の天朝という想像の中に留まるなら、その内部、周辺、外部の三重の複雑な歴史問題に直面することになるであろう[15]。つまり「中国」は特殊な「国家」であり[16]、いま我々が理解しなければならないのは、現在のこの中国は「(ヨーロッパのように)『帝国』から『民族国家』に到ったのではなく、果てしない『帝国』の意識の中に有限な『国家』があるという観念の中で、有限な『国家』という認識の中に果てしない『帝国』の心象を残している。つまりこの近代的民族国家は伝統的中央帝国から変身したもので、近代的民族国家として依然として伝統的中央帝国という意識を残している」ということである。ヨーロッパの近代的「民族国家」

の概念は多分中国に当てはまらないし、中国というこの特殊な「国家」は歴史の中で理解しなければならない。

二「中国」への疑問――歴史研究における新理論と方法の示唆と挑戦

しかしこの巨大かつ複雑な「中国」をどう理解するのか？　間違いなく、いま我々は一部の研究者がやっているような「中華人民共和国」の政治的版図を「歴史的中国」として記述するやり方を採ることはできない。(17)だが同時に、かつての一部の日本人研究者のように「支那には国境がなく」、「支那は国家ではない」と考え、中国は長城以南に戻り、単純な漢民族国家になるべきなのだろうか。あるいは現代学術界でのヨーロッパを標準とする「民族国家」モデルに照らし、中国を、実質的アイデンティティを欠いた大帝国と見なすべきなのだろうか。あるいはポストモダン理論に従い、中国を、アイデンティティをもたない、想像によって造り上げられた共同体と見なすべきなのだろうか。

これらの問題は決して心配し過ぎではない。現在国際的な「中国」研究の領域では次のような五つの理論と方法があり、それとは気付かれぬまま「中国」を「歴史世界」とする伝統的な記述に挑戦し、疑問を提起しているのである。

一、「地域研究」――一九八二年にアメリカのロバート・ハートウェル(Robert Hartwell)が『七五〇―一五五〇年の中国の人口、政治的・社会的変化』(*Demographic, Political and Social Transformation of China 750–1550*)を発表してから、この地域研究という考え方がアメリカの宋代研究に刺激と影響を与え、ロバート・ハイムズ、リチャード・デイビス、ポール・スミス、ピーター・ボルの宋代の撫州(江西)、四川、明州(寧波)、婺州《ぶしゅう》(浙江)などについての地域研究が出てきた。[18] もちろん中国の「地域研究」や「地方史」研究について言えば、それが最初ではなく、一九七七年ウィリアム・スキナー(William Skinner)の中国近代の都市の研究から始まり、[19] アメリカだけでなく日本の中国研究にも影響を与えていた。一九九〇年以降の日本の中国学界では「地域」研究への関心が明らかに高まり、この種の「地域」的な観察への意識が過去の漠然とした「中国」研究をかなり細分化することになった。公平に見て、これは歴史研究の深まりの一歩であり、確かに中国研究は長期にわたって地方の相違をなおざりにし、その全体的同一性を強調してきた。しかし地域研究という方法は逆にかなりの程度まで「同一性をもつ中国史、中国文明、中国思想は存在するか」という疑問を引き起こした。一部の研究者は曖昧に「中国」と呼ばれる「歴史世界」は成立せず、中国を分解していくつかの「地方」について精緻な研究を行うことを提案するようにさえなった。

二、「アジア研究」あるいは「東アジア研究」――「アジア」あるいは「東アジア」を一つの「歴史世界」とすることは、一方で欧米世界の地理や文明の観念の影響を受け、アジア(あるいは東アジア)を一つのまとまったものとし、また一方では、明治に日本で現れたアジア論と東洋学と関連している。それはかなり複雑な歴史である。簡単に言えば、「中国」は一つの民族国家あるいは歴史世界たりうるかという疑問は明治時代にすでに始まっていた。明治時代の日本の東洋学界は西欧の民族国家観念と中国学《シノロジー》の流れに追随して、次第に朝鮮、モンゴル、満洲、チベット、新疆にとくに注目し、もはや「中国」を辺境と異民族を含めた同一体であるとは見なさなくなった。しかし、本来学術研究の方向でしかなかったものが、次第に政治化し、中国を理解する観念となり、中国に対抗する政策となり、第二次世界大戦前後には日本歴史学界のホットなテーマになりさえした。

私は以前「辺関(国境の検問所)はどこに」という論文でこの問題を議論したことがある。(20)明治以来、とくに一八九四年の甲午戦争(日清戦争)後、日本の中国とその周辺領土に対する要求は激しくなった。ある日本の研究者は「清帝国」を一つの「中国」とは見なさず、欧米で流行の「民族国家」という新観念を借りて過去のいわゆる「中国」をそれぞれ異なる「王朝」であり、それらの王朝は伝統的帝国の一つに過ぎず、実際の「中国」は漢族を主体とし、長城以南に住み、チベット・新疆以東の国家で、中国周辺の各民族は文化、政治、エスニックグループが異なる共同体で、いわゆる満(洲)・蒙(古)・回(疆)・(西)蔵、(朝)鮮はすべて中国の外の「周辺」であるとした。この観念が歴史と学術上の課題であるなら本来議論すべきものであるが、それが思想の潮流と外交政策に転化し、日本の文化界、政界で「中国は中央を強化し、辺境を放棄すべきである。日本は西側列強とともに中国周辺の統治権を争奪すべきである」[21]という考えとなった。第二次世界大戦前の一九二三年、日本の著名な研究者である矢野仁一（一八七二―一九七〇年）は、中国はいわゆる「民族国家」を称することはできず、満・蒙・蔵は本来中国の領土ではないと考えた。一九四四年、矢野は（現在の）広島大学での報告の中で中国を超え、アジアを単位とする歴史を記すべきだとの理論を提起した。[22]

もちろんこれは過ぎ去った昔のことである。だが最近、日本、韓国、中国の学術界では西側、つまり欧米からの発言を警戒して、たとえば「オリエンタリズム」[7]のような「ポストコロニアリズム」の理論を安易に受け入れ、欧米を「普遍的歴史」とすることを避けようとするなど、この種の「アジア」に関する論述が盛んになっている。彼らは「東アジア史」、「アジアから考える」、「アジア知識共同体」などの課題を提起し、「アジア」あるいは「東アジア」を一つの「歴史世界」としている。「アジア」を再提起することは、ある意味で各自の民族国家の政治的境界を越え、一つの想像上の政治空間を構築し、対内的には「国家中心（主義）」を解体し、対外的には「西側の覇権」に抵抗するという意義があることは認めるべきであろう。

だが歴史的に見るといくつかの問題を明確にする必要がある。つまり、㈠アジアはどうして、あるいはいつ、相互に認め合い、共通の歴史的起源をもち、また共通の「他者」(欧米、あるいは西側)をもつ文化的、知識的、歴史的、さらには政治的な一個の共同体になったのだろうか。(二)「アジア」を一つの「歴史(世界)」と見るならば、つまり東アジアというこの空間の連帯性と同一性を強化、突出させるとき、それは意識的、あるいは無意識的に中国、日本、朝鮮の間に働く離心力と違いを希薄化させるものなのだろうか。(三)中国の歴史研究者の立場から見ると、もし「アジアから考える」ことをあまりにも強調するなら、それは「アジア」の中での「中国」を希薄化させることにならないのか。

三、台湾の「同心円」理論――台湾に関する歴史学的議論で一番煩わしいのは政治化されるという問題であり、ここで私はできる限り学術的角度から議論し、政治的価値判断を下そうとするものではない。「中国」というこの課題については台湾側も一貫して警戒的態度をとり、彼らは現代の中国の政治的領土で歴史的中国を定義することには多くの批判をもっている。彼らは台湾を含む「中国」という線引きをすること、また台湾史を含む「中国史の論述」を避けようとし、現代中国の政治的領土を超えた新たな位置づけをしようとする。

民族国家を超える地域研究の趨勢を借りて、中国史の範囲を再検討する。一部の台湾の研究者が提起する「同心円」理論のもっとも代表的な論者は杜正勝(一九四四年生)である。総括的な論文の中で杜は「一九九〇年代、……私は同心円史観を提起し『中国主体・台湾付属』という認識方法を転換させた[23]」と述べ、彼は、これは文化覇権に抵抗し、伝統的な「中国」という記述を解体するものと考えている。この「同心円」とは、台湾を中心とし、逐次これを拡大し、第一の輪は本土〔台湾〕の郷土史、第二の輪は台湾史、第三は中国史、第四はアジア史、第五は世界史にまで広げられる。彼の議論は「台湾」を「中国」のアイデンティティから救い出そうとする意図によるもので、かつて台湾は中国への編入を迫られたという中で台湾のエスニックグループとしてのアイデンティティを強化するには当然中国による文化的アイデンティティを打破することが必要だと考えている。つまりこのアイデンティティは政治権力の覇権下の「強制」で実現したものだとしている。

歴史的記述として見れば、台湾を突出させることは中国に欠如をもたらす。本来問題がなかったような「中国」という記述はこの「離心」の趨勢の中で同様の「混乱」をもたらした。二〇〇三年末、台湾の中央研究院歴史語言研究所七十五周年の会場で杜正勝は一方で「中国の中国史を乗り越える」ことを提唱するとともに、一方で「台湾から天下を見るという歴史的視野」を提唱した。ここでその顕著な一例、当時大論争を引き起こした話題を挙げるなら、それは新たな地図を描くことであった。杜の考えでは、過去の横向きを東西とし、縦を南北とする地図を〔時計回りに〕九十度回転させ、台湾を中心とする。こうしてみると台湾は「中国」の東南の外れではなく、中国沿海は「台湾」を円心とする上方の外れとなり、琉球と日本は台湾の右側の外れ、フィリピンなどは台湾の左側の外れとなる。

ではこうした歴史空間を記す中で「中国」は解消されるのだろうか。同じような問題は新疆、チベット、内モンゴル、満洲などの地域の歴史的記述の中にもあるようだ。

四、「モンゴル時代史」と「新清史」――「中国」の歴史に関する過去の習慣的記述の中でも、「中国史」の中に一番うまく収まらなかったのはモンゴル族の元と満洲族の清の二帝国であった。この二つの大帝国が「中国」史に持ち込んだ問題とは、漢族中国を中心とする中国を超えて、より多くの、立場が異なり、言語も異なり、異なる記述による文献資料を収集し、さらに広大な地域空間、さらに多くの民族とさらに複雑な国際関係を記述することであった。伝統的な漢族王朝を縦横の糸とする中国史はこの「北は陰山〔内モンゴル北部の陰山山脈〕を越え、西は流砂〔西北の砂漠地帯〕を極め、東は遼寧の左、南は嶺表〔広東・広西〕を越える」という王朝を記すことはできなかった。そこで日本の研究者である本田実信《みのぶ》〔一九二三―一九九年〕と杉山正明〔一九五二年生〕は「モンゴル時代史」という概念を提起し、〔中国史の中の〕「元史」ではなく、「モンゴル時代史」という概念によって世界史、そして中国史の様相を改めた。つまりこの歴史は「中国史」ではなく、「世界史」であり、元朝史を中心とする中国史から飛び出し、より大きな世界という空間で歴史を見るという立場であり、この方法は多くの学者の支持を得た。

清史も同じような例である。ここ数年来、アメリカでは「新清史」(New Qing History)研究が一つの流れとなっている。「新清史」が強調するのは、大清帝国は中国の二十四史の一つの王朝ではなく、満洲族の清の統治は満蒙回蔵漢から中央アジア諸族の大汗までを包括するもので、中国の伝統的皇帝ではなく、満洲族は儒家のものを利用しただけで、本質的には満洲族の文化的特色とアイデンティティを維持していた、つまり満洲族の清帝国はそれまでの中国とは異なる意味をもつもので、「中国」を超越した帝国であったということである。(24)

現在、欧米や日本で流行している「新清史」はさらに満洲、あるいは満洲族の文化的独立性を重視している。(25)彼らは、清史は絶対に清代の中国史ではなく、さらに漢族の中国史でもないと強調している。そうした論述は、一方でかつて日本の学界における「異民族統治」あるいは「征服王朝」という記述につながり、また一方で、当今の理論界における「民族国家の超克」論を含んで、「周辺民族のアイデンティティ」を強調する新理論となっている。

これには大変深い意味がある。第一は、民族の二重性という歴史記述を維持し、第二に歴史の過程における異族の漢族への反作用を強調し、第三に現在の、あるいは漢族の「中国」を過去の歴史に遡らせることを否定する。つまり彼らから見て、現在の中国の領域、民族、文化は歴史を遡らせ、歴史を「中国」に組み入れたものだとしている。

「モンゴル時代史」の視野であれ、「新清史」の方法であれ、それらには学術的価値がある。だが問題は、「漢化」や「中国」を否定すると同時に、極端に走り、モンゴル時代と満清時代の漢族文化の広まり、影響、継続性が依然として極めて大きな意義をもっていたことをないがしろにしているのではないかということである。

五、ポストモダン歴史学――最後に、「中国」に対する挑戦は欧米のポストモダン歴史学からも来ている。ポストモダン歴史学理論が「モダニティ」を批判する中には、近代以降の民族国家の正当性に対する疑問が含まれている。とくに「想像の共同体」理論が発表されてから、現代の民族国家から歴史を見ることを疑問視することは、歴史研究の中での「国家」に対する誤解を鋭く暴きだし、我々が常々習慣として現代国家から古代国家を想像、理解、記述していることを指摘している。つまり歴史上国家は常に流動的であり、空間的、時間的に変化し、民族は離合しているというのである。(26)(8)

現代の民族国家に関するポストモダン歴史学の考え方と論拠の一つは、植民地経験から来ている。(27)アジアではインド、パキスタン、バングラデシュ、インドネシア、西アジアなどの国家、アフリカでは大湖沼区域の部族や国家があり（それらの国家は植民地として国家が形成され）、他方ヨーロッパから始まった近代史においてヨーロッパでは確かに民族と国家が重なるというのが普遍的な現象であった。

だが中国古代史は、分裂もあったけれども、第一にさらに広範な地域を覆う「漢文化」があり、第二に秦漢の統一を経て早くから「華夏」(三九頁の説明参照)というアイデンティティに慣れており、第三に中心と周辺、つまり「漢族」と「異民族」の間には大きさの違いがあった。それゆえ政治、文化と伝統は継続され、そこではいわゆる伝統の「文芸復興」はなく、またいわゆる「帝国」の瓦解と「国家」の再建も存在しなかった。さらに反問したいのは、第一に、歴史学者はヨーロッパ史と異なる中国史の歴史的特殊性を考慮しなくてもよいのか、第二に、中国、とくに漢族文明の同一性、漢族の生活空間と歴代王朝の空間の一致、漢族の伝統の継続性と漢族政権との間のアイデンティティは「偶然」なものか、あるいは「論議」すべきことか、第三に、中国は近代(西側世界の近代)になってはじめて民族国家を形成することになったのか、という問題である。

我々が認めるべきは、「地方」あるいは「地域」の論述であれ、「アジア」あるいは「東アジア」の論述であれ、「台湾中心」あるいは「大汗の国」の論述であれ、それらはいわゆる「複線的歴史」の論述であり、それらはすべて我々の中国史研究に「複眼的視角」を与え、我々に「中国」の複雑性と叙述上の現実性を意識させるということである。(28) その故に、これらの挑戦を受け、その理論を乗り越え、「中国」に関する歴史的記述を再建すれば、心穏やかに理論的問題について議論できるようになるのである。

三　歴史・文化・政治的中国
――「中国」の西洋近代民族国家理論への挑戦

以上述べてきた中国研究における各種の立場、理論、方法は中国の学術界に大きな衝撃を与え、我々に「中国」が言うまでもないほど常識的な概念であるかどうかを反省させ、文化的同一性をもつ「中国」が存在するかどうかを改めて議論させることになった。一人の中国の歴史学者としてもう一度説明したい。この「中国」は秦漢統一王朝の後、様々な分離や変化はあったものの終始存在していたものである。

(一)　その周辺は常に変動していたが、中央部分は相対的に安定し、早くから基本的領域と同一の政治、民族、文化的区域となり、一つの「歴史世界」を構成していた。

(二)　「征服王朝」や「異民族統治」の時代(南北朝、五代、モンゴル族の元と満洲族の清)があり、異民族の文化が絶えず重層的に侵入し、漢族主体の文化も絶えず融合し変化してきたが、漢族文化を柱とする文化的伝統はここで継続し[29]、明確な文化的アイデンティティと文化的主流を構成してきた。つまりこれは一つの文明体であった。

(三)　どのような王朝が樹立されても、すべて自らを「中国」とし、王朝の合法性を中国伝統の観念的世界(つまり五行、正朔、服色など)、二十四史、通鑑《つがん》、十通《じっつう》など漢文の史籍に収め、また文化的にはこの連続性のある国家観念を強化してきた。

(四) 伝統文化の中の自己中心的な想像上の「天下観念」と礼儀・衣冠に維持された「朝貢体制」は中国の君主、大臣、知識人、民衆の心の中の「中国」意識を強化してきた。

宋代の中国意識の形成についてはすでに触れたが、ここでもう一度説明するなら、漢唐の盛世の後、続く宋代に文化、政治、経済、そしてアイデンティティの上でようやく「国家」なるものが次第に形成されてきた。それには次のような四つの原因があった。それは国際環境、領土辺境、貿易経済、そして国民のアイデンティティの各方面ですでに初歩的な「国家」意識が出ていたということである。つまり①遼、西夏、金、モンゴルが継続的に存在したため、対等な「敵国」意識が形成され、『宋史』がはじめて「外国伝」と「蛮夷伝」を設けたことは、すでに内外を分ける「国際」なるものがあったことを説明している。②「勘界《かんかい》」(『宋史』に頻出する言葉で、国境線の画定のこと)は明確な国境意識と領土観念があったことを説明している。③「辺貿」(国境貿易)と「市舶司《しはくし》」(唐宋以来海港に置かれた海外貿易管理機関)という現象が現れたことは、経済においても国家の境界があったことを説明している。④宋代で有名な「国是」という観念、および異民族、異文化への拒絶と本土文化の強化は近世的国家としてのアイデンティティを次第に形成するものであった。

すでに述べたように宋代以降の「中国」は三重の苦境に直面し、多くのトラブルの種となったとはいえ、それには文化的アイデンティティ、共同の歴史、同一の倫理があり、さらに厳密な国家機構や政治制度に加え管轄する空間も十分明確であった。その故に中国の近世国家はかならずしもいわゆるヨーロッパ式の「モダニティ」と関係するものではなかった。

とりわけ文化的意味から見ると、漢族地域を中心とする国家領土、国家意識は宋代以来の中国の「国家」を相対的に早熟なものとした。それだけではなく、国家、中央のエリート、郷紳の三者がともに儒家(理学〔宋代の唯心論的哲学思想〕)の制度化、世俗化、常識化を進め、儒家の倫理から出た文明意識を宋代には都市から農村へ、中心から周辺へ、上層から下層へと拡大した結果、中国に早くから文明的同一性をもたせることになった。そのため、このほとんど言うまでもない「国家」であったものが、逆に漢族中国人の歴史への追憶となり、空間、民族、国家のアイデンティティの基礎となったのである。

まさにこうしたことから中国の国家形成は極めて「特殊」なものなのか、あるいはヨーロッパ式の民族国家形成の道は非常に「特殊」なものだと言うべきなのだろうか。思うにヨーロッパのいわゆる「帝国」あるいは「民族国家」という概念と定義を用いて歴史上の中国を単純に定義し、説明することには問題がある。中国においては、少なくとも宋代から、この「中国」には「伝統的な帝国式国家」の特色と、また「近代的民族国家」に近いという意味があり、それは現代の民族国家のようでもあるし、また極めて伝統的な文明共同体のようでもある。つまり伝統的帝国と現代国家という二つの時代を区分する理論は、中国の歴史に適合せず、また中国の国家意識という観念と国家形成の歴史にも適合せず、それで現代中国の領域、民族、国家などの現象を理解することはできないのである。

多くの人は理論を流行のようなものと考え、新しいものほど良いとしている。西側からきた「民族国家の超克」という理論の影響がより大きくなっている時、人々は「各国史」を不当に見下し、今や各国史研究をするものをなにか「落伍」していると言うだけでなく、「民族主義」だとの疑いをかけているように思われる。しかし逆に反問をするなら、ヨーロッパ史をこのように具体的に理解したのと同様に、アジアや中国の歴史をヨーロッパ史と同様に理解できるのだろうか。我々はなぜ「民族国家の中から歴史を救い出す」必要があるとし、「歴史の中で民族国家を理解」してはならないのだろうか。

四　東アジア史は成立するのか――各国史にはなお意味があるのか

ヨーロッパの研究者から言えば「各国史」の記述は近代的民族国家の形成の過程で、歴史を書くことを通じて国家のアイデンティティを造り出すことと関係していた。そのため彼らから言えば、ポストモダン、グローバル化を背景に「モダニティを超えた歴史を記述」することには反逆的意味があった。そしてアフリカやインドなどかつて植民地化された歴史をもつ国から言えば、各国史の著述は疑いもなく植民地時代の「国家」を肯定することになり、そこで彼らが「民族国家を超えた」歴史を書くことは当然のことであった。しかし東アジア諸国、とくに「中国」について言えば、グローバルな歴史を重視すると同時に、各国史を強調することがなお必要である。

それはなぜか。理由は簡単である。歴史は文明史であるだけでなく、政治史であらねばならないからである。また、歴史的に文明間の相互関係や影響は、国家間の政治的支配や領域の分割と、実際に同時に存在していたからである。民族と国家の歴史から見れば、国家の形成過程であれ国家の文化への影響であれ、東アジアはヨーロッパと大きく異なっていた。

第一に、東アジアには、共同体内部の交流やアイデンティティが成立するための場や媒介項となる「国家」や「皇帝権」を超えた普遍的宗教(たとえばカトリック)がなかったため、各国家に所属する民衆には文化面や信仰面で相互に共通なアイデンティティを認識する基礎がなかった。

第二に、中国でも魏晋南北朝、モンゴル時代、満清時代には多くの民族の融合があったが、日本、朝鮮と中国の間には大規模な人口移動や、エスニックグループの移動、政権の交錯はなく、三国の境界、民族、文化の境目は大体安定してはっきりしていた。政治、文化形成、アイデンティティの創出に影響する重大事件は基本的に「国家」／「王朝」が主導し、国家の政治、宗教、文化の面への影響はかなり大きかった。

第三に、十九世紀以前、この地域には国家や民族を超え、互いに息を通じ、一体性をもつ知的グループ(士人)がなく、相互の国家の立場と国別の意識はかなり強力であった。

第四に、歴史上中国は宗主国、大皇帝という地位にあった[9]が、実際には周辺諸国を全面的に支配する力はなく、その間には相互に観念の上での華夷の別(種族)があり、近世になって各自が次第に思想や伝統面で主体性(日本の「国学」、朝鮮の「朱子学」)を確立し、また次第に言語の独自性(諺文や仮名、訓読)を確立し、さらに次第に歴史の面でも独立性(神代史、万世一系と檀君伝説)を創造するようになった。

そこで私の見方は、東アジアが国家を超える「共同体」となることは簡単ではなく、国別であることが歴史的にも重要であるということである。つまり東アジアの歴史の中で宋、元以後の中国と日本、朝鮮はすでに次第に遠ざかり、とくに十六、十七世紀以降、この三国間の違いは一層大きくなり、政治、経済、文化の進行過程や結果は相当異なるものとなった。これがグローバルな歴史、あるいは東アジア史を記述する場合の潮流であり、なぜ我々が各国史の重要性をなお強調しなければならないのかという理由である。

実際のところこれは民族(国家)主義史学の膨張ではなく、まさに民族(国家)主義史学への警戒である。つまりこの提案には一つの意図が含まれている。それは東アジア諸国、とくに古代中国の歴史の中で、国家(政府)権力の過度な強大性、国族(民族)意識の過度な膨張に対する警告である。この警戒心は主に現実の中国についての警戒であると言うとしても、現実の中国における権力の高度の集中と当面の政府が強大過ぎるということには、それなりの歴史的根源があり、この歴史的根源は古代中国の歴史を遡って明らかにする必要がある。

最近中国の学界では「専制」、「王権」、「封建」などの概念についての議論があり、その目的は、歴史上の「中国」／「王朝」が政治、経済、文化の面で他の「国家」の存在と違うかどうかということであった。一九四〇年代に銭穆と蕭公権〔一八九七―一九八一年〕が論争をはじめてからこの議論は今に到っている。だが問題は、もし双方とも「概念」上で「正しい名」を求め、「理論」の上で「弁証」をするのに留まるものであるなら、永遠に正しい結論を得ることはできないであろうということである。そこで私は、以下のようないくつかの歴史現象を心にとめるべきだと考えている。

一つ目は、宗教と皇帝権の関係。東晋から唐代に到る「沙門〔僧侶〕は王者を敬わずの論」の論争は皇帝権の勝利で終わり、僧侶と道士は次第に官の管理下に置かれ、儒家の忠孝思想は仏教の因果応報に結び付けられ、中国の宗教は仏教、道教、その他各種宗教を含め皇帝権の支配下に置かれた(この点は、日本、ヨーロッパの宗教情況とは異なる)。

二つ目は、地方と中央の関係。秦代以来国家は封建制から郡県制に転化し、軍隊は唐代以降次第に藩鎮から中央に吸収され、文化は次第に地方ごとの違いから同一化され、地方は中央から離れる傾向はあったものの、ほぼ同一の状態にあった（これは日本の諸藩やヨーロッパ中世の各国の情況と同じではない）。

三つ目は、中国の対外国際関係。華夷観念の影響を受けた中国の唯我独尊の観念と朝貢体制が形成した自大意識は「皇帝」を中国臣民の天子であるだけでなく、万国の民衆が共に主とすべきものとした。こうした「天下は主を共にする」意識は、封禅祭天《ほうぜんさいてん》（帝王が天に即位を報告し感謝する儀式）、汾陰祀地《ふんいんしち》（大地を祭る儀礼、汾陰は祭祀を執り行う社が建立された地名）などの形式で不断に強化、神格化された。西洋と東洋を比べるなら中国には「普天の下王土にあらざるはなく、率土《そっと》の浜《ひん》王臣にあらざるはなし」（『孟子・万章章句上』）というような観念、および「天に二日なく、地に二主なし」というような伝統があり、中国の「皇帝権＝国家」の領土と臣民に対する統制は強大なものであった(30)。

四つ目は、中国の国内での民族関係。歴史上もともと異なる各種エスニックグループが次第に融合し、とくに清代は満蒙回蔵苗を版図に収めたため、多民族の共同の帝国となった。またこの帝国は今日にも到っており、現代の中国の「民族国家」は依然として伝統的中国の「帝国の記憶」を残している。

これを日本史の中の「万世一系」の天皇伝説と比較するなら、中国史には表面的には

「一つで貫徹」した王朝はないが、見てとるべきことは古代から中国には分裂の時期があったものの、秦漢が強力な中央政権を樹立してから唐宋以後、文化的同一性が次第に確立され、明代には漢族中心の統一王朝が再建され、さらに大清帝国では満洲族が山海関を越え、モンゴルを編入し、改土帰流、回部の平定、チベット進駐と「金瓶掣籤制度」を経て満蒙回蔵苗漢を合わせた一大帝国となり、現代中国の版図が定まった。この「国家」はすでに一つの「歴史」として記述され、現代の理論の中で言われるような「想像の共同体」に過ぎないというようなものではない。その故に中国では常に「盤古《ばんこ》が天地を開き、三皇五帝から今に到るまで」とか「ひとそろいの二十五史はどこから語りおこすか」というような言葉をよく聞く。我々はこの歴史が過度に単線化され、漢族の王朝を中心とし過ぎているとは思うが、なぜこの「国家」がいつも一つの「歴史」として叙述されてきたかを考える必要があるのではないだろうか。

私はグローバルな歴史を書くことに賛成である。だが、とくに政治史を再編しようとする時、各国史は陳腐で保守的な、あるいは無用な歴史叙述方式だとするのは行き過ぎではないだろうか。当然のことながら改めて説明すべきことは、中国史を記述するさい、この「各国史」の歴史叙述の空間は「国家」であるが、それは現代の民族国家の境界、エスニックグループ、政治に照らして「歴史」を遡るものではないということである。そのため中国史はプラセンジット・ドゥアラ(Prasenjit Duara)が「民族国家の中から歴史を救い出す」(31)必要があると語っているようなものでは必ずしもなく、またこの各国史の中の「国家」を一定不変の境界をもつものとして語る物語の中に固定するものでもなく、また「歴史」を現代国家から遡上させた境界内に限定するものでもない。中国史の中で「『中国』とは『変化する中国』であり、それぞれの王朝が離合するのが常であるという事情から、歴代王朝の中央政府が統治する空間が境界であり、それは常に変化してきた」(32)。ましてやこの「中国」の中の王朝、エスニックグループ、境界は常に歴史の中で変遷、交錯、融合してきた。思うに、もし各国史を書くものが「民族」と「国家」自体の歴史的変遷をみれば、後の「国家」が人質にとったそれ以前の「歴史」という落し穴に陥ることはないであろう。こうしたわけで各国史を書くことは中国においてはなお意義のあることなのである。

結語　歴史、文化、政治の異なる次元での「中国」と「中国史」理解

『宅茲中国』ですでに指摘したことだが、「中国」に関する歴史の記述を書きかえる場合、次の三点をとくに重視すべきだと考える。

まず歴史的意味で言えば、「中国」は「変化する中国」であり、それぞれの王朝が離

合集散を常としてきた事情から、歴代王朝の中央政府が統治した空間が領域であり、それは常に変化してきた。絶対にどこどこの地は「有史以来中国の領土だ」などと簡単に言うべきではない。(33)

次に、文化的意味で言えば中国はかなり安定した「文化共同体」であり、これを「中国」として「国家」の基礎とすることは、とくに漢族中国の中心地域においてはかなり明確かつ安定したもので、「車は同じ幅、書は同じ文字、行動は同じ倫理」という文明が推進された後の中国は、文化上の同一性を備えている。過度に「中国(この民族国家)の解体」を強調するのは不合理である。(34)

そして政治的意味では「中国」は「王朝」と同一ではなく、またある一党の「政府」でもない。政府、つまり政権は「国家」と同じでありうるか、国家は直接「祖国」と同一でありうるのか。これらはいまだに明確にされるべき概念である。政治的アイデンティティは常に文化的アイデンティティに影響をうけ、はなはだしくは歴史的アイデンティティを抹殺する。今に到るも一部の人は無自覚に政府を国家とし、歴史的に形成された国家を不変の真理として祖国への忠誠を求める。そのために多くの誤解、敵意、偏見が生まれるのである。

第一章　世界観――古代中国の「天下」から現代世界の「万国」へ

はじめに――『坤輿万国全図』が象徴する古代中国の近代世界への移行

二〇〇一年の秋、私は北京のイタリア大使館で宣教師と中国に関する展覧を見た。さほど大きくはない展覧ホールに立って『坤輿《こんよ》万国全図』(1)と呼ばれる一枚の世界地図を凝視すると、そこには五大州と四大洋、そして異形の怪獣や怪魚が描かれ、一気に歴史に引き戻されたように感じた。この地図は決して過小評価してはならない。これは古代中国の観念的世界に大きな変化が生じたことを象徴する一つの標識なのである。大きな変化とは、すなわち中国人が久しく抱いてきた自己中心的な「天下」観がこの地図の影響を受けて徐々に「無処非中」(世界で中心でないところはない)の「万国」に変わり、それによって中国はこの万国が林立する「世界」の中に存在することになったことを指している。現代を「グローバル化」の時代というなら、「グローバル化」はこの世界地図が中国人に「万国」の像を明らかに示したときに、すでにひっそりと始まっていたのである。

この地図はもともと六枚の屏風に描かれていたが、年代を経て屏風の枠木がなくなり、六枚に分かれたものが、後世の人によって一枚の巨大な絵として表装されたものである。専門家の研究によると、この屏風地図は四百年あまり前にマテオ・リッチ(Matteo Ricci 利瑪竇《りまとう》、一五五二―一六一〇年)という宣教師が描いた世界地図『山海輿地全図』をもとに新たに描かれたもののとのことだ。マテオ・リッチはヨーロッパから来たイエズス会士で、そもそも地図学者ではないが、この地図は彼がヨーロッパ人のアブラハム・オルテリウス(Abraham Ortelius 一五二七―九八年)の世界地図を模して描いたために非常に精度が高い。二〇〇〇年に、私はベルギーのアントワープを訪れ、かつてオルテリウスの地図を印刷した工場を見学し、同時代に出版された各種の地図を見ることもできた。そこで分かったことは、四、五百年前のヨーロッパ人は世界中を航海したことでかなり進んだ世界知識を持っており、宣教師もそれらの知識を学ぶことができたということである。そうした知識を有する世界で暮らしていた宣教師が中国に派遣されたことで、実際には「無心挿柳、柳成陰」(何の気なしに挿した柳がやがて木陰を作るように何気ない行いが意外に大きな結果を生む)ということになった。当時、マテオ・リッチはとくに深い考えもなく、単に万国図が好奇心旺盛な中国の士大夫を喜ばせ、カトリック教会の宣教師がより容易に中国に進出し、より大きな布教の自由を得るための手段になるとしか考えていなかった。彼にも、万国図を利用して中国人の思い上がりを正すつもりがあるにはあったのだろうが、それ以上の深い考えはなく、またこの地図が中国の思想世界に深遠な影響を及ぼすことになるとは想像すらしなかったであろう。しかし、世界地図を見た中国人の心中にはかなり深刻な暗示が与えられた。当時の中国人は、実際の天下がこれほど大きく、国家の数がこれほど多く、我が中華が思っていたほど大きくはなかったのだとぼんやりと意識しはじめたのである。

一　近代西洋人の世界観と古代中国人の天下観

ではマテオ・リッチの地図が描かれるまで中国人はどのように世界を見ていたのか、という疑問が生じるかも知れない。

その疑問に答える前に説明しなければならないことがある。漢魏まで古代中国人にとって「世界」は仏教用語であって、日常の用語ではなかった。現在はもちろん誰もが「世界」という語を使い慣れているが、古代の漢族中国人が普通に使っていたのはずっと「天下」という言葉であった。すなわち「普天の下王土にあらざるはなく、率土の浜王臣にあらざるはなし」と言われるような「天下」、つまり「天下」は天の下に広がる「世界」なのである。

現在では、もちろん多少の知識がある人間なら、世界は広く地球は丸く、中国はアジアの一国に過ぎず、東半球と西半球は相対しており、大海の対岸には別の国があり、他国へ行くにはパスポートとビザが必要であることを知っている。だが、それは全て現代のことであって、コロンブス(Cristoforo Colombo 一四五一—一五〇六年)が新大陸を発見し、マゼラン(Fernando de Magallanes 一四八〇—一五二一年)が世界一周旅行をしてから後のことである。近代の「国家」観念の形成と「世界」図の確立はもっと時代を下ってからのことで、十四、十五世紀まで、少なくとも中国人は、国家や世界、あるいは中国と他国のあり方をそのように理解していたわけではない。ついでに言えば、ヨーロッパ人のコロンブスが新大陸を発見し、マゼランが世界を航海したことについては、植民地主義と言う人もあれば、文明を広めたと言う人もある。さらに、地理上の大発見であると言う人もいれば、地球はもともとそこにあったし、人も住んでいたのに発見とは何たることか、せいぜいヨーロッパ人がそこに到達しただけのことだと言う人もある。これはもちろんポストコロニアル研究の見方に近い言い方だ。しかし、今日になっていくらか論争が起こっているにせよ、過去数百年にわたって、それはずっと歴史上で最も誇るべき大事件であると認識されてきた。なぜなら、それは人類が自分たちの住むこの「地球」、この「世界」をようやく完全に認識したことを象徴しているからである。しかも、とくに西洋人の目から見ると、世界には他にも様々な文化や伝統があり、様々に異なる民族や地域があることを目にした出来事であった。

これは西洋人にとってはかなり大きな出来事であった。なぜなら、第一に彼らの世界に関する知識体系の中でついに完全な球形の世界像が出現し、自らが暮らすこの地球についての完全な認識を得るに到ったためである。これは人間にとって非常に重要なことだった。第二に西洋人は異国の民族の文化や伝統との比較において自分が中心的な位置、あるいは比較的高い地位にあることを確信した。彼らの知識の系譜の中で、とくに人口が多く物資が豊かで文明が開けていることを理想とする当時の「普遍的価値観」において、「未開の民族」、「東洋人」、「蛮族」等の「他者」(the others)が存在することは、西洋人が世界の中心であり頂点に立つ地位を有している裏付けとなった。第三に自分の地理的かつ文化的な位置づけを確認したことで、西洋は世界を掌握しているという自信に満ち溢れることになった。我々人間は自分一人では自分を観察することができない。鏡に照らして初めて自らの位置とイメージを確認できるように、他者を鏡として借りるしかない。だが、その鏡さえもその不透明な膜に反射させることでしか物体を映し出すことはできない。西洋人が対外的に拡張をしたときに発見した異文明は彼らにとっては鏡を発見したようなものだった。異民族と異文明を見た後に自分を振り返ったときに自分が他者の目にどう映っているかを知ることになる。その姿が醜いか美しいか、他者を知るまで自分についてそれほどはっきりと理解することはできない。人類学が西洋で発展し始めた理由はまさにここにある。したがって、以上の三点は近代西洋の知識世界において自分の価値を確立したという意義において重要である。

振り返って中国を見ると、これも非常に興味深い。古代中国人もかなり古くから中国人が誇りとする一種の世界観を持っていた。およそ二、三千年前、当時の古代中国人はまだ世界各地には到達していなかったとはいえ、自分の経験と想像による「天下」を構築していた。彼らの想像においては、第一に自分の住む場所が世界の中心で文明の中心である。第二に大地は碁盤あるいは「回」という字のような形で四辺は同心円状に外側に向かって絶えず伸展し、中央の第一圏は王が住む京城、第二圏は華夏あるいは諸夏と呼ばれ、第三圏は夷狄となる。春秋戦国時代の頃には「南夷北狄」に対する「中国」の概念が形成された。第三に中心から遠ざかれば遠ざかるほど荒涼とした地域となり、そこに住む民族はより野蛮で文明の程度がより劣る「南蛮北狄西戎東夷」(2)と呼ばれる土地になると考えていた。

では、これに続く問題として、この「天下」像はどのように形成されたものかについて述べていこう。

二　天下観としての「九州」と「五服」

古代の文献には〔天下は〕どのように記載されているのだろうか。

『尚書・禹貢』(『禹貢』は大禹の作とされる地誌書で、禹が定めた「九州」(中国全土)の貢物を記す)には「九州」とあり、『国語・周語』には「五服」とある。「九州」とは冀州、兗《えん》州、青州、徐州、揚州、荊州、予州、梁州、雍州を指す。(これらの都市に)北から時計回りに東、南、西へと線を引いていくと、その区画内に含まれるのは現在の河北、山東、江蘇、湖北、湖南、河南、四川、陝西、山西となる。たったこれだけの地域が古代中国人の「天下」であった。大体において現在の純粋な漢民族地域にあたり、伝説によればここは大禹の治水の対象となった地域で、「華夏」と重なっていると見てよさそうだ。「夏」は「雅」につながる。華夏とは何かと言えば、古代中国人が、比較的文明化された地域つまり「天下」であると信じてきた地域を指す。(3)「五服」とは東周の頃に「王」が住んでいた洛陽一帯の「中心」を除く地域である。中心の「王畿《おうき》」(皇城とその周囲)を囲む五百里を甸服《でんぷく》と呼ぶ。甸は郊外のそのまた郊外である。古都の城外百里を「郊」、「郊」の外側を「甸」とする。「五百里侯服」とは、諸侯を封じて管轄する地域である。商に封じられた諸侯の後代が商丘に宋国を建て、姫姓を封じられて河南で鄭侯となり、姜姓を封じられて山東で斉侯となった等々がこれである。「五百里綏服《すいふく》」の「綏」は本来車から落ちないように摑まる吊紐を意味し、ここでは安心できるものという意味である。たとえば「綏靖《すいせい》」という言葉の「綏」も車の吊紐で、ぶら下がることはできるが、もたれ掛ることはできないという意味で、「中国」との関係がそれほど緊密ではない地域を意味し、後の「羈縻《きび》」（周辺異民族に対する統御政策）の対象である。「五百里要服」の「要」は決めごとを指し、双方の約定によって管轄するが、実際には王は彼らに対してさほど厳格に管理はしない。さらに「荒服」に到っては、いずれにせよ遠く離れているので化外《けがい》の地（天子の教化の及ばない地）として扱われ、人々は放任されてきた。このように、中心から半径五百里の外へ出ると五千里の方形の土地が広がる。これこそ古代中国人が想像した「回」の字に似た大地であった。

『禹貢』は大体戦国時代に作られ、『国語・周語』もほぼ時代を同じくするということは、この考え方は戦国時期にはすでに広まっており、初期の漢民族社会がこの頃に成立し始めたことになる。やや遅れて『周礼《しゅらい》・夏官・職方氏』にはさらに枝葉をつけて想像を大きく広げた記載がある。いわく、国土管理を専門とする機関があり、しかもこの「五服」を「九畿」（国畿の外側にある侯、甸、男、采、衛、蛮、夷、鎮、藩）にまで拡大している(4)。だが、中心から外縁に向かって伸展する空間的構造に変わりはなく、さらにこうした中心から辺境へ向かうにつれて文明度が徐々に低くなるという考え方も同様である。以下に挙げるいくつかの名称を見ていただきたい。「蛮」、「夷」、「鎮」、「藩」の順序で蔑みの度合いが強くなる。「蛮」と「夷」は一見して明らかだが、それに続く「鎮」は「制圧する」・「服従させる」という意を有し、「藩」は張り巡らした籬《まがき》、ひいては「障壁」となり、文明人の住む「世界」と外部を隔てる境界線に作られた垣根を意味している。

多くの読者は、古代中国に『楚辞』、『荘子』、『穆天子伝《ぼくてんし》』『山海経《せんがいきょう》』などの書物があることを聞いたことがあるだろう。これらの書物にはしばしば中国周辺の世界を想像した記述がある。西には崑崙《こんろん》、東には蓬莱《ほうらい》があり、周の穆王は崑崙山で西王母に拝謁し、また、ある人は東の蓬莱仙島に到って不老不死の仙薬を手に入れたことなど。ここで最も面白いのは、おそらく多くの人が読んだことがあるか書名は知っていると思われる『山海経』である。『山海経』が記載しているのは古代人が想像した世界各地に存在する様々な不思議な事物である。たとえば奇肱《きこう》国の飛ぶ車、騩山《きざん》の飛ぶ魚、東海（東シナ海）の流波山《りゅうはざん》に住む夔《き》という一本足の怪獣などだ。[5]こうした想像は明代に編纂された類書『三才図会』や清代の李汝珍が著した小説『鏡花縁』まで受け継がれる。他にも君子国、大人国、毛民国、深目国等々がある。しかし、子細に観察すれば、この想像の世界空間は依然として中心と四方から構成される大地であることがわかる。『山海経』[6]にはもともと挿絵があったと言われている。陶淵明の詩に「汎覧周王伝、流観山海図」（ひろく周王の伝を読み、あまねく山海の図を観る）と書かれており、現在の『山海経』は「山海図」の解説文であったとの説がある。文字で記載された部分はそれぞれ山（南山、西山、北山、東山、中山）、海内《かいだい》（海内南・海内西・海内北・海内東）、海外（海外南・海外西・海外北・海外東）、大荒《たいこう》（大荒東・大荒西・大荒南・大荒北）にそれぞれ分かれている。つまり、現在も元の挿絵を見ることができれば、やはりそれは中山を中心とし、四方を山で囲まれ、その外側には海内と海外があり、周縁には「大荒」の方形の宇宙が広がる構造になっていたはずである。周縁に住む人々は北狄、西戎、東夷、南蛮と呼ばれ、中央の華夏人から見れば全て野蛮人である。

三　天は丸く、地は方形——空間イメージ

この時代の中国人が四方（東西南北の辺境）よりも遠くへ行ったことがあったかどうか、我々は知るすべはない。あったという説もあるが、少なくとも文献には記載されていない。だが、四方を越えたことのない彼らがどうして大地はこのような形状をしていると考えたのだろう。筆者の想像だが、この観念はおそらく古代中国人の思い描いた天地に由来しているのではないだろうか。古代中国人は「天は丸く、地は方形」と信じ、彼らの想像の中では天は半球形の笠のように大地を覆い、その中心に北極と北斗星がある。大地は碁盤のような四角形で、その中心が洛陽一帯である。『周髀算経《しゅうひさんけい》』にそう書かれており（7）、『呂氏春秋《りょししゅんじゅう》』にも同様に「大圜在上、大矩在下」（8）（大きな円は上に在り、大きな矩形は下に在る）と記されている。漢代の有名な武梁祠《ぶりょうし》画像石には「伏羲女媧《ふっきじょか》」（伏羲は古代の伝説上の帝王、女媧は太古の伝説上の女の天子）像が彫られているが、伏羲は矩（矩尺、直線定

規〕を、女媧は規〔円規、コンパス〕を手にして四角い大地と円い天を描いている。[9] 円形の天で方形の大地を覆うのは無理があるため、大地の四隅が天の外にはみ出してしまうのではないか、あるいは大地を覆いつくした場合、四辺には天だけがあり覆うべきものがないではないか、という疑問を提示する向きもある。このような矛盾があってもなお人々は皆この概念を信じてきた。

　理由は単純である。それが「天」に対する直観的経験と「地」に対する想像的推測に一致するからだ。昼間の太陽、夜の月や星を観察すると、全て東から西へ、あるいは右から左へと北方の「軸」を中心に回転している。まさに天は「笠」のような形ではないか。したがって、古代の天地に関する最も重要な物の多くはこうした形状を模して作られている。たとえば、古代の占いに用いられた「式盤」は天地を模して円い天盤と四角い地盤から成っており、古代の碁盤・博局〔古代の碁に似た遊び、「六博」とも呼ばれる〕も同様の形状である。碁盤の中心は現在でも「天元」と呼ばれ、天地を祭る明堂《めいどう》〔古代の帝王が執政した場所、朝廷〕・圜丘《えんきゅう》〔天を祭る儀式を行った円形の祭壇〕もこの形をしている。古代の王宮や都市も中心から四辺に広がる形状である。そこで、古代中国人は自己のいる場所こそ中央であり、四方の辺境よりも文明が高いと考えた。四辺は文明においても富においても中央よりもずっと低い位置にあって、中央の制約と管轄の下に置かれるべきである。これこそが古代中国人の信じた天下である。「中国」は「四夷」〔周辺民族〕を見下して然るべきであり、中国文明は四辺の戎夷狄蛮に遥か遠くまで影響を与え、教育すべき立場にあると。

こう考えたことに何ら不思議はない。西洋人は「無処非中」〔世界で中心でないところはない〕、つまりThere are not background and not center in the world〔世界には背景となるところも、中心もない〕というが、人というものは総じて自分の目で外界を認識するもので、自分が立っている場所を起点として東南西北・前後左右を確定し、より遠いところや注目している部分〔前景〕の後にあるものを背景と見なす。私はあなたの視点であり、あなたは私の焦点になり得る。だが、あなたは他の物の背景になり、私がその背景になったりする。古代中国人は中原に流れる二筋の大河〔黄河と長江〕に挟まれた土地で、当然のようにこの一点を中心として天下は自分を中心とする大空間であると想像した。まして当時の中国文明は確かに周辺の各民族を凌駕していたのだからなおさらである。

四 「四方」そして「四方」——談天衍の想像から張騫の地平線を越えて

話をもとに戻そう。古代中国にも、このような世界像に疑問を持ち、外側にはもっと大きな世界があるのではないかと大胆に空想した者がいたのではなかろうか。戦国時代、後に「談天衍」と呼ばれることになる鄒衍《すうえん》という斉国の人がいた。斉国は海に面した土地で広々とした天空が開けていたのでより自由な想像ができたのであろう、そこで彼は「大九州」(10)という言い方をした。鄒衍は、中国の「九州」は天下の八十一分の一に過ぎず、そこは「赤県神州」と呼ばれ、その外側に八つの州があると想像した。「大九州」は周囲を海に囲まれている。そして、この大九州以外にも別の「大九州」が八つあり、やはりそれぞれ海に囲まれている。これら全体をあわせて天下となる。この考え方に到った根拠はどこにあるのか、それとも鄒衍の空想に過ぎないのか、あるいは伝え聞いたことなのかは明らかではない。もしかしたら古代中国はすでに世界と様々な形で往来していたのかもしれない。『逸周書』に「王会」という篇があり、四方の異民族が集会を開く様が描写されている。(11)西晋時代の汲郡(現在の河南省)にある魏の襄王の陵墓から発掘された竹簡『穆天子伝』(戦国中期頃)にも、周の穆王が西域に赴き西王母に拝謁したとの記載があるが、(12)その中に実際に往来した事実が隠されていないとも言えない。だが、なぜかこの種の空想は中国人の天下観を変えることなく、先秦時代から秦漢時代まで、古代中国人はやはり天下の中心を自認し、高みに立って四方の蛮夷を見下し続けたのである。

漢代になってこの情況に転機が訪れた。これは非常に重要な転換点であった。紀元前一三八年から一二六年、すなわち漢の武帝の建元三年から元朔三年まで、張騫《ちょうけん》は命を受けて西域に向かい、艱難辛苦の末に漢帝国に戻った。彼は大宛(現在のタシュケント付近）、康居（現在のタジキスタン、アゼルバイジャン、ウズベキスタンおよびカザフスタン南部付近）、大月氏（現在のパミール高原以西、アフガニスタン域内）、大夏（現在のインド西北部、パキスタン、カシミール付近）、および彼が伝え聞いた烏孫、安息〔パルティア王国〕（現在のイラン国内）、条枝（シリア一帯）、身毒（インド）の情況を漢帝国に紹介した。[13] これはきわめて重要な出来事であったと言うべきである。なぜなら、第一に、中国人の周辺世界に対する実際の知識を、東は日本・朝鮮、北はモンゴルおよびシベリア、南は南海〔南シナ海〕・東南アジア、西はパキスタン・アフガニスタン・シリア・インド・イラン一帯にまで拡大したからである。つまり、漢代の中国人はすでに今日のアジア全体、さらにより大きな地域まで知っていた。それ以前は、おそらく現在の東アジアまでしか認識していなかったであろう（たとえば日本と朝鮮まで。日本の九州で出土した漢朝廷が賜った倭国王の金印はかなり早くから中日間の往来があったことを証明している）。第二に、この出来事によって中国人は外部世界と交流し深く知りたいという欲望を刺激された。張騫は派遣されて西域に赴いた後にさらに西南に旅し、東漢〔後漢〕の班超と班勇は西域への交通を開き、甘英はペルシャ湾に到る等々の行動を起こすことになった。第三に、異なる背景と舞台を持つ経済や文化を観察することによって、中原の漢帝国がアジア全体さらにはヨーロッパとアジアの間のシルクロードを開拓し、その後の仏教の伝来もこの背景の下に行われたもので、それ以後、中国の歴史は世界の歴史となったのである。

だが残念なことに、どういうわけかこれは古代中国人の根強い「天下観」を真の意味で変化させることはなかった。漢代以後、張騫、班超、甘英ら多くの人がはるばる旅をしたにもかかわらず、中国人の想像する「天下」はやはり「中国」を中心とし、それに日増しに拡大した「四夷」を加えたものにしか過ぎなかった。しかしこの天下像は、中心だけが明確で、四辺はぼんやりとしている。これが中国人の世界像である。インド、アフガニスタン、イラン、パキスタン等の中央アジアと西アジア、さらに日本、東南アジア、朝鮮、および北方の草原にある広大な土地も入れれば、中国よりもずっと広いが、それでも漢から唐に到るまでの中古期の中国人は依然として周辺地域は文化的には取るに足らないと見なしていたため、中国の外側に別の「世界」があるとは考えなかった。

五　知識と観念の分離――強固な中国の天下観

古代中国人は長きにわたって「天下観」にずっとこだわり続けてきた。その理由について、中国は仏教以外の真の外来文明による挑戦を受けたことが一度もなかったため、中国人は自分こそが天下の中心で、漢文明こそが人類文明の頂点であると終始信じてきたためであろうと筆者は考えている。漢民族の論理に従わない周辺の野蛮な民族は救済しなければならず、救済されれば華夏の民と認めるが、救済できなければ距離を置くしかない。一般的に、中国人は戦争という手段で天下を統一することはまれで、むしろ文化によって「異邦を威服させる」ことができると考えていた。これを「遠人を懐柔する」と言った。

だが、中国人は収拾できない事態に直面したときには、逆に怨みや憎しみをつのらせ、その憎しみは怒りに変わる。西晋時代に江統《こうとう》(?—三一〇年)と呼ばれる人物がいた。彼はかつて『徙戎論《しじゅう》』を著し、漢民族とその他の民族の居住地を分離しようと主張した。(14)しかし、このような華夷を区別する考え方は大きな影響を与えなかったようだ。古代中国人にとっての「中国」はしばしば文明的空間であって、近代のような明確な境界を有する国家ではなかったことを理解しなければならない。したがって、中国人は周囲の国家は文明において自分たちより劣っており、自分たちを見習い、朝貢し、皇帝に拝謁すべきであると信じた。古代絵画によく見られる「職貢図」に描かれているのは周辺各民族の代表が中央王朝に貢ぎ物を届けに来る場面だ。中国の皇帝は常に特別に大きく描かれ、異民族の使節は逆に矮小化されている。そして古代の各種地図、たとえば宋代から伝わる何枚かの地図は、華夏に四夷を加えた「華夷図」や、車が通行することのできる場所を全て包括した「輿地図」であった。「地理図」と呼ばれるものは地表の状態全体を示したものだが、これらの地図では、やはり主に中国を中心としている。周辺国家もまれに地図上に出現することがあるが、非常に小さく描かれている。その小ささはまるでそれらの国々が我が大国に依存する「寄生虫」のように見える。

このような観念と中国人の実際の世界知識とは関係がない。我々が知っているように、漢代の張騫以後はすでにユーラシア大陸を往来する道が開け、隊商や僧侶も東西間を頻繁に往き来していた[15]。唐代中国になると外界との交通はより盛んになり、首都の長安には十万人もの「胡人」が居住し、「崑崙奴《こんろんど》」(黒人奴隷)、「胡旋舞《こせんぶ》」(外国の舞踏音楽)、「胡服」(外国のファッション)が流行していた。さらに時代が下ると、モンゴルの元帝国の領域はほぼ世界各地にまで届くほどになった。当時、アラブから来たジャマールッディーン(Sayyid Jamāl al-Dīn al-Afghānī〔?—一三〇一年〕)も経緯線を引いた「地球儀」を作り、地球には「三地七水」[16]があると説明した。明代初期の永楽年間になると、三宝太監の鄭和〔三保(宝)は鄭和の初名、太監は宦官、一三七一—一四三四年頃〕は、船隊を率いて西の海に出た。我々はギャヴィン・メンジーズ(Gavin Menzies)というイギリスのアマチュア歴史家が主張する、新大陸を発見したのは鄭和であるという説[17]を信じてはいないが、鄭和は少なくともアフリカの東海岸には到達していたし、彼が実際に体験した地域も中国本土を何十倍も超える広さであったことは確かだ。当時の人々はすでに世界の様々な文明についてかなりよく知っていた。しかし、面白いことに古代中国の「天下」、「中国」、「四夷」に関する思想と想像は終始一貫して変わることがなかったのである。

六　仏教は中国を征服したことはないが、中国に一つのチャンスを与えた

歴史研究者が歴史のやり直しを想像してはならないことは言うまでもないが、研究者も普通の人間である以上、時には「もしあのとき……」と想像することもある。筆者は中国の古代史を振り返った時、やはり古代中国の天下観には転換点があったと考えている。

我々は、世界には国際的に認められた明確な境界があり、国家の主権という概念があり、そこから「民族国家」という考え方が生まれたことを承知している。だが、実はこれは近現代になってからのことである。古代中国にも「国家」という言葉はあった。漢代の青銅鏡の背面には「多賀国家人民息、胡虜殄滅天下服」(国家人民の安息をおおいに賀し、胡虜(北方異民族)を絶やし天下服す)といった銘文が多く見られる(18)。だが、前述したように古代中国の「国家」は、中心こそはっきりとしているが周辺はぼやけている「文化概念」であった。「およそ我が族類なればその心は必ず同じかるべし」、つまり自分と同じ文化を持つものなら、なんであろうと一つの国家と見なされる。しかも、国家と天下にもとくに明確な区別はない。「我が族類にあらざれば、その心は必ず異なるべし」、自

分と異なる文化を持つ者はすなわち四夷であり、同じ国家、さらには同じ天下に属さない「不倶戴天」（ともに天をいただかず＝共存できない相手）となる。族類の認定基準は「心を同じくする」かどうかということで、陸九淵（一一三九―九二年）はこれを「四海之内、心同理同」[19]（世界の人々は心情も道理も同じである）と述べている。「天下一家」の世界普遍主義の認定基準は文化である。したがって、法律で決められた境界線は重要ではない。『礼記・王制』には「中国、戎夷、五方之民、皆有性也、不可推移」[20]（中国には戎夷を含めて五方に民族があり、皆それぞれに特徴があり、あえて変えようとしてはならない）とある。文化において臣下として服従した者や承認された者は、全て華夏の藩属として文化的枠組に組み込まれて認められ、同じ「天下」となる。なぜなら「普天の下王土にあらざるはなく、率土の浜王臣にあらざるはなし」だからだ。およそ文化的に服従せず承認されない者は、終始「異邦異俗」のまま「天下」の外にあるものと見なし、相手にしない。そこで、古代中国では国家・文明・真理の指す意味が重なり合い、「天下一家」、「海内に知己あり」、「四海の内みな兄弟」等の言い方が可能になる。これらの言葉の背景には、一方に中国中心主義という特殊性が、他方に普遍主義的な世界観がある。中国こそ唯一の文明の中心であるという世界観と、文明は普遍的に適用され、道理は全世界共通であるという世界観が同時に存在しているのだ。

しかし、漢代以降に大量の外来文化、知識、物品が流れ込み、彫りの深い顔立ちをした異邦人が中国に入って来たにもかかわらず、それらが中国固有の文明に対して衝撃を与えることはなかった。その原因は複雑だが、簡単に言えば、一つには歴史上の「中国」の領土には大きな変化があったが大体においては漢民族の居住する「九州」を中心としていたことがあげられる。東は大海に臨み、西は高原と雪山を背にし、北は氷雪の大地、さらに周辺を匈奴、突厥、契丹、女真および後の満洲族という異民族に囲まれ、南には熱帯林が広がっていたことによって、閉ざされた「天下」観を形成しやすい環境にあった。他方、通常は中国のような悠久の文明史を有する国家は、華夏と拮抗しうるような高度に発達した別の「文明」が出現して初めて、その伝統に根本的な影響が生じる。

東漢〔後漢〕以後に中国に伝来した仏教は中国に根本的な震撼、つまり世の中に二つ以上の文明の中心が存在しているというショックを与えることになった。仏教の原理においては、中国文明とは根本的に相容れず、受け入れがたいものが三つある。第一に、宗教の権力は世俗の皇帝の権力と並び立つことができ、社会の階層と価値において優先する位置を占めるという点である。信徒は、皇帝や両親を敬わなくとも構わないが、仏・法・僧の三宝は必ず敬わなければならない。第二に、世界の中心は当然「竿を立てても影がない」ところでなければならず、それを伝統中国も信じ、昼間に影がないところが天下の中心であった。だがこの道理では「昼に影がない」天下の中心は中国になく、インドにあった。第三に、最高の真理、最も優秀な人物、最も正しい生活方式は儒学ではなく仏教にある。したがって仏教は更に高次の「文明」であるか、少なくとも別の種類の自己管理システム、あるいは自己完結の「文明」[21]である。これらを漢民族の中国がどうして受け入れることができようか。もし受け入れていたら中国は大きく変化して現在の中国ではなくなってしまっていただろう。

七　仏教が見る世界と仏教の世界観

周知のように、仏教は後に中国化されて三教合一〔儒仏道の融合〕に変わり、さらに中国を主流とするイデオロギーと儒家の学説に屈服することになった。しかし、それがかつて中国文明の天下唯一の観念に衝撃を与えたことを忘れてはならない。仏教が伝来したとき、一部の中国人は「華夏文明は唯一ではない」、「中国は天下の中央ではない」ことを承認しないわけにはいかなくなった。これはもとより世界を新たに認識する機会であった。とくに仏教の世界に関する観念は根本的に中国のそれとは大きく異なっていた。

仏教の世界知識システムにおいては、世界は中国を中心とするひとかたまりではなく、四大洲があり、中国はその中の一つの洲にあるだけに過ぎない。須弥《しゅみ》山《せん》を囲んだ四方に四大部洲（四大陸）があり、中国は南瞻部《なんせんぶ》洲〔南閻浮《なんえんぶ》提《だい》〕の一部で、ほかに東勝身洲、西牛《さいご》貨《け》洲、北倶盧《ほっくる》洲があるとされている。『大楼炭経』、『法苑珠林』等の書物には、(22)日・月・星はすべて須弥山を回りながら天下を照らし、四大洲にはそれぞれ二中洲と五百小洲がある。四大洲および八中洲には人が住んでいるが、二千小洲には居住者のいる地域といない地域がある。その中で、北洲は一番果報〔幸運〕に恵まれ、楽しみは多く苦しみは少なく、千歳の寿命を与えられているが、そこには仏陀のような偉大な指導者は現れない。南洲の人々は勇猛で知識があるが、業行《ごうぎょう》〔身・口・意の三業で果報を受ける行為〕を行い、梵行《ぼんぎょう》〔仏門の修行〕をすることもできるので、仏が世に現れる。東洲の空間は極めて広大で、西洲は牛・羊・珠玉を多く産する。仏教の文献には他にも仏教に四天子があると書かれている。フランスの著名な研究者ペリオ(Paul Pelliot 一八七八―一九四五年)は「四天子説」において、仏教の想定する南瞻部洲には八国王・四天子(23)がいると述べている。東の晋天子が中国皇帝、南の天竺国天子がインド国王、西の大秦国天子はおそらく当時のローマ帝国皇帝にあたり、西北の月支天子はクシャン朝国王であろう。その時代のインド仏教徒は、南瞻部洲は「四王の治めるところ。東を脂那と言い人の主たる王であり、西をペルシャと言い宝の主たる王であり、南をインドと言い象の主たる王であり、北を獫狁《けんいん》〔中国北方の匈奴の一つ〕といい馬の主たる王である」と考えていた。これもおそらく中国に伝わって、唐代の道宣が編纂した『続高僧伝』(24)で、経典を求めてインドへ旅した玄奘《げんじょう》に言及した部分でこの伝聞について記している。

宗教にはそれぞれの立場がある。仏教はインドから中央アジアあるいは南アジアを経由して伝来したので、一般的に言えば、仏教徒は表面的にも暗示的にも、中国が唯一の中心であるとする世界観に与することはできない。この道理は簡単で、もし中国が唯一の存在であったら、仏教のインドはどうすればいいのか。真理がインドに起源するなら、インドが中心であるべきだ。しかし、中国ではこのように言うことはできず、インドと中国という二つの中心がある、あるいはインド・西域・中国の三つの中心がある、あるいはペルシャ、インド、中国と獫狁の四つの中心があると言うしかない。この世界像は中心に中国があるという中国の伝統的な「天下」とは相違してしまう。以前は「国無二主、天無二日」（国に二主なく天に二日なし）としていたものが覆されてしまう。したがって、我々が現在唯一見られるのは、古代中国の中国を天下の唯一の中心とする世界地図ではなく、仏教の『仏祖統紀』の三枚の図である。宋代以前には極めてまれに見る多元的な世界観を表しており、その『東震旦地理図』、『漢西域諸国図』、『西土五印之図』は三つの中心で構成される世界を示している。[25] これもかつて中国人の世界観を変化させる材料となったものである。

だが注意していただきたいことがある。中国の天下観はこれと異なっている。中国は唯一の天下の中心ではなくなったが、これはむしろ以前に鄒衍の説いた「大九州」と似通っている。そこで、後にこの種の四洲、九州などの説がずっと時代を下ってから中国人が新たな世界像を受け入れるための資源となったのである。だが残念なことに、仏教がすでに世界イメージについての新しい材料をもたらし、それに続いて元代の回回(アラブ)人もさらに大きな新たな世界地図をもたらして中国人の周辺世界の実際的知識を古代の「五服」、「九州」、あるいは「華夷」を遥かに超えるものとした。[26]だが、この種の衝撃は根本的に中国人の世界観を動揺させることはなく、その後数百年を経て、すでに十分に世界化が進んだ十六世紀に西洋人が中国にやってくるようになって、この種の情況にようやく変化が訪れた。[27]万暦十二年(一五八四年)になり、前述したマテオ・リッチの『山海輿地全図』が広東で世に出たとき、中国人はやっと突然「世界」を目の当りにし、そこから思想上の「天地が崩れる大転換」の予兆が現れたのである。

八　マテオ・リッチの『山海輿地全図』以降
——中国の天下観の変化

この章の初めに述べたあの『坤輿万国全図』に話を戻そう。

一五八四年、すなわち明の万暦十二年、イタリアから来た宣教師マテオ・リッチは広東の肇慶に到着して間もなく、知府の王泮の支持を得て『山海輿地全図』を印刷した。これは中国で初めて印刷された西洋式世界地図であった。[28]この『山海輿地全図』は暫く後に現れた『坤輿万国全図』の前身であった。

十六世紀末から十七世紀まで、この地図をもとに描かれた各種地図が次々に出現し、現在見られるものだけで十二種もある。当時、マテオ・リッチ自身も、皇帝がもしこのような地図を見たら中国をこれほど小さく描いたことで自分たちが中国人を見下しているとして罪に問うのではないかと恐れ、さらに多くの守旧的な大臣たちも、この地図を見て故意に外夷を誇張し中国を醜悪に描いていると言ってこの世界観を攻撃した。しかも彼らは『山海経』の想像した世界や鄒衍の「大九州」と結びつけ、これは中国の古書を剽窃して捏造したデマで、「以中国数万里之地為一洲、以矛刺盾、妄謬不攻自破[29]」（中国の数万里に及ぶ地を一洲としている、矛で盾を突くようなもので、反論するまでもなく自らボロを出す）と批判した。だが、李贄《りし》（一五二七―一六〇二年）、方以智、謝肇淛《しゃちょうせい》、李之藻、徐《じょ》光啓《こうけい》（一五六二―一六三三年）ら知識人はこの種の世界観を受け入れたばかりでなく、万暦《ばんれき》帝までこれを非常に喜び、死後には定陵の皇帝の墓に副葬した。「天下」が変化した意味を理解することなく、喜んで宦官にこの地図をもとにした大幅の『坤輿万国全図』屛風を描かせた。こうして、この地図は合法性、すなわち公的な認可が与えられたことで合理性を備えたことになり、知識階級の承認[30]を得られることとなった。

その実、マテオ・リッチの地図には思想的な目的もあった。彼は中国が大中華文化の優越感を捨て、カトリック文明を受け入れることを望んだ。彼は「彼らは自国が多くの国家と比べてどれほど小さいかを見て取れば尊大さや横暴さがいくらかなくなり、他国と関係を持ちたいと考えるようになるだろう(31)」と述べている。確かに、古代中国は他国との関係においては、常に「朝覲《ちょうきん》」(主君に拝謁する)、「朝貢」(朝廷に貢ぎ物を献上する)、「覲見」(主君に謁見する)、あるいは「和蕃」(蛮族を懐柔する)、「綏遠」(遠隔地を鎮圧する)、「撫夷」(未開人を手なずける)、「理蕃」(蛮人を統治する)等々と位置づけ、平等・多元的な扱いはほとんどなかった。日本の国王は隋の時代にかつて「日出《い》ずる処の天子、日没する処の天子に書を致す」と書いたが、これが中国人の不快感を呼び(32)、後にイギリス使節マカートニーが乾隆帝に謁見したときも身分・地位と礼節に応じた儀式の問題のために収拾がつかないほどの騒ぎになった(33)。だが、思想史的にはこの地図はすでに大きな変化をもたらした。なぜなら、それが中国人に以下の事実を教えたからである。

(一) 人が暮らす世界は平面ではなく丸い形をしている。

(二) 世界は非常に大きく、中国はアジアの十分の一に過ぎない。アジアもまた世界の五分の一に過ぎず、中国は広大無辺の唯一の大国ではなくむしろ非常に小さい。

(三) 古代中国の「天下」、「中国」、「四夷」という言い方は成立しない。中国は必ずしも世界の中心ではなく、四夷も別の文明を持つ国である可能性がある。彼らから見れば、中国も「四夷」であるのかも知れない。

(四) 「東海西海、心同理同」の考え方を受け入れ、世界の様々な文明は平等であり、共通であることを認めるべきである。さらに民族／国家／領域を超越する普遍主義的な真理が本当に存在する。

九　「天下」から「万国」へ

もしこの種の観念を受け入れるなら、伝統的中華帝国を天下の中心とし、周辺民族より優れているとする前提は徹底的に打破されることになる。こうした悠久の歴史を持つ文化的な「基本的仮説」は人々の観念の中で長期にわたって理の当然とされ、疑われることはなかった。それは伝統的な思想の世界で中華文明の礎石の一つとなってきた。しかしこの礎石が覆されたら中国の天は崩れ、地は裂けることになる。

この「天崩地裂」の過程はかなり長く、明から清まで数百年も続いた。それは確実に古代中国の世界観に傷跡を残し、本来誰もが考える必要もなく、自然と受け入れてきた天下の観念は打破されたのである。『図書編』、『方輿勝略』、『月令広義』、『格致草』、『地緯』の類の総合書はみな世界についてのその説と、この種の地図とともにその「世界観」を受け入れ、すでにこの古からの中国の知識、思想、信仰の瓦解が始まっていた。本当の変化は清代末期になってやっと明らかになるのだが、それ以降、世界像の変化は中国人が受け入れることを迫られる苦々しい事実を予告し、中国はもはや世界の中心で

はなく、中国の世界観に「天下」から「万国」へと向かうよう迫るものであった。(34)

第二章　国　境——「中国」の領域についての議論

数年前、私は小規模なセミナーに招かれたことがある。そこで討議されたのは中国の国境、周辺環境および外交問題などであった。このセミナーを主催した新聞社が送ってきた電子メールには、「中国境／域」という慎重に考えられたタイトルがついており、「境」と「域」を分けてこのような一つのテーマとし、さらに「国境はそこにあり、中国はここにある」という非常に面白い表現を用いて、このセミナーで議論するテーマについて、近代国家としての中国には政治的な意味を持つ国境と文化的な意味を持つ領域があり、この両者の間にはある種の緊張関係が存在することを暗示していた。筆者はすぐに討議の中心が「国境(政治的な領土の範囲)」と「中国(文化のアイデンティティとしての空間)」の相違であることを理解した。

筆者にとってこの見方は非常に興味深いものだった。かつてこのテーマについて文章を書いたことがあったからだ。セミナーの招待状を見たとき、杜甫の「国破れて山河あり」の詩句を思い出す一方で、明末に顧炎武(一六一三—八二年)が書いた「亡国」と

「亡天下」に関する分析も脳裏に浮かんだ。(2)「山河」、「国家」、「天下」は中国の伝統的な観念ではどうやら同じではないようだ。近代以降から今日に到るまでの、中国と周辺世界の国境・領土・歴史の論争も「国境」と「中国」、つまり歴史上の領土、文化の空間そして政治の版図という種々の問題に関連し、そこで以下に述べるような議論が生まれてくる。

一 国境と国家について
——釣魚島〔尖閣諸島〕、南沙諸島、竹島(独島)だけではない

国境と国家はきわめて大きな問題である。今まさに領土紛争が存在している地域、たとえば中日両国間の釣魚島(尖閣諸島)問題、中国・ベトナム・フィリピン・インドネシアとの間で問題化している南海〔南シナ海〕の島々、また韓国と日本が争っている竹島(独島)等々に限られない。しかも中国にとっては、なぜ「中国」が巨大な版図を領有することができたか、なぜ「中国」が漢民族の中国だけでなく多くの民族を擁するいわゆる「多元的な一体」(3)〔原語「多元一体」〕の大国となり得たのか等の歴史を遡る大問題にまで発展する可能性が出てくる。

これを近年の韓国の歴史教科書から検討してみるのもよいだろう。この数年、歴史教

科書はしばしば注目される話題になっている。その理由は、教育によって若い国民の歴史観や文化のアイデンティティを作り上げる歴史教材は、文化と民族の起源、宗教信仰および文化の本流、歴史の領域、民族の居住空間等の問題に触れることを免れ得ないからである。したがって、他国の国民を認識する上で、各種の歴史教科書は民族主義の底流や荒波を最も引き起こしやすい。近年、韓国の中学校歴史教科書には、いくつか驚くような記述が見られるようになった。一つは思想面に現れた韓国国内での激しい民族主義の高揚であり、もう一つは学術面で論じられた韓国と中国の歴史認識の間におきた衝突である。たとえば、朝鮮の歴史は中国よりも古いとする主張、檀君の故事や伝説を韓民族の起源の歴史としてとらえる見方、唐宋時代の高句麗の版図の大きさに関わる誇張等である。実は、中国の「東北工程」〔中国東北部の歴史研究を行う中国の国家プロジェクト〕と「高句麗遺跡の世界遺産登録申請」[4]以来、韓国が歴史に対して種々の議論を行っていることに人々は早くから気づいていた。たとえば、東北アジア歴史財団〔韓国の民族主義的な歴史研究財団〕のいくつかの学術会議と学術書は、国境や国家について問題を提起している。境界線がすでに定まっているかのように見える現代ですら、依然として歴史の暗い影が多く存在しており、これによって現代は歴史の中に存在し、歴史は現代の中に存在することになった。

韓国に比べて、日本の「中国」の領域の合法性に対する疑いはより深くより早くから存在していた。明治時代から近代西欧の民族国家概念に追随し、同時にヨーロッパの東洋学の刺激を受け、さらに日本の軍国主義意識と、いわゆる「アジア主義」の台頭にともない、日本の東洋学研究者は伝統中国の「四裔」（周辺地域）、たとえば朝鮮・モンゴル・満洲・チベット・新疆に並々ならぬ関心を寄せる一方で、中国の各王朝を辺境と異民族を包括する同一体として見ることはすでになくなっていた。もともとは学術研究における方向性を持っていたものが、徐々に中国の近代国家を瓦解させる正当性を持つ観念に変わっていき、しかも第二次世界大戦前後には日本の歴史学界におけるホットなテーマにもなった。(5) 前述したように、矢野仁一は一九二三年に出版した『近代支那論』の冒頭で「支那無国境論」と「支那非国論」を展開している。矢野は、国境は国家組織の完成の基本条件であり、近代国家も national state である以上、国境は必要なものであるが、「支那には独り国境がないのみならず、国境のない結果として、国家も亦無い」（原文ママ）、その故に中国はいわゆる民族国家と呼ぶことはできず、満洲・モンゴル・チベットなどはもともと中国の領土ではなかったと考えた。(6) 一九四四年、第二次世界大戦の重要な時期に、彼はさらに広島大学での一連の報告において、中国を超越してアジアを単位とする歴史記述理論を提起し、この年に『大東亜史の構想』と題して出版した。(7) こうした考え方は終戦後には抑圧されたが、今日でもしばしば形を変えてよみがえり、歴史・地理の研究分野にいくらかの痕跡を残している。

もちろん、現代中国にも古代王朝の「領域」と現在の政治の「領土」に関する決して聡明とは言えない種々の議論がある。たとえば、一部には中国歴史研究では「歴代王朝の領域」ではなく、「今日の中華人民共和国の国土を範囲とし、そこから遡る」べきだと考えている者もいる。彼らはさらに、そうしてこそ第一に「古い観点」、すなわち王朝史観から解放され、第二に大漢民族主義から解放され、第三に「現在の社会生活の意義を理解するところから歴史を研究する」ことが可能になる、と強調する。しかし、まさに筆者が序章で述べたように「中国」は特殊な「国家」である。国家の政治イデオロギーの立場で意見を述べるこれらの研究者は、先に「中国」の現在の政治の領土の合法性を確定した後に、過去に遡ってこの空間の歴史を記述しようと試みる。それによって現実の国家領土の合法性を保つことができ、さらにはこの領域の歴史を記述することで国境内の領土の合理性を確立することができると思い込んでいる。だが、実際にはこれは歴史主義には符合しないものだ。

早くも一九六〇年代に、孫祚民《そんそみん》〔一九二三―九一年〕は王朝の統治の範囲は同じではなく、「歴代の国土は変更や伸縮があるため、我が国の歴史上の歴代の王朝の領域は、歴代王朝の国土の範囲」とすべきである、と指摘している。一九八〇年代に到って、彼はさらに批判的にこう語っている。現在の中華人民共和国の領土の範囲に照らして、歴史を遡るという方法をとれば「錯誤は十分に明らかである。誤りの鍵は、我が国の形成を一個の『統一的多民族国家』の歴史過程と見なして、歴史上の『当時』と現代の『今日』の両者が全く違う時間的概念であるということを混同しているからである」(10)。この見解は全く疑いもなく正確なものである。我々は、中国の歴史空間は非常に強い連続性を有するが、その一方で古代の「領域」と現代の「領土」は完全には一致せず、しばしば変化することを認めなければならない。

現代国家の国境を用いて歴史上の王朝の領域を遡って記述することはできず、歴史上の王朝の領域を用いて現代国家の国境を論証することはできない。歴史と政治にはもちろん相当深いつながりがあるが、歴史研究と政治的な処理はなんと言っても理性的に区別すべきだ。中国の領域あるいは国境の問題が「歴史」の形で繰り返し現れ、しかも「今現在」の様々な時期に繰り返し浮かび上がってくるであろうことは疑問の余地がない。これらの問題は北東アジアで現れるだけでなく、悪くすれば四方八方で出現する可能性がある。たとえば新疆問題、チベット問題、モンゴル問題、そしてもちろん台湾の問題がある。「国境」は確実に様々に問い質されることになり、「中国」も種々の挑戦に直面することになるだろう。まさに筆者が序章で述べたように、この挑戦は現実の国家間の領土紛争が発端となるだけでなく、種々の歴史の理論と方法にも起因することとなろう。たとえば東アジア史あるいは地域史、征服王朝史、同心円理論、ポストモダン歴史学等々である。

この問題は注意深く議論するに値する。

二　国境、国家、近代国家——中国の特殊性あるいは普遍性

この問題について議論する前に、いわゆる「民族国家」はそもそもいつ頃から形成されたのかについて説明する必要がある。いわゆる合法的な政治領土としての「国境」の概念は近代民族国家の形成と関連するが、それは伝統的帝国がいわゆる合法的な領域を持たないからだと言われている。「至大無外」というのは結局のところ、伝統的帝国における空間に関する想像である。

オーウェン・ラティモア(Owen Lattimore)[1]はかつて有名な著作『中国の内陸アジアの辺疆』で中国の辺疆を議論したさいに、「辺疆」(frontier)と「境界」(boundaries)という二つの語について、両者を区分しなければならないと特に指摘している[11]。私は彼の考えを理解できる。それは帝国時代においては、辺疆はある時はただの曖昧で、過渡的、歴史的な地帯であるということ、またある時はエスニックグループ、風俗、文化によって範囲が定められるということであり、それは決して近年の民族国家の時代のようなものではない。近代国家の境界は主として政治権力、すなわち相隣接する国家の政府によって認定されるものであるということである。現代の「国境」は、ある時には歴史やエ

スニックグループと文化を考慮しなければならないが、さらに重要なのは、合法的な国家と国家の関係であり、条約、彼我の協議によって(国境が)画定されるということである。この種の理論によれば、厳格な意味では、古代中国には「辺疆」はあるが、「境界」はないということになる。現代中国になってはじめて「領土」と「国境」があることになった。そして、学術的には一般に民族国家の形成はヨーロッパ近代から始まったとされるが、この論法は中国にも適用できるだろうか。[12]

序章にも述べたように、中国史をヨーロッパ史の観点に照らし合わせる必要はない。中国の近代民族国家の雛形、あるいは有限国家(国境という限界を持つ国家)という意識は、大体において宋代から形成され始めた。時期的にはおそらくヨーロッパよりも早い。かつて、モリス・ロッサビ(Morris Rossabi)が宋代中国の国際関係についての論文集を編纂して、*China among Equals* とタイトルをつけたように、その時代に「中国は好敵手にめぐり合った」のである(他に「互角の力を持つ国々の中の中国」の訳もある)。まさにその副題、'*The Middle Kingdom and Its Neighbors, 10th–14th Centuries*' が表しているように、十世紀から十四世紀にかけて中国と隣国の関係には重大な変化が生じた。宋代の中国はそれ以前の唐帝国のように天下を覆い尽くすことはなく、宋代の皇帝は唐の太宗のように「天可汗」(北方遊牧民族が唐の太宗に奉った尊称、可汗は「君主」の意)と称することはできなくなっていた。北方の遼と西北の西夏、後の女真、さらに時代が下るとモンゴルが徐々に大宋を「諸国」中の「一国」に変えていった。宋の太祖が「一榻《いっとう》之外、皆他人家也」[13]（自己の寝台以外はみな他人の家である）と嘆いたゆえんである。宋の真宗皇帝が景徳元年に「澶淵《せんえん》の盟」（一〇〇四年に北宋と遼の間で結ばれた国境維持・相互不可侵の盟約）を交わして後、宋と遼の間では、すでに「南北朝」、「大宋皇帝、謹んで大契丹皇帝闕《けっか》下に書を致す」という言い方を常用していた。これは天下の主宰が一つではなく、少なくとも二つになったことを示している[14]。

これに関して、とりわけ興味深い資料がある。『宋会要輯稿』の記載によると、皇祐四年（一〇五二年）、宋の仁宗は詔を下して学士院に北宋と大遼の間でやり取りされる国書について検討させた。当時、遼国の文書は「北朝」を自称し、宋を「南朝」と称していた。しかし宋朝廷の官僚は議論を行って「先帝（宋の真宗）の講和以来、国書には定められた書式があり、軽々しくこれを許すことはできない、今後また書面を交換する際には、以前のように『契丹』と称するべきである」と考えた。これは、当時すでに「それぞれ一つの中国を自称する」（南朝・北朝と称する）情況から「それぞれ別の国である」[15]（各自が「大宋」、「大契丹」と呼称することを求める）ように変化したことを表している〔終章一八九―一九〇頁参照〕。そのため、陶晋生（一九三三年生）は宋代の「多元的国際システム」の形成は、主に以下の二点、すなわち「一、中原は一つの『国』であり、遼も一つの『国』であると認識したこと、二、国境線の存在を認識したこと」に表れていると指摘している。前者は文献中にしばしば「隣国」、「兄弟国」等の語が出現することから、後者は「勘界」(国境線の画定)が重要な外交・政治活動となったことから見て取れる。陶晋生は「宋代の人々が国境を重視していたことは、伝統中国と外夷の間には『はっきりした法律と権力の限界』は存在しなかった、とする近代の一部の研究者の見方を覆すに足る[16]」と述べている。

これによって、中国に初めて明確な「国境」意識および「国」と「国」との対等外交という意識が芽生えた[17]。宋代の歴史書に見られる「勘界」は境界の区分を、「互市《ごし》」は境界で行われる等価貿易を、「聘礼《へいれい》」は平等な国家使節に対する儀礼を意味し、人々に「他者」(the others)の存在を示唆することになった。これらは唐代までの中国にはほとんど見られない[18]概念である。民族と国家の境界意識の形成が直接的に与えた影響は、中国、主に漢民族の士大夫階級が、これ以降「他国」と「異国」に真剣に向き合わなければならなくなったことである。異国と真剣に向き合った結果は二つ。第一に、「出入国」を制限するようになった。国境線を画定する以外に、彼らは「外国人」の居住地域を制限し、「中国人」の外出範囲を制限した。技術に関わる書籍と技術に通暁した知識人は国境を越えて異民族の地に行くことはできない。知識と技術を国外に流出させないためである。既存の資料から見ると、この厳しい措置は両宋(北宋・南宋)を通じて厳格に執行され続け、知識、国民、国土には、現代の民族国家と同様に厳格な境界線が引かれていた[19]。第二に、外来宗教、習俗、その他の文明に対して、知識人は民族主義の立場に基づくある種の警戒心を持っていた。彼らは唐代のように異国の新鮮な事物を手放しで歓迎することはなく、それらを警戒と危惧の目で批判した。外来の宗教信仰や風俗習慣にはかなり厳しい態度をとり、異教に対しては排斥と鎮圧を加え、異国の文明(火葬の習慣や騎馬民族の衣装)もほとんどがその巻き添えとなって禁止された。これは宋代が終始異民族の脅威にさらされていたことと関係している。異文化の排斥は、固有の文化と伝統に関する論述と発揚に最も顕著に現れている。北宋歴史学の「正統論」、儒学の「攘夷論」、理学でとくに目立つ「天理」・「道統」説などはみな様々な角度から漢民族を中心とする文明の境界を新たに構築し、異族文明の侵入と浸透を排除しようとするものだった[20]。

したがって、ヨーロッパ近代を民族国家形態の唯一の基準としなければ、境界線を有する近代民族国家の出現と隆盛は中国のほうがヨーロッパよりも早いと考えられる。そこで、日本の研究者である内藤湖南と宮崎市定は、宋代が中国の近世であると捉えた。私のこの論法は一般に通用している観点とは異なるかも知れない。普通はヨーロッパの「近代」は「近代民族国家」も含めて、中国より早いと考えられている。しかし、ヨーロッパ民族国家は確かに近代以降になって構築されてきたものとはいえ、国境・エスニックグループ・信仰・言語および歴史的な境界線は、事実上は必ずしも正確に重ならい。ヨーロッパ近代民族国家の国境はやはり依然として政治権力に従属しており、政治に従属する空間の境界線が地図上の国境となっているに過ぎない[21]。中国の民族国家は多くの点においてヨーロッパとは異なり、ヨーロッパ近代民族国家の要素に対応するものを中国ですべて見つけ出すことはできない。しかし、なぜヨーロッパこそが「普遍」で中国が「特殊」だと断じることができるのだろうか。

あるいは、中国のような民族国家形成史も合理的で自然な生成過程の一種なのかもしれない[22]。

三　何が近代的な「民族国家」か——ヨーロッパの理論

現下の理論では近代国家と伝統帝国の違いは以下の五点であると考えられている。㈠明確な国境の存在(国民国家は政治・経済・文化の範囲を国境線で区切る。古代・中世国家にも中心となる政治権力と政治機構は存在していたが明確な国境はなかった)。㈡国家の主権意識(国民国家の政治的空間は国家の主権が及ぶ範囲である。他国の干渉を受け入れない国家主権と民族自決の理念を有する)。㈢国民概念の形成と国民を統率するイデオロギー支配、すなわち国家を単位とする民族主義(憲法・民法及び国籍法の定める国民にとどまらず、さらに愛国心・文化・歴史・神話等によって構築されたイデオロギーを含む)。㈣政治・経済・文化の領域における国家機構と制度(帝王あるいは君主の権力に限らない)。㈤各国と樹立した国際関係(国際関係の存在は民族国家の主権独立と領域の有限性の表れである)[23]。

しかし、これはヨーロッパの考え方に基づいた定義だ。ヨーロッパの民族国家の定義はヨーロッパ史、とくにヨーロッパ近代史に拠っているため、東方諸国、とくに中国に適用できるとは限らない。ヨーロッパと異なり、中国の政治的領域と文化的空間は中心から周辺に向かって伸展した。上古三代(夏・商・周の三王朝)はさておき、秦漢時代からほぼ共通する言語・倫理・風俗と政治によって「(漢)民族」がこの「中国」と呼ばれる空間に徐々に定着してきた。これは「民族の生成は人類史上における新現象である」とするヨーロッパの考え方とは相当に異なっている[24]。そのため、伝統帝国と近代国家を二つの時代として区別する理論は中国史には適合せず、中国の国家意識や国家生成の歴史にも適合しない。中国は伝統帝国から民族国家に移行したわけではなく、まさに筆者が『宅茲中国』で説いたように、中国は無辺の「帝国」意識の中に有限の「国家」観念を有し、有限の「国家」認識の中に無辺の「帝国」イメージを留めている。近代民族国家は、伝統の中央帝国からあたかも脱皮したかのように、今も伝統の中央帝国意識を温存しつつ、複雑に縺《もつ》れあいながら共生する歴史を形成してきたのである。

古代中国の「天下観念」と「朝貢体制」を想起し、古代中国は朝貢体制で世界をイメージしており、「国家」の境界をはっきりと意識したことはなかったのではないかと考える読者も多いかもしれない。しかし、中国は古くから漢民族の文明を主流とし漢民族の生活地域を中心とする体制を形成してきた。朝貢、羈縻《きび》、冊封、征服等の形式によって周辺異族と地域をつなぎ止め、「中心は明らかで、周辺は移ろう」民族国家を築いてきた[25]。とくに宋代の役所が行った「勘界」は、すでに有限の「民族／国家」意識が形成され始めたことをはっきりと示し、実際に明確な「境界／国境」も出現した。まさに張広達が「契丹」と「宋」の国家意識を比較したさいに述べたように、「宋朝はここから主動的に大渡河の外側の雲南を放棄し、西域にも別れを告げ、西部の境界は秦州〔現在の甘粛省天水市の南西地域〕まで退き、西域ではムスリム化が始まることになった。ここから分かるように……趙匡胤〔宋の太祖〕が追求したものは、自ら画定した境界をもつ王朝を強固にすることであった[26]」。

「自ら境界を画定する」ということはある意味では有限の「国家」を徐々に形成したのであって、自ら「帝国」あるいは「天下」を自認したのではないことになる。したがって、歴史を詳細に考察すれば、伝統的な観念の中にある「天下」はしばしば単なる想像にすぎず、必ずしも「中国」の国家と国際問題を実際的に処理するための制度や準則でないことが理解できるはずだ[27]。

四　結論——複雑で面倒な問題

疑いもなく、私もまた顧《こ》頡剛《けつごう》〔一八九三—一九八〇年〕の初期の説に同意する。「中国漢族の住む十八省は古来一統であるというが、それは実は秦漢以後の目で秦漢以前の領域を見ている」のであって、こうしたことは信用してはならない(28)。だがまた、この種の、境界を必ずしも確定させることのなかった大帝国時代も、遅くとも宋代にはすでに終わっていたであろうと言わねばならない。もし特別の原因——蒙元と満清の両大帝国の台頭——がなかったら、中国は確実に「天下から万国に到っていた」はずである。

ごく簡単に説明させていただければ、宋代の「勘界」、清代康熙年間の「ネルチンスク条約」〔一六八九年〕に到って、中国は次第に果てしのない「華夷」と「天下」のイメージから抜け出し、「万国併存」の現実世界に入り、境界を定め、自分と相手を区別し始めた。大清帝国は周辺で中国を狙ってきた大国はもちろん、もともと藩属朝貢国であった朝鮮とさえも国境を定めない訳にはいかなかった。康熙五十一年〔一七一二年〕、穆克《ぼくこく》登《とう》〔清の官僚〕は国境画定を始め、長年繰り返し調査した末、最後に長白山、豆満江、鴨緑江を大清と朝鮮の境界として定めた(29)。とくに一八九五年以後の日本、西側諸国の圧迫のもとで大清は果てしない「帝国」では一層あり得なくなり、有限な「国家」へと次第に向かうのみであった。こうして少しずつ世界に組み込まれていった中国は、徐々に近代的な意義を有する国境を形成し、無辺の領域を覆い尽くす「天下」のイメージは、相当に根深い伝統的観念世界の中で、文化的な意義においてのみ依然として残ることとなった。(30)

当然のことながら、これはかなり複雑な歴史問題(31)であるが、以下の三点が主な要素となろう。(一)中国は漢民族を中心とし、民族と国家が地域空間において高度に重なりあっている。そこで漢族中国の民族と国家の「境界」は容易かつ明確に画定できる。宋代から遼・西夏・金・元の圧力を受けて勘界を行い、海外貿易によって市舶司制度を確立し、さらに知と富の明確な境界に加えて、平和と戦争の間を縫って行われる外交交渉により、宋代中国はすでにかなり早い時期から国境の存在と国家主権を意識していた。(二)漢民族の自己同一性倫理が徐々に確立したことで、宋代から築いてきた歴史的伝統と観念形態および文化的アイデンティティによって漢族中国が自ら認める民族主義イデオロギーがはっきりとした形をとるようになった。いわゆる「華夷」の弁別、いわゆる「正統」の争い、いわゆる「遺民」(滅びた前王朝に忠誠を誓った人)意識が宋代以後に急速に確立したが、それら自体がまさにこの種の国家意識の産物であった。(三)宋から清にかけて、中国の東方世界における複雑な国際関係がすでに醸成されていた(32)。とりわけ明・清代以後、明清両王朝と朝鮮・日本等との国家間交渉では、すでにこのような「国際」関係が生まれていた。この「国際」関係にはもともと秩序があり、明清中国は終始この「朝貢」あるいは「冊封」と呼んでいた秩序が礼儀を通して「国際」関係を効果的にコントロールできると考えていたが、かつての秩序は後に別の新たな世界秩序の衝撃を受けて徐々に崩壊し、最後には淘汰され忘れ去られることになった。

しかし、もともと明確な国境とはっきりした自己同一性を持つ単一民族の漢民族国家へと向かっていた大きな方向性は、後に中国がモンゴル族の元と満洲族の清という二つの異民族王朝を経験し、これらの異民族王朝がさらに領域を拡張して広大な空間と多様な民族を中国にもたらしたことによって、「民族国家」へ転換する過程は相当に曲折したものになり、しかもヨーロッパの近代とは全く異なる道筋をたどることになった。とくに大清帝国が満漢蒙回蔵苗の各民族を統合する大帝国を建設したことによって、その領域は「東の果ては三姓《さんせい》（清朝の東北部辺境にあった都市名）に属する樺太、西の果ては新疆疏勒《そろく》（東トルキスタンの都市カシュガル）から葱嶺《そうれい》（パミール高原の中国での古称）、北の果ては外興安嶺（シベリア南東部スタノヴォイ山脈）、南の果ては広東瓊州《けいしゅう》崖山《がいざん》（海南省との海峡を望む広東省の網州）[33]」まで版図を広げた。そして後の中国が「大一統」の伝統的理念を継承し、「五族共和」の国体を継承したことから、歴史的「領域」と現代「国境」がますます議論に値する問題となったのである。

第三章　「中華民族」の由来——二十世紀上半期の中国知識界の曲折

はじめに——近代中国はいかにして「国家」となったか

一九五八年、アメリカのJ・R・リーヴェンソン[1]は『儒教の中国とその現代の運命』のなかで中国が伝統から近代へ向かう過程について重要な判断を下している。つまり「近代中国の思想史の大部分の時期は『天下』を『国家』とならしめる過程であった」と述べている。後に「天下から国家へ」という言葉に要約されたこの考えは、中国が保守的帝国の天下秩序と自己中心的な朝貢システムから、現代の世界の国々が打ち立てた新国際秩序への転換を迫られ、また儒家的文明の理想から西洋近代の普遍的基準への転換を迫られてきたことを明らかにした[1]。疑問の余地なく、この巨大な変化を促進してきた重要な要因は「西潮東漸」であった。明代末のキリスト教宣教師が与えた影響から清末の「砲艦外交」で扉が開かれるまで、近代西洋の政治制度、科学技術、文化概念は、次第に中国に巨大な転換を引き起こした[2]。

しかしこの種の「(西洋からの)衝撃と(中国の)反応」がもたらした大きな変化も、近代中国の転換の一面に過ぎなかった。結局のところ中国は巨大な保守的帝国であり、歴史が決定づけたその近代国家への転換は(近隣の日本を含め)その他のすべての国々とは異なるものであった。保守的帝国が近代国家へと転換する過程において中国とその他の国々が異なるところは、単に「天下から国家へ」の転換であるだけでなく、ここでは「辺疆を中華に納める」ことになったことを議論しなければならない、ということである。言い換えるならば、現代中国は清帝国の領域と辺疆を基礎として、周辺各民族を次第に一つの「中華民族」へと納めていく努力のなかで、最後には一つの大きな(多)民族による「帝国」、あるいは「国家」を形成することになったのである。もし不注意に「天下から万国へ」と「辺疆を中華に納める」という二つの歴史的進展を混淆するなら、今のこの「中国」を理解できなくなる。そこで本章でさらに説明したいのは、近代中国が一方で「天下から万国へ」の転換を迫られながら、一方で「辺疆を中華に納める」よう努力するこの複雑な歴史的過程には、次のようないくつかの要素が密接に関係していることである。

㈠ 伝統的中華帝国の思想世界から来る「一統」意識と「中国」という観念は、間違いなく中国の政治家や知識人による「中国」再建へ大きく影響している。

㈡ この「一統」意識と「中国」という観念の影響は非常に大きいが、より重要なのは大清帝国の辺疆への拡張が後の様々な問題のカギとなっていることである。それに続く中華民国と中華人民共和国は清帝国の民族と領域を継承したため、「中国」の領域、民族、アイデンティティの話はすべて清代の歴史に遡らなければならない。

(三)「中国」の民族、領域などの問題を考える上では国際的背景がかなり重要であるが、西側世界からくる要因と比べ、日本からの要因がさらに重要である。一八九四年以来、日本による刺激が一貫して中国の領域、民族、アイデンティティに関する自己認識にとってもっとも重要な背景となってきた。

紙幅に限りがあるので、本章では歴史、とりわけ学術史の角度から現代中国の政治家、歴史学者、考古学者、そして人類学者が、清末から民国に到るまで、「天下から万国へ」と同時に、「辺疆を中華に納める」努力のなかで、「中国」と「中華民族」に関する論述をいかに構築してきたかを見るだけにしたい(3)。

一　「五族共和」と「駆除韃虜」
——清末「中国」の再建に関する異なる考え

清末および民国初年にいかに「中国」を再建しようとしたかについて、これから述べる歴史的出来事の概略は序章ですでに述べたし、あるいは読者はよくご存知のことかも知れないが、私はやはりもう一度取りあげておきたい(4)。

アヘン戦争、太平天国の乱、甲午海戦〔日清戦争の黄海海戦〕、戊戌《ぼじゅつ》変法、義和団の乱など一連の事件の後、二十世紀初頭の大清帝国は倒壊寸前であった。外からは西洋列強と日本による分割解体の圧力があり、内部では革命派による大清帝国の合法性への疑義が生じていた。一九〇一年から章太炎〔章炳麟《しょうへいりん》、一八六九―一九三六年〕らは、中国は本来、炎帝、黄帝の子孫のものであるが、東胡が「関内〔2〕に侵入し、政権を盗みとり、中華に害毒を流した(5)」と繰り返し強調した。彼の言う「東胡」とは満洲族であり、満洲族と漢族は同種ではなく、「言語、政治宗教、飲食、住居など一切が域内と異なる(6)」と考えていた。そのため彼は明王朝の崩壊を中国の亡国と見なしていた(7)。これは当時の大きな思潮であり、章太炎とともに革命家たちは次々と漢族民族主義を清王朝転覆のための原動力とした。鄒容〔一八八五―一九〇五年〕の『革命軍(8)』、陳天華〔一八七五―一九〇五年〕の『警世鐘(9)』などはすべてこの種の民族主義を鼓吹するものであった。

漢族民族主義の根源を求めるなら、これは宋代以降次第に形成されてきた新しい華夷観念であった。唐代の「天下を融合一体とし、華夷を包含する」のとは異なり、宋代の人は、華夷は必ずしも互いに関わり合うことなく、唐代のあの「ひたすら大きく際限なく、華夷を一つとなす」という壮大な帝国を追求することは「虚名を尊び、実害を受けるもの」であると次第に感じるようになっていた(10)。それ以後、モンゴル族の元、満洲族の清の二代の王朝を除き、宋から明までは基本的に漢族王朝へと収縮する方策をとったために、この観念が清朝末期に漢族民族主義へと転換されたのである。これらの漢族民族主義を原動力とする反清革命家は当時の世界的潮流に沿って「今日はもとより民族主義の時代」と認めていた。[11]そのため、新たな中華民国の建設では異民族を駆逐すべきとし、章太炎の『中華民国解』の考えによれば「中国」という呼称はまさに「辺疆」と対比されるもので、[12]満洲は言わずもがな、チベット、蒙古、新疆を必ずしも中華民国の圏内に入れるものではなかった。これに沿った考えが拡大した結果、革命後に再建された「中華民国」は宋・明と同じく、一つの漢族の民族国家であり、その大体の領域は明代の十五省に戻るべきものであった。

だがもう一つの考え方は、後に保皇派とか保守派と呼ばれることになる人々から出てきた。章太炎と同じく一九〇一年、梁啓超〔一八七三―一九二九年〕は『中国史叙論』を発表し、苗族、図伯特〔チベットの古称〕族、匈奴族、ツングース族は漢族と同様に「中国史」のなかに、つまり「中国」に入れるべきだとした。一つの国家に多くの民族という特異な現象について読者から疑問がでることを避けるため、梁はとくに民族は本来歴史の中で不断に変異、融合したもので、漢族も本来単一のものではなかったと述べている。さらに梁は、漢族は黄帝の子孫と称しているが、「本当に単一の祖から出たものか？」と反問している。[13]実際、梁啓超は民族主義に賛成していなかったわけではなかったが、章太炎のように民族主義を内部の種族革命の原動力とするのではなく、対外的に帝国主義に対抗する総体という概念であるとしていた。[14]

その後の一九〇三年になって蔣智由(字は観雲)〔一八六五―一九二九年〕は『新民叢報』第三十一号に「中国上古旧民族之史影」〔中国上古旧民族の歴史の影〕を発表、日本の研究者の考えを引用して、苗族が中国最古の土着民であり、漢族は後から来た外来人種だとした。

実際のところでは、蔣智由は「苗先漢後」という説を全面的に称揚したわけではなかった。つまり第一に、彼は「適者生存」の進化論的歴史観に賛同し、第二に、漢族の中国という伝統的概念に固執すべきではないことを示唆し、第三に、中国人に古代漢族の「披堅執鋭」〔防備を固める〕の精神で国辱を雪《そそ》ぐことを学ぶべきだとした。[15] 一九〇五年、梁啓超はまた「歴史上中国民族之観察」〔歴史から見た中国民族の観察〕を発表し、「中華民族」は一般に言われる漢族という血縁上の単一民族ではなく、多くの民族が入り混じってできたもので、「今の中華民族はもとから単一民族ではなく、多数の民族が融合してできたものである」と述べている。[16] 同年、蔣智由も「中国人種考」を発表し、ラクーペリ〔3〕の「中国人種西来説」に賛同した。彼はこの「西来説」によって漢族＝中国人という頑迷な考えを崩す一方で、漢族中国人の胸襟を開いた包容力のある気風を鼓吹した。[17]
梁啓超の「中国」に対するイメージは、中国本土〔4〕は十八行省だが、満洲、蒙古、回部、チベットなどの属部を含み、「中国はもともと大一統の国家であり、人種、言語、文学、教義は一統であった」と考えていた。[18]

二十世紀初頭、この出自の異なる革命派と保守派の二つの考えは、激しくぶつかり合った。意味深いのは、十年も経たないうちに革命派の漢族民族主義の激情はある程度まで満清王朝を覆すのを助けたが、中国においては誰が政治に当たるとしても「割地」〔領土割譲〕、「裂国」〔国家分裂〕という罪名を受け入れることはできず、革命派も完全に軍事力で政権の転換はできず、仕方なく妥協的な方法をとらざるをえなかったということである。そのため新しい中華民国の国家と民族の再建に当たって利用したのは保守派の戦術であった。一九一一年、清朝皇帝は「遜位詔書」〔退位詔勅〕を発布し、「五族共和」の国家を守ること、つまり「満、漢、蒙、回、蔵の領土を合わせ、一大中華民国」とすることを呼びかけた。一九一二年一月中華民国が成立、孫中山〔孫文。一八六六―一九二五年〕が臨時大総統になると、「五族共和」の建国方針を受け入れ、その就任演説〔「中華民国臨時大総統宣言書」〕で、中国の領土統一、つまり「漢、満、蒙、回、蔵諸地域を一つにして国家とする」とした。革命派の立場は「排斥」から「包容」へと転換したのである。[19]

こうしてこの論争は結局一段落した。だが、どうしてこんな局面になったのか？　ここで日本からの刺激と影響に触れないわけにはいかない。

序章で述べたように、一八九四年の甲午海戦で日本は中国を打ち負かし、一八九五年の馬関条約〔下関条約〕で中国は台湾などを日本に割譲した。これが中国数千年来で最大の思想的動揺を引き起こし、以後中国は「伝統枠内の変化」から「伝統枠外の変化」へと転換せざるを得なくなった。しかし日本ではこの勝利から、結局中国を「保全」するのか「分割」するのかについて多くの議論が巻き起こった。そのなかで中国にとってとくに深刻だったのは、尾崎行雄〔一八五八―一九五四年〕の「支那処分案」と有賀長雄《ありがながお》〔一八六〇―一九二一年〕の「支那保全策」であった。[20] 戊戌変法当時の一八九八年、『知新報』第五十五冊〔一八九八年六月九日〕は日本の『中外時論報』に掲載された「存中国説」〔中国保全説〕を翻訳掲載、また戊戌変法失敗後の『亜東時報』第四号〔一九八九年十一月十五日〕は『日本時事報』の「瓜分中国策」〔中国分割策〕を翻訳掲載し、中国が直面している重大な問題を中国知識人の目前に突きつけた。とくに二年目、つまり一八九九年一月三十一日の『亜東時報』第五号が「飛天道人」による翻訳で発表された有賀長雄の「支那保全論」はもともと日本の『外交時報』に発表された評論だが、冒頭から中国は「保全」されるべきか、それとも「瓜分」〔分割〕されるべきかという問題を提起していた。[21]

これは一八九五年以来の日本の政界、学界で注目された論題であった。当時の日本は、日本をアジアの救世主とし、日本の空間を拡張し、すでに朝鮮を手に入れたのに続き、近隣の満洲から蒙古にまで手を延ばし、一方で「中国」を長城以南の漢族地域に限定して漢族の国家とすることを想像していた。当時近衛篤麿《このえあつまろ》が支援した東亜会と同文会は、

「文明適者生存論」にもとづいてアジアにおける日本の主導権を詳論し、また「同文同種論」によって中国と日本の唇歯《しんし》輔《ほ》車《しゃ》の関係を論じたが、[22]それは日本を「盟主」として東亜を救うべきだとする野心を形成し、中国は「周辺地域」を含むという考えを放棄するべきだとの考えをつくりあげたのである。日本の研究者が述べているように、この種の傾向は「日清戦争の勃発は、直接的に国民の関心を強くアジア大陸に向けさせることになった。しかし、すでに、日本の近代国家としての急速な上昇期にあたる明治二十年代には、西洋に対する日本人のアジア民族としての自覚が高まり、西洋文化に対して東洋文化の独自性を主張する時代思潮が形成されていた」[23]のである。それは日本人に朝鮮、満洲、蒙古、さらには新疆やチベットについても「〔我が〕国土」というような感覚を持たせることになった[24]。

「支那保全」を唱えた有賀長雄は、中国を保全するには「二策がある、一つは自らの保全であり、一つは他者による保全である」という。当面の情勢から見ると、中国は自ら保全することはできず、列強に狙われていて、貧困と弱体を極め、抵抗する力はない。だが、他者に保全してもらうなら、どの強国に頼るべきか？　有賀は二つの方策があると分析している。一つは「単助」、つまり中国がきっぱりと一つの強国に頼ることで、もう一つは「複助」で、「二、三の強国が連盟を結び、未解決の事態を収拾支援する」ことである[25]。尾崎行雄の「支那処分案」は中国全体を併呑する、つまり「元が宋に、清が明に、また英国がインドにしたようにする」ことを主張したものである。なぜか？　尾崎は「中国人は朝廷のほかに国家があることを知らず」、「民に国家の思想がなければ兵力が強大であっても、その国は必ず滅びる」、ゆえに、早期に分割するのがよいと考えていた。(26)もちろん「保全」であれ、「分割」であれ、その実態はこの多民族の大帝国を解体することであった。

だが中国では違っていた。政治家(孫中山ら)も満洲、蒙古の放棄を考えたこともあったが、すでに述べたように誰も「国土分裂」から「国権を失い国辱をうける」責任を負うことはできなかった。そのため中華民国の政治指導者たちは、それが孫中山であれ袁世凱(一八五九—一九一六年)であれ、多民族、広大な領域の国家を維持せざるを得なかった。かつて研究者たちは欧州の民族国家の理論を認めはしたが、伝統的な「大一統」の帝国理念の影響はなお根深いものがあり、学術界も依然として惰性的に「中国」とか「中華」という概念を使ってきた。まさしく日本の帝国主義の政治的意図が中国の研究者を刺激し、民族、国家に関する議論を再検討させ、新たに中国を保全する立場を再構築させることになった。

民国成立から五四運動まで、「中華民族」というこの概念は内憂外患の中で広く認められるようになり、(27)二十世紀の二、三〇年代、新たな危機による刺激のもとで、「中華民族はひとまとまりである」こと、これが法理上だけでなく、学術と思想の面でも「辺疆を中華に納める」という方向が強調されるようになった。

二　「中華民族は一つ」
――二十世紀二、三〇年代の中国学術界の新たな趨勢

一九二〇年代、中国で最も重要な学術的潮流は、いかに「中国」の境界とアイデンティティを定めるかという問題であったが、実際にはその内部には違いが潜んでいた。最初の学術上の潮流は、日本から伝わってきたラクーペリの「中国文化西方伝来説」(「西来説」)という仮説(およびこの理論から来る「苗族が漢族以前の中国原住民」という仮説)(28)、またアンダーソン〔5〕が考古資料から提起した(彩陶)文化は西方から東へ伝わったという仮説を批判することであった。ラクーペリの「西来説」は清朝末期にかなり広まり、またアンダーソンの一九二〇年代初期の考古学発掘と一九二三年に出版した『中華遠古之文化』(袁復礼による抄訳)は、黄河中流域の仰韶《ヤンシャオ》文化と中央アジアを比較することで、彩陶文化は西から東へ伝わったと主張、「西来説」の信頼性はほぼ実証されたかのようであった。だがいずれにしても大多数の中国の研究者は、「西来説」は中国文化の独立性と自主性への挑戦だと認識し、清朝末期に多くの研究者が認めたにもかかわらず、傅斯年《ふしねん》〔一八九六―一九五〇年〕、李済〔一八九六―一九七九年〕、何炳松〔一八九〇―一九

四六年）らは一貫して歴史文献と考古発掘によって、中国文化が本土起源であることと、その多元性を証明しようとした。この「民族主義」的色彩が濃い歴史的立場と考古的予見の意図は明らかに中国民族とその歴史的アイデンティティの基礎を改めて準備するものであった。

二つ目の重要な学術的潮流は誰もが知っている「古史弁《こしべん》」運動である。顧頡剛（一八九三―一九八〇年）らは一九二〇年代に三代（夏・商・周）史、経典、伝説の考証を進めたが、それは基本的に伝統的歴史学と文献学を科学的、客観的、中立的な現代の標準によって改造しようとするものであり、古来の歴史的文献に対して「推定有罪」という目で再審査を行い、すぐに判断できぬものは「懸置」（懸案）とするという方法で、次第に伝説（あるいは神話）を歴史の中から駆逐していった。かつて中華民族の象徴であった黄帝から尭、舜、禹、さらに中国の神聖な経典となってきた古代文献などは、その真実性が激しく揺さぶられ疑われ始めたのである。一九二三年、顧頡剛が示した「古史弁」の綱領は「信じられぬ歴史は覆す」ということで、それは①「民族が一元的出自であるという観念を打破」、②「地域は元来一統であったという観念を打破」、③「古い歴史を人格化するという観念を打破」、④「古代が黄金世界であったという観念を打破」することであった。[29] まさにその故に、この運動は叢漣珠（民国時期の山東の教育家、一八七一―一九四〇年）、戴季陶（一八九〇―一九四九年）らによって、「国の根幹を揺るがす」ものと言われた。[30]

なぜか？　それは「民族が一元的出自である」ことは中国民族に共通の祖先があることになり、「地域が元来一統である」ことは中国の領域も古来そうであったことを意味し、古い歴史の中の伝説的人物は民族に共通の淵源があることを象徴し、古代が黄金時代であったということは、文化は伝統に戻るべきだということを暗示することになるからであった。象徴自体には一種のアイデンティティと凝集力があり、これらの象徴に疑問を持つことは、歴史の根源を疑い、中国のアイデンティティの基礎を瓦解させることであった。

二十世紀の二〇年代、この深層思想において趣旨を異にする二つの学術的趨勢はまだ大きな衝突とはなっていなかった。しかし二、三〇年代の境目に来ると、民族と国家の危機が刺激となって、二つの学術的傾向、あるいはこの傾向に身をおいていた研究者たちの立場に微妙な変化が出始めた。この時期に中国が直面した脅威を見てみよう。早くも一九二一年に龔徳柏《きょうとくはく》（一八九一―一九八〇年）が日本人の川島浪速《なにわ》（一八六六―一九四九年）の「併呑中国書」を翻訳し、留日中国人学生に激しい反応を引き起こした。[31]一九二七年になると「田中上奏文[6]」が広まり、その真偽にかかわらず、中国で速やかに翻訳、発表され[32]、中国人の間に強い憤慨を引き起こした。一九二八年以降、中国の世論は日増しに日本の侵略的意図と具体的行動を感受するようになり、細野繁勝の「日本併呑満蒙論」、鶴見祐輔の「動乱の支那を観る」、野沢源之丞の「満洲現状」、多田駿《ただはやお》の「日本対華之基礎観念」や白鳥庫吉《しらとりくらきち》、浅野利三郎、稲葉君山、佐藤善雄、箭《や》内《ない》亙《わたり》ら日本人の満蒙歴史、地理研究者の著作が翻訳、紹介され、新聞雑誌でも日本の研究者、学生の満洲、蒙古、チベット視察の記事が絶え間なく伝えられた。[33] 人々は日本がこのように頻繁に満蒙を視察し、東北の文物を発掘し、考古学や文献発表を通じて満洲問題を論じていることに驚愕した。

とくに人々を驚かせたのは、一九三一年の「九一八事変」〔柳条湖事件〕で東北〔満洲〕を奪われ、一九三二年に満洲国が成立、一九三三年七月、日本の策動の下で蒙古の徳王〔一九〇二—六六年〕と大ラマのバトバヤアル(巴図巴亜爾)が「自治会議」を開催、十一月には東トルキスタン・イスラム共和国が成立、それに加え一九三五年にはいわゆる「華北自治運動」が現われ、中国の国土が四分五裂の空前の危機に陥ったことで、それが中国の学術界をして、日本の学界の満、蒙、回、蔵と中国に関連する議論に反論するため、「辺疆」の歴史、地理、民族の研究に集中せざるを得なくさせた。まさに顧頡剛が「禹貢学会研究辺疆計画書」の中で「強大な隣国が暴虐をほしいままにし、亡国の日も間近い。ついに期せずして民族主義の旗幟の下に集まった。敵が我が国土を蚕食し、辺疆がその衝撃を受けているいま、ともに辺疆の歴史、地域研究に相次いで向かいつつある。満、蒙、回、蔵、南洋、中央アジア、どこについても人がいる」と述べている通りである。[34] 一九三二年、華企雲〔中華民国早期の歴史家〕が現代中国最初の辺疆に関する著作

『中国的《の》辺疆』を出版、傅斯年と彼の同僚は一九三三年に『東北史綱』を出版、一九三四年に顧頡剛と同僚の譚其驤《たんきじょう》（一九一一―九二年）は『禹貢半月刊』の発行を始めた。

まさに顧頡剛が言うように、太平の時代に研究者は「学問のための学問」をしても差し支えはないが、「国勢が衰弱、萎縮する」時代には「現実的価値のある学術研究」をするほかない。[35] こうした政治や思想的、学術的背景の下で、一九三五年十二月、傅斯年は『独立評論』の第百八十一号に「中華民族是整個的」（中華民族は一つのまとまり）を発表した。この評論のなかで、傅は、中国は殷周時代からの「厳格な政治的制約」と春秋戦国の「大一統の人心への定着」によって秦漢の統一が可能となったとし、「我々中華民族は一つの種類の言葉を話し、一つの種類の文字を書き、同一の文化に依拠し、同一の倫理を実行してきた厳然たる一つの家族である」と記した。[36]

三　「本土」と「多元性」
――七七事変の前の中国学術界の民族と中国文化に関する研究動向

では一九三七年の七七事変（盧溝橋事件）の前に、当時の中国学術界に現れた新しい変化を見てみよう。

一九二八年、中央研究院が成立した。その創立に参画した重要人物である丁文江（一八八七—一九三六年〕の考えによれば、中央研究院を創立し、文史〔文学・歴史学〕研究を促進したのは、中国のアイデンティティのルーツを探し求めるためであった。[37] そのため傅斯年の指導の下にあった歴史語言研究所〔同研究所は中央研究院の下部組織〕は間違いなく当時の学術研究の主な傾向を代表するものであった。だが傅斯年にはいささか漢民族ショービニズム的心情があって、当時彼は辺疆の地を納め漢化して中華とするという歴史観を抱いていた。そのため一九二八年の歴史語言研究所の成立当時から、彼は意識的に二つの面での研究を奨励した。つまり一つは、漢族地区周辺の辺疆の地の歴史と言語の研究、もう一つは中国域内での各種民族遺跡の研究であった。

このような学術動向の背後にあった動機の一半は欧州や日本の東洋学との競合であり、もう半分は自ら「中国」を構成する域内の諸民族と各地域を全面的に認識しようという願望にあった。厳密に言うなら、この傾向はまだ民族主義とは言えないものであった。「科学」的な学術の立場に立って、中国文化の独自の起源を追究し、中国史の独自の脈絡を整理し、中国民族の現況を考察し、周辺地域の風俗を調査することは当時の中国の学術界の積極的な探求姿勢であった。だが一九二〇年代から三〇年代にかけての、改めてこの漢民族以外の中国の諸民族を理解し、周辺地区の経済、政治、生活の資料を掌握し、共通語以外の各種方言や異民族の言語を理解しようとする潮流は、まさに傅斯年が「歴史語言研究所工作旨趣」で述べているように、結局のところ西洋と日本の学術的刺激の下で発展してきたものであった。そのため、西洋と日本との「競合」という学術的意義と、もう一方で明らかに西洋と日本の「中国」の辺疆域や諸民族に関する議論を牽制するという政治的意図があった。

その時代、学術と政治は一貫して分離できないものであった。

㈠　歴史学の分野を見てみよう。その時代の考古学、人類学と歴史学は多くのテーマにおいて相互に呼応し合うところがあった。主なテーマの一つは、古代中国人の人種と文化が歴史的に多元的に構成されていることや現代中国内部の各民族のルーツを説明することであった。先に述べたように、中国の民族と文化は、「古史弁」派による衝撃を経て、「民族が一元的出自である」ことと「地域は元来一統である」という見解をもはや維持しきれなくなっており、多くの研究者の記述によって、人々は次第に中国の人種や文化に関する「西来説」を放棄するようになっていた。だが、古代中国は結局のところいかなる文化的集合体（ブロック）が徐々に合体してできたものか？　いったい、こうした文化的集合体を「中国」と見なしてよいのだろうか？　一部の研究者は歴史文献を整理して大胆な分析を行った。その中で、一九二七年、徐中舒（一八九八―一九九一年）は清華研究院の『国学論叢』第一巻一号で「従古書中推測之殷周民族」（古書中から推測される殷周民族）を発表、「（夏・商・周の）三代は同一出自」という伝統的見解に反して、殷と周は同一民族には属していないと主張した。この年、蒙文通（一八九四―一九六八年）は

『古史甄微』（けんび）書名の意味は「古史の弁別」を出版、中国上古の民族は江漢、海岱（かいたい）、河洛（からく）の三系列に分けられるとした。また少し後の一九三三年、傅斯年は「夷夏東西説」を提起し、古代中国は東夷と西の夏が次第に融合してできたとし、その第五章の「前文総括」の中で、とくに彼の目的は、古代中国は「村落から王国になる(後にさらに帝国へと進んだ)過程にあり、全体的には東西対峙という構造にあった」ことを指摘することであるとした。(38)

この考え方は上古の起源時代の歴史に限られるものではなく、民族史全体に貫徹する記述を含むものであった。ちょうど一九三〇年代、多くの中国民族史の専門書が現れた。一九三〇年、繆鳳林《ぼくほうりん》(一八九九―一九五九年)の「中国民族史序論」が『史学雑誌』第二巻三―四期に発表された後、数年間にわたり王桐齢(一八七八―一九五三年)の『中国民族史』(一九三四年)、呂思勉(一八八四―一九五七年)の『中国民族史』(同年)、宋文炳の『中国民族史』(一九三五年)などが続々と出版された。だが大部分は「中華民族」の土着的な独自性と多元性論を擁護し、中国域内の各民族の歴史を「すべてが一カ所に集中」する過程としてとらえようとするものであった。もっとも早く出版された王桐齢の『中国民族史』を例にあげるなら、彼は黄色人種を移動した方向の違いで「南三系」(苗族・漢族・蔵族)、「北三系」(満族・蒙族・回族)に分け、ちょうど馬戎(現北京大学社会学系教授、一九五〇年生)の説と同じく、王は「中国民族の〝南三系〟、〝北三系〟の分類は民国初年人々が言っていた〝五族共和〟の大枠とほぼ一致し、南方の〝苗族〟が増えただけであった[39]」としていて、その他各種の民族史の著作もほぼ同様で、中国を「五族」、あるいは「六族」とする基本的分類から離れることがなかった。こうした民族史の著作の言外にあるのは「辺疆を中華に納める」ことにあり、中国を真の「五族共和」の大国家とすることであった。

(二)　もう一度考古学の分野を見てみよう。中国考古学はほぼ白紙から始まるとすぐに中国文明の起源を探り、また中国民族のためにその領域を画定するという重大な責任を負わされた。「中国考古学の父」と奉られている李済(一八九六―一九七九年)を例にあげるなら、彼はハーヴァード大学で人類学を学び、その主な関心の一つは、中国人の形成と起源を説明することであった。一九二三年、彼はハーヴァード大学で博士論文を執筆したが、そのテーマは「中国民族の形成」であった。この論文のなかで彼は、中国人は五つの主要部分に分かれる、つまり黄帝の後裔(漢族)、ツングース族、チベット・ビルマ語族、モン・クメール族、チャン語族と、三つの副次的な部分、匈奴、モンゴル、侏《しゅ》儒《じゅ》族から成るとしていた。また現代中国人の人種の起源は、主としてツングース族が黄帝の子孫の地盤に侵入、黄帝の子孫はその後三つの族群(エスニックグループ)の地盤となり、それらが重なって現代の「中国人」を形成したとしている[40]。研究者たちが言うように、李済のこうした見解は「疑いもなく二十世紀初頭の中国の知識人の国運、国際情勢に対応するイデオロギーでもあり、知的な観点」でもあった。[41]だが、公平に言って、一九二〇年代の李済の研究における主な思想的な動機は、やはり「西来説」に反論して、形質と言語を介して「中華民族」のルーツを探求したもので、特に濃厚な民族主義的意味をもつものではなかった。[42]

しかし考古学は民族の立場を探求しないが、民族の立場の方は逆に考古学に一方的にそれを求めていた。まさに張光直(一九三一―二〇〇一年)が、一九五〇年代以前の中国考古学のもっとも主要な特徴は民族主義であったと言っているところである。[43]歩み始めたばかりの考古学を回顧するなら、有史以前の石器時代であれ殷墟の発掘であれ、実のところ、いずれもなにかを証明する必要がある疑問点(主に中華文化独自起源論や中華民族の多元融合論)が附されており、それが考古発掘資料の理解と解釈の前提とされていた。一九二九年、何炳松が発表した「中華民族起源之新神話」が「西来説」に反論した時、彼は考古学の発掘に希望を託していた。それは人々がかなりの程度まで、考古学者が出土した実物によっていかに西洋や日本の考古学者を論破するかを注目していたことを説明している。つまり考古学の発掘から、第一に中国の人種と文化に独自の起源があること、第二に中国の人種と文化はまさしく種々多様なものを包括していること、第三に中国の各民族はそれぞれに記述できる歴史と国家であったことを証明できるかを見ていたことを説明している。

この心情と背景の下で、一九二九年の北京周口店での北京原人の頭蓋骨の発見は重要な象徴的意味をもっていたし、龍山城子崖(山東省)の黒陶文化の発見も重要な出来事であり、『安陽考古報告』第一期の出版は、ある程度まで中国考古学の成立を宣言しただけでなく、さらにある程度まで中国の人種と文化の独自生成の系譜を再構築するものであった。これらの考古学上の成果は、上で述べた徐中舒(一九二七年)、蒙文通(一九三三年)、傅斯年(一九三三年)などの人たちが、早期中国の文化地域、つまり夷夏(周辺民族と中華)の相互関係について予測と相互の発見によって早期中国の歴史的脈絡をほぼ描き出すものであった。この成立したばかりの中国考古学が直面した問題は考古学的なものではなく、歴史学、さらには民族の立場に立った歴史学的なものでさえあった。周口店、仰韶、龍山および安陽など、この一脈通じる考古学的発見はまさに、中国の人種・文化的脈絡を提供し、「西来説」を否定する確証を提供したものであった。そのゆえに傅斯年はその著書『城子崖』の「序」で、中国史の最も重要な課題は「全漢」的なもので「これらの問題はさらに大きく、さらに多く、ますます中国史学の知識の骨格を造るものとなる」とはじめて表明できたのである。[44]

(三)　最後に人類学の分野を見ておこう。[45]この方面で中央研究院では一九三〇年に凌純声(一九〇二―八一年)、商承祖(一八九九―一九七五年)らが松花江下流の赫哲族《ホジエン》の調査を行い、『松花江下游的赫哲族』(松花江下流の赫哲族)を発表した。一九三三年には凌純声が芮《ぜい》逸夫《いっふ》（一八九八―一九九一年）らと湘西（湖南省西部）の苗族の調査を行って『湘西苗族調査報告』を発表し、続いて一九三四年、凌純声と芮逸夫らは浙江麗水の畲《しゃ》族の調査を行い、一九三五年彼と芮逸夫、陶雲達らは雲南彝《イ》族の調査を行い、一九三六―三七年、彼はまた芮逸夫と雲南西部佧瓦《カワ》、拉祜《ラフ》、景頗《ジンポ》、擺夷《バイイ》の各族について調査を行った。

明らかに学界主流の民族問題への関心はますます深まり、各辺疆のエスニックグループを「中国の大歴史」に取り込もうという傾向を強めた。そのため一九三四年四月、元社会科学研究所の民族学グループは歴史語言研究所に編入され、同所の第四グループとなり、民族研究と調査は歴史学、考古学、人類学の主流に加わった。中山大学の語言歴史研究所では、一九三〇年龐新民《ほうしんみん》が中山大学生物学部の資料収集隊に同行、北江を調査して『広東北江猺山雑記』を著し、同年に北江調査にともに出かけた姜哲夫は北江猺人の「建醮《けんしょう》」（祈禱）、「拝王」などに関する論文を著し、一九三一年に、龐新民は広西猺山の調査にも出向いて、『広西猺山調査雑記』を著した。このほか、三〇年代には、シロコゴロフ（一八八九―一九三九年）と楊成志（一九〇二―九一年）が雲南の玀玀《ロロ》の調査を行い、三二年に楊成志は『西南民族研究』を出版し、彼らは辺疆の民族の風俗や文化に注目するものであった。

注意すべきは、これら「人類学」的色彩に満ちた調査が示している意図は、歴史学、考古学と同様に、一方で外国との学術的対話の中で「中国の学術である」という意識を明らかに示し、また一方で各民族調査の中では「辺疆を中華に納める」ことを実現しようとするものであったことである。

先にあげた「中国の学術である」ということで、もっとも早いのは一九二九年の中山大学の楊成志である。彼はある講演のなかで、すでに西南民族と中国古籍のなかの黄帝、蚩尤《しゆう》の伝説を関連づけ、黄帝と蚩尤は中国の苗・漢両族の始祖であり、それらが次第に辺疆の山岳地帯に移っていった民族だと考えているとし、中国の研究者による研究が非常に少ないことから、外国人が彼らを「非中国人」とし、多くのよい著作を出しているが、中国に自分の著作がないということは「国家の恥」だとしていた(46)。その翌年凌純声は『松花江下游的赫哲族』の序文で「現代中国の民族史を研究する研究者は大体が欧州の東洋学者の老獪な罠にはまり、疑うことなく今のツングースは古代の東胡だと信じてしまっている」と述べている(47)。彼は、歴史学の進展において、すでに単一民族起源説は打破され、現在の各エスニックグループはみな中国文化と人種に原点があり、例えば東夷(商)がまさにその源の一つである、と指摘している。この「中国の科学的民族誌の創始である」とされる著書(48)は、大体のところ各種の海外での議論と対話を背景として生まれたもので、彼の赫哲族の歴史に関する議論は傅斯年の「夷夏東西説」と一致しているし、また傅の『東方史綱』とも呼応して東北地区先史時代の内地との関連を説明して、矢野仁一、鳥居龍蔵の説に反論するものであった(49)。東北のほか西南の研究も同じで、方国瑜〔一九〇三―八三年〕は一九三六年、『益世報』に「僰《ポー》人与《と》白子《ペーズ》」を発表、フランス人研究者のペリオ[7]のタイ族を南詔国とする説に反論し、南詔はタイ族の建てた国家ではないとしたが、それは、雲南は中国に属するのだということを意味するものであった。[50]

「辺疆を中華に納める」という二番目の点では、凌純声の『松花江下游的赫哲族』がすでにそうした傾向を示していた。李金花が言っているように、「中国の古籍文献に依拠し隋唐期の黒水靺鞨《まっかつ》から遼金および明清時期へ至る変遷過程を整理した。非常に明らかに見て取れることは、この方法は後の多くの研究者が『国族主義』の色彩を帯びていると言うように、赫哲族を中華民族の系譜に入れ、その位置づけをした」のである。[51] また凌純声は一九三三年の調査にもとづいて『湘西苗族調査報告』を書き、鳥居龍蔵の苗族調査からヒントを得て、起源、分布、名称、変遷などの面で「苗漢同源」の観念を示唆した。[52] 彼の助手であり、苗人出身の石啓貴〔一八九六―一九五九年〕はまた『湘西苗族実地調査報告』の中で、歴史、地理、生産、歌謡、言語などの面で凌純声らがはっきりとは言わなかったところを論証し、苗漢両族の起源、言語、姓名、習俗などの面での相似性を通して「苗漢同源論」を一歩進めて論証した。[53] 漢苗族研究者のこうした結論はある意味で西南苗族を全体的な「国族」に入れ込むものであった。一九三四年から三六年にかけて、陶雲達は雲南の麼些《モソ》族の調査を行い、「関於麼些之名称分布与遷移」〔モソの名称分布と移動〕を書いてさらに、麗江一帯は「唐初から宋末まで雲南の土《トゥ》族がこの地方の実権を掌握し、漢族の官僚は有名無実な懐柔的なものであった。元の世祖が滇《てん》（雲南）を平定してから土族勢力は次第に消滅した。元が雲南を開いた功績は最大で、元の暴風がなければ雲南は今に至っても中国に属するかどうかが問題となっていたであろう」と指摘している。この話を逆から言えば、元代以後現地の土族勢力が衰退し、この辺疆と異民族が大中国に編入されたということである[54]。ここで人類学者たちは、中国学術の独立性を意識し、西洋や日本の研究者の見方を批判し、また「辺疆を中華に納める」という民族的立場を明示し、「中華民族大家族」の存在を論証することに努力していた。

　考古学界の北京原人、龍山黒陶、安陽殷墟での業績がいかに偉大であると言っても、それは殷、周の中心的地区の文化を説明するものに過ぎず、当時多くの歴史学者、考古学者、人類学者がさらに中原の外の四方の辺疆領域内で「辺疆の地」が「中華」へと融合された文化遺跡を追求したのも、現在の「中国」が古代とは異なった文化系統に分けられるけれども、互いに関連し合い、互いに融合し一つにまとまったものであったことを説明しようとするためであった。傅斯年は「新獲卜辞写本後記」で「祝融（伝説上の火の神）之宗」を論じたとき、大変意味深いことを述べている。早期の南方の荊楚《けいそ》人は「本来多くの同族に分かれ、地望（地区）や生熟（漢化の度合）に違いがあった。中原の祝融の孑遺《けつい》（遺民）は、夷（東方の蛮族）を奴隷としたが、従属するものが多く、逃げ去れるものは少なかったとされる。もともと、荊楚の勃興が祝融を生んだのであり、中原を離れた一族縁者が戻ってきたのではない。女真族は二度中国に入ってきたといわれるが、それはことごとく異邦人が入ってきたもので、中国から出て行ったものが再び帰ってきたのではない。〔中国に〕入り込んで暫くするとすべて中国人となった。現在黒龍江、吉林東境にはなお漢化していない女真がいる」と述べている。[55]李済も同様に興味深いことを言っている。彼は、中国古代史を研究するものは「長城をもって自らを封じ込める中国文化観を打倒すべきである。自分の目で、自分の足で長城以北に行き中国の古代史資料を探すべきで、そこに我々のさらに時代を遡る故郷がある」と言っている。[56]彼はさらに中国文化、人種、周辺地域の関係に注目し、「中国上古史之重建工作及其問題」〔中国上古史の再建とその問題〕の中で、中国文化は孤立した世界ではなく、その起源は「黒海から中央アジアの草原、新疆のジュンガル、蒙古のゴビを経て満洲にまで至っている」と述べている。[57]アメリカから帰国したばかりで李済の考古学チームに参加した梁思永〔一九〇四―五四年〕は父の梁啓超の励ましもあり、西洋人の中国人種と文化の外来説に反論し、また日本人の「中国」を中国本土に限定するという見解に反論するため、その視野を東北にまで広げた。[58]東北は、鳥居龍蔵らが繰り返し発掘を行い、加えて日本人は一貫してそれ(満蒙)を「中国」外の領域にしようとしてきたところであった。

一九二〇年代から三〇年代の中国の学術は、まさに一方で西洋と日本の「誰が中国を解釈するのか」という問題において中国の人種と文化の「本土独自起源」説を堅持し、一方で「いかに中国を解釈」するかという問題では「辺疆を中華に納める」という努力を次第に発展させていった。

四　「中華民族に最大の危機迫る」
——日本の侵略を背景とした中国学術界の心情の変化

前述のように一九三一年の「九一八事変」、一九三二年の満洲国の成立、一九三三年の「東トルキスタン・イスラム共和国」の成立、一九三五年のいわゆる「華北自治運動」、そして一九三七年の「七七」事変以前に、中国の学術界はすでに大きな危機感に覆われていた。くわしくみるなら、あの時代の中国の研究者の心情の変化は微妙であり、まさにいわゆる「救亡が啓蒙を圧倒した[8]」という説が示したように、大敵を前にした危機のなかで中国の研究者はしばしば「救亡」を選び、まさにこの「救亡」を背景に各種の辺疆と民族に関する論著が続々と現れた[59]。

まず三種の学術雑誌の創刊号の序文から柳詒徴《りゅういちょう》（一八八〇—一九五六年）の思想の変化をみておくのもよいであろう。周知のように柳詒徴は「中国文化本位の立場」を堅持する学界のリーダーであり、彼の思想的変遷の軌跡は当時の学界の観念や感情の転換を反映したものといえる。一九二一年、柳詒徴とその友人が『史地学報』を創刊したが、その創刊号の序文で、彼は中国の学界は知識の領域を拡大すべきだし、また外国の学術と競争すべきであることを強調した。彼は、研究者は決して井の中の蛙になってはならず、とくに中国の歴史と地理の学問の上で外国人に卑屈になってはならないとし、もしそうならば「世界の学術と争えないだけでなく、古人がすでに掌握していた知識さえ失うことになる」と述べている[60]。一九二六年、柳詒徴は『史学与《と》地学』の創刊号の「序文」で歴史と地理をともに重視すべきことを再び強調し、伝統ある中国の学問は、まず科挙制度と八股文で壊され、ついで現在の学校教材、そして第三に出版界の商業主義でダメにされ、そのため中国の研究者は外国の学問に驚愕させられることになったと述べ、この序文のなかで、一つは歴史・地理知識の重要性、一つはやはり中国の学術を本位とすることを守り、外国の東洋学と拮抗する立場に立つべきことを強調した。

だが、「九一八事変」後の一九三二年九月、彼が書いた『国風半月刊』の「発刊の辞」は彼の文化的、学術的立場を堅持しつつも、読者が「国運」と「危機」の深刻な影響を明らかに感じ取れるものであった。柳詒徴は「嗚呼《ああ》」という沈痛な詠嘆の言葉を三回続けて使い、中国が宋代末期、明代後期の、いやそのときよりもさらに悲惨な運命に陥ろうとしていると憂い、「声望や文化遺産は壊れ、夷狄に従属する」ようなことをさせてはならず、学術はこの非常時に「品格をあげることはもとより、国の品格をよりあげることが主である」と呼びかけた[61]。

「霊台、神矢を逃るるに計無し」[9]。南京の東南大学系統の研究者はこうであったし、当時学術界の主流の研究者もそうであった。民族の大きな危機において非常に多くの文学者・歴史学者が転換を始めた。当時学界の中心的人物であった顧頡剛を例とするなら、もともと彼は「中国の漢族が住んだのは十八省で、古来このように統一されてきた」ということを信じていなかった。彼は「これは実際には秦漢以後の目で秦漢以前の領域を定めるという誤用である」と思っていた。彼は、いわゆる「一貫して統一」というのは「荒唐無稽な歴史観に過ぎない」と繰り返し強調していた[62]。だがわずか数年後には、彼は歴史記述の重点を、中国は決して「一統」ではなかったと解釈することから、大中国の領域の合法性を強調するように変化させた。『禹貢半月刊』出版後の一九三六年、顧頡剛は史念海らと協力して『中国疆域沿革史』を編纂、その第一章「緒論」の中で「昔、皇古の日、漢族は中原に群居し、異類は周囲からこれをうかがっていた。先民は心血を注ぎ、精力を尽くし、経営に務めて今日の情況(現代中国を指す)となった」と述べている。彼は「皇古」まで遡って「〔領域の〕区別は遥か昔の皇古の時からその始まりの形跡があった。『禹貢』で見れば九州、十二州、大九州の説がそれぞれ盛んになった時があり、みな古代の民の領域制度についての理想を代表するものであった」としている。明らかにこれは一九二〇年代の疑古派のリーダーであったイメージとはすでにかなり違っている。彼は一方で「皇古」という言葉で章太炎らの提唱したいわゆる「皇漢」を密かに認め漢族民族主義の意義を明らかにし、一方で「古代人が領土を拡張するのは難しかった」ことを強調し、梁啓超らの提唱した「五族共和」の観念を取り入れた。顧頡剛は次第に古代中国人の起源は一つではなく、領域も一元的ではないという疑古の立場を放棄し、「辺疆を中華に納める」という、一つの「中国」と一つの「中華民族」を論証する方向へと転換したのであった。

紙幅の制約からここで中国学界の思想転換の過程を詳説することはできないが、一点だけ注意しておくべきであろう。一九三〇年以後、中国の世論が日本の満蒙重視をあまねく注意するようになり、学術領域では浜田耕作の『東亜文明の黎明』、小川琢治の『北支那先秦蕃族考』のほか多くの満蒙関係の論著が中国の学界の注目を引いた。政治の領域では宗光彦の『日本人満蒙植民論』など、いわゆる満洲国の建国、蒙古独立という論法はさらに中国全土において憤慨を引き起こした。これが学界の転換にとっての極めて大きな刺激となった。ここであるエピソードを紹介してもよいだろう。一九三三年、日本人と内蒙古の王公が会談し、蒙古人に中国を離脱し独立するように扇動した。このとき顧頡剛が一生敬慕した女性研究者の譚慕愚(惕吾)(一九〇二―九七年)[10]が自ら内蒙に入り、この事件を調査、一九三三年十二月末燕京大学で講演を行い、「百霊廟会議経過及内蒙印象」(百霊廟会議の経過及び内蒙の印象)と題する講演で、内蒙独立と日本の陰謀との関係を摘発した。顧頡剛は日記で数日にわたってこの話を書き、「ついに辺疆問題研究の志を得た」と言っている。明らかに譚女史の調査と講演は相当程度まで顧頡剛の思想の転換に大きな影響を与え、さらに相当程度、翌年譚其驤と『禹貢半月刊』を発刊する刺激となったのであった。(63)

五　「中華民族は一つ」

――一九三九年の『益世報』での論争から説き起こす

一九三七年、ついに「七七事変」が勃発、続いて北平〔現在の北京〕が陥落、日本軍は南侵を続け、中国軍は敗退を続け、国民政府は次第に南方に移動、四川、雲南、さらに貴州、広西が国民政府の最後の根拠地となり、研究院、大学、研究者も次第に西南に移り、かつての辺疆は時の中心となり、かつては焦点ではなかった辺疆がいまや学界の関心の重点となった。

その象徴的な事件は、一九三八年十二月十九日顧頡剛が『益世報』の紙面に「辺疆週刊」の掲載を始め、その「発刊の詞」を執筆、人々に「民族史と辺疆史」を忘れず、「野心的国家の侵略を防ぐ」ことを呼びかけたことである。(64)続いて一九三九年一月一日、彼は『益世報』新年号に「〝中国本土〟という名は放棄することが待たれる」と題する評論を書き、「中国本土」という言葉は「日本人が捏造し、歴史をゆがめて我が国領土を盗み取ろうとした証拠である」と述べた。二月に顧は「中華民族是一個」（中華民族は一つ）と題する連載を始め、「すべての中国人はみな中華民族」と明確に宣言し、今後中華民族の中から別の民族を分けることはなく、それは漢、満、蒙、回、蔵、苗などである、とした。この評論が二月十三日から『益世報』に発表された後、学界から大きな反響があり、各地の新聞、雑誌に転載されただけでなく、張維華（一九〇二―八七年）、白寿《はくじゅ》彝《い》（一九〇九―二〇〇〇年）、馬毅らがこの議論に続々と参加し、討論した。[65] その何年か前から顧頡剛と次第に不和となっていた傅斯年は、国家の危機を主張しながらも手紙で顧に「民族、辺疆などを刺激的な言葉」で語るべきではなく、『益世報』で「辺疆週刊」をやるべきではない、と忠告した。だが顧頡剛の「中華民族は一つ」という思想には賛意を示し、「その意義を示したことは正しく、実際今日の政治上の民族というこの問題に対する唯一の立場」だと考えると述べた。朱家驊（一八九三―一九六三年）、杭立武（一九〇四―九一年）への手紙で傅は、一部の民族学者が帝国主義の科学を振りかざしているが、「この地域は同化しつつあり、これらの研究者どもはこの同化が進んでいることに打撃を加えるのみならず、国家と民族の分裂を引き起こそうとしている」と痛烈に非難している。[66]

　顧頡剛が「辺疆週刊」をやることに傅斯年は賛成しなかったが、顧はこれについて「掲載した文章の多くは中華民族をいくつかの民族として分析しているが、それは分裂の禍を招く」と述べている。顧頡剛はまさにこのために傅斯年に答え、傅やその他の研究者の疑念を晴らすために「中華民族は一つ」と題するこの文章を書いたのである。[67]傅斯年が「民族学者」と呼んだのは主に呉文藻（一九〇一―八五年）と費孝通（一九一〇―二〇〇五年）を指していた。海外留学から帰った民族学者の呉文藻、費孝通は、抗日戦期にも国内で民族識別を行い、さらに「中国本土」、つまり伝統中国は長城以南の十八省であるという見解をとっており、傅や顧らの歴史学者の憤激を買ったのだと言われている。

今となって冷静に論じるなら、呉文藻や費孝通らの人類学者や民族学者の考えは一部の専門化した民族学者が西側学界の「民族」の定義を受け入れ、その体質、言語、文化などの面で民族識別を行ったものにほかならない。こうした民族学者の「民族」や「国家」への認識は明らかに前述の歴史学者たちの「民族」や「国家」への認識と同じではなかった。例えば費孝通は顧頡剛を回顧する文章の中で、民族と国家は同じではなく、政治的意義から見て国家を建立することは主に各個人の平等を保証することであるが、一個の国家としてのアイデンティティは異なる民族の体質、言語、文化上の区別を抹殺するものではなく、漢、満、蒙、回、蔵、苗の違いがあってもよいと述べている。[68]

しかし彼らは、歴史学者が「民族の識別」を「国家と民族の分化を引き起こす」と見なすとは考えすらしていなかったうえに、抗戦時期の学術界の国家、民族、また領域に関する大潮流をも理解していなかった。そのため一、二回の議論の後、費孝通はすぐに沈黙した。彼自身の後年の回想では「後に私は顧先生が愛国的熱情にかられ、当時日本帝国主義が東方に『満洲国』を立て、また内蒙古の分裂を煽動していたことに義憤をつのらせ、そのために『民族』を利用して我が国を分裂させるという侵略行為に極力反対していたことを理解した。その政治的立場を私は擁護する。それでも私は、彼が満蒙が殻に閉じこもり、人に弱みを握られ、帝国主義が我が国を分裂させる原因となったと考えるという点、また一部の『民族』を認めさえしなければ狼を家に入れさせないことになるということには同意できない。口実は原因ではないし、弱みを隠しても人が刀を振るうのを止めることはできない。だがこうした政治的論争にかかずらうのは当時の情勢から不利であった。そのため私はさらに論文を書いて論争することはしなかった」と述べている(69)。

費孝通の沈黙はこの種の「五族共和」を取り消し「中華民族」を強調する思潮が次第に抗戦中の中国の学界のコンセンサスとなったことを象徴している。学界での論争と世論の圧力は政党と政府に影響を与え、その後国民政府は西南に関連する各種委員会を成立させ、国共両党とも西南の苗・彝族についての見解を発表し、教育部史地〔歴史地理学〕教育委員会、辺疆教育委員会もとくに教材における「民族的立場」と「歴史的記述」を確認するようになった。この考えに政界、学界が一致して賛成し、傅斯年は「三民主義、中国史地〔歴史地理〕、辺疆史地、中国と隣国との関係などを略説し、各言語(チベット・ビルマ語、シャン語（ミャンマー北部とタイ北東部の言語）、苗語、ベトナム語、ビルマ語）に翻訳する」と言っている。[70] 顧頡剛と馬毅も、新しい歴史教材を書くなら「新しい歴史の脈絡とし」、「清末以来の帝国主義が汚染し、導いた学界の支離滅裂ぶりを批判する」と述べている。[71]

結語　「同じ血統の大小の支脈」
――蔣介石の『中国の命運』の中華民族論

「中華民族に最大の危機が迫る時」、学界主流はかつての梁啓超の文化圏をもって国家と民族問題の定義をするという考えに完全に回帰した。それを要約するなら、第一は、中華民族は漢族を含め、歴史的に各民族が融合したものであり、第二は、漢、満、蒙、回、蔵、苗の各民族はみな中華民族の一部であり、第三は、「民族」は「人種」ではなく、その主要な内容は血縁や体質ではなく文化で決定され、第四は、中国はこの中華という民族国家であり、危機においては「もとより同根の生」という団結を堅持すべきであるということであった。そしてこの時代にもっとも重要な発言となったのは一九四三年の蔣介石の『中国の命運』[11]であった。蔣介石本人が起草し、陶希聖（一八九九―一九八八年）らが潤色修訂した『中国の命運』は、その第一章「中華民族の成長と発達」の中で、中国域内の各族群を「同一血統の大小の支脈」とし、とくに歴史的に中国は三千年前に遡り、領域からいえば中国は黄河、長江、黒龍江、珠江を含み、民族的にいえば契丹、女真、モンゴル族と満洲族を含み、それらはすべて同化され、「一体に融合し、その違いの痕跡も残していない」と述べ、さらに次のように述べている。「民族の成長の歴史から言えば、我々中華民族は多くの宗族が融合してできたものである[72]」。

民族感情と国家意識に溢れたあの時代の学界の人々から見れば、それは疑いもなく「辺疆を中華に納める」という大戦略が実現したものであった。あの時代、背後ではなお一部の異なる雑音はあったものの、その基調はこの危機の時代の主旋律となったのである[73]。

第四章　歴史——長期的に中国文化を考える

はじめに——なぜ中国文化の複数性を議論しなければならないのか

数年前〔二〇〇七年〕、私は香港で開催されたセミナーに出席し、「中国文化の伝統は一つではなく複数だ」という意見を提起した。当時この話をしたのは一種の憂慮の表明だった。中国が「膨張」するにつれ、中国では伝統を重んじ、国学〔一三六頁参照〕を強調し、愛国を高らかに謳い上げる傾向が出てきた。そのころ筆者が心中に抱いていた疑問は、「国学」の振興は「漢学」〔中国学〕を矮小化し、「伝統」の重視は漢民族の中国文化を儒家に限定してしまうのではないかということであった。この種の中国文化復興を強調する潮流は、一種の危険で極端な傾向、すなわちブレジンスキー(Zbigniew Kazimierz Brzezinski 一九二八—二〇一七年)が『戦略的ビジョン』(*Strategic Vision*)で述べたいわゆる「台頭後の自己錯覚[1]」につながるのではないか。もしそうであれば、それは現在中国で流行しているいわゆる「漢服運動」〔漢代の衣装を着て中国文化を発揚しようという運動〕、「炎黄・女媧を祭る」〔炎黄は中国古代の帝王とされる炎帝と黄帝〕、「孔子を尊び経典を読む」等の社会潮流とたやすく結びつくだろう。伝統文化を尊重しアイデンティティを強調する、いわゆる「文化自覚」のコンテクストにおいて文化民族主義、さらには国家主義を推し進める方向へ転化することにもなる。そこで、筆者は多くの場面で、中国文化の複数性とは、中国文化の複雑さと、包容力と開放性であると繰り返し説明してきた。

それから何年か経た現在も、筆者はやはり同様の考えを持っている。だが、この章では中国史の角度から、中国文化の数千年の歴史がたえず重ね書きと定着を繰り返してきた過程について述べ、中国文化の伝統が「複数」存在する理由を説明したい。さらに、中国文化が清朝末期、中華民国初期からの百年間で徐々に断絶と継続の間に立たされた情況を論じ、複数の中国文化の伝統が今日でもなお大きな度量を持って様々な外来文化による繰り返しの「重ね書き」を受容しなければならないかについても説明したい。

一 一体なにが「中国の」文化なのか

ここではまず「一体なにが『中国の』文化なのか」という問題から始めたい。
この数年来、筆者は多くの場で中国文化のいくつかの論述の仕方を批判してきた。中国文化を研究した著作あるいは論文は一種の概論的な(あるいはマクロ的な)方式を採り、高い場所から総括的にいわゆる「中国文化」を大まかに紹介するのが常であったが、筆者はなにが中国文化なのかを明確に述べるためには、「中国」という二文字が非常に重要であると考える。なぜなら、「文化」はどの民族も持っているからだ。この文化は中国にあるが(あるいは割合に顕著で)、他の国にはない(あるいはさほど顕著でない)、またはは華人世界にあるが(あるいは割合に顕著で)、他の民族にはない(あるいはさほど顕著でない)とはっきり説明できてこそ、それらが「典型的な」中国文化なのだと主張することが可能になる。「非典型的」な事物を概括的に通り一遍に記述しても中国文化を語ったことにはならない(2)。

では、一体なにが「中国の」文化なのか。ここではまず漢民族中国の文化を主として取り上げる。古来より漢民族文化が中国文化の主流であり核心であることは否めないだろう。筆者は以前、講演の席で漢民族中国の文化をとくに明確に表す要素は以下の五点にまとめられると話した。

第一に、漢字の読み書きと漢字を用いた思考である。古代の伝説では蒼頡《そうけつ》が文字を造ると「天は粟を降らし、鬼は夜に哭いた」(漢字の知力と霊力によって大自然の摂理を究明し、神秘の世界を支配することが可能になった)とある。もちろんこれは神話だが、まさに漢字が中国文化の形成にいかなる意義を有しているかを説明している。漢字は象形文字から造り出され、しかも今もなお使い続けられている(漢字以外には象形を基礎とする文字はほとんど使われなくなっている)。このような文字で思考し表現することは漢民族中国人の思考と伝達の方法に計り知れない影響を与えたばかりでなく、(3)中国周辺地域のいわゆる「漢字文化圏」にも影響を及ぼした。

第二に、古代中国の家庭、家族、家国構造(家庭は国家と同様の構造を有するという宗族的観点)および伝統的な郷村秩序、家族倫理、家国秩序をもとに発展してきた儒家の学説、儒家の(ギリシャ・ローマの都市国家を基礎に発展した文化とはかなり異なる)国家・社会と個人に関わる政治制度的位置づけ、(4)さらにそこから伸展した「修斉治平」の思想、(5)これらが古代中国の日常生活と政治生活の伝統を構成している要素である。(6)

第三に、いわゆる「三教(儒仏道)合一」の信仰世界をあげたい。中国では伝統的に「儒家は世を治め、仏教は心を治め、道教は身を治める」(7)と言い、儒仏道は共存・補完しあう関係である。いかなる宗教も他の宗教や思想を超越する絶対唯一の存在ではない。したがって世俗の皇帝権を超越する権威を持たず、政治権力の支配下において複数の宗教が同時に受け入れられた。宗教が皇帝権の絶対的権威の下に置かれた中国では、西側のような皇帝権と拮抗しうる宗教は生まれず、(8)仏教、道教は、後の中国のカトリック、プロテスタント、イスラム教等と同じく徐々に主流のイデオロギーと倫理観念に飲み込まれて(9)自らの宗教的性質と社会的位置を変容させ、皇帝権が容認する範囲内で補助的な役割を果たすことしかできなくなった。そのため、どの宗教の信者もとくに明確な宗教的立場を堅持することはなく、いわゆる「三教混合」の実用的宗教観が形成された。それぞれの宗教に信仰への絶対的権威がなかった反面、宗教間紛争もほとんど起こらなかった。これはおそらく世界のどの地域や国家にも見られない現象であろう(10)。

第四に、宇宙を理解し解釈する「天人合一」思想、陰陽五行説、およびこの学説を基礎として発展した知識、観念、技術(11)がある。この種の学説は非常に歴史が古く(12)、後世になって中国医学・風水・建築(13)のみならず、さらには政治や美意識等にまで影響を与えた(14)。最後の一つは、「天円地方」(天は丸く、地は方形)の宇宙論の影響を受けて形成された古代中国の非常に特殊な天下観、およびこのような天下観から生まれた世界のイメージである。こうしたイメージが古代中国における朝貢体制を基礎とする国際秩序を形成することになった。

以上に挙げた五つの要素と、キリスト教文明およびイスラム世界、さらには東アジア・南アジアの仏教信仰と同時に儒家の規律も合わせ持つ地域を比較したとき、これこそが「中国」の「文化」であることに気づくだろう。したがって、筆者は以前から、「どこに出しても通用する真理」という漠とした概念と空虚な語句(たとえば中国文化は「中庸」を強調し、「倫理」を尊び、「家庭」を重視する等)を用いて抽象的かつ表面的に中国文化を定義することに一貫して反対し続けている。さらに、これらの文化は、「儒家」と「理学」、「五経」と「経学」だけでは決してカバーすることのできない、また現在のいわゆる「国学」のみで網羅することもできない複雑な起源を持っていることも指摘すべきであろう。

二　結局「中国」とはなにかという疑問——その長い形成の歴史

だが、問題はまだ解決しない。「中国」は、依然として定義を必要とする概念だからだ。上述した種々の文化現象は中国数千年の歴史を通じて途切れることなく主流の位置を占めてきたが、やはり漢民族の文化に限定されている。「中国」が漢民族だけの中国ではないことを認めるなら、上述した「中国の」文化的伝統を「中国文化」と単純に言い切るには無理がある。

考古学と歴史学で次々に証明されているように、古代から、(中国)各王朝と当時の王朝外(域外)文化の間には、密接なあるいは疎遠な交流関係があった。これまでは相対的に隔絶されていたと考えられてきた上古の時期にも中国というこの土地の上で周辺の文化・種族・宗教・物品の交流はかなり密接に行われていた。上古三代における各王朝の血統はいずれも古代の伝説にある「黄帝の後裔」というような単純なもの[15]ではなかった。たとえば商代は本当に「漢民族」あるいは「華夏民族」と言えるだろうか。傅斯年《ふしねん》はこれに異を唱えている。彼の説では、殷人は「夷人」で、殷商が建てた王朝は、東夷と西の夏が衝突して混じり合った王朝、さらに言えば「夷人が夏に勝利」した結果なのだとしている。また、これまで一貫して後世の中国文化の源と考えられてきた斉魯（現在の山東省）は、実はやはり夷人の中心であった[16]。さらに彼は殷商文化の源は「その後のツングース民族文化と深い関係を持っている」という説さえあることに注意するように言っている[17]。

たとえこれらの説がただの推論に過ぎないとしても、その時代には各種の文化交流が頻繁に行われていたに違いない。現在、発掘と研究が最も進んでいる「殷墟」を例にあげれば、李済（一八九六―一九七九年）は一九三二年に安陽の殷墟に関する考古学レポートの中で次のように述べている。かつて夏・商・周の関係は系統を同じくする直線的なつながりであり、殷墟は純粋な古代中国文化の遺跡であると考えられてきたが、実際には多元的で、骨卜、亀卜、養蚕、入れ墨、黒陶、玉琮《ぎょくそう》（八角形で中央に円穴が空いている古代の玉器）等は東から、青銅、空頭錛《くうとうほん》（柄を付ける穴の空いた手斧）、矛等は中央アジア、西アジアから、稲作、象、水牛、錫等は南アジアから伝わったものだ、と[18]。華夏の礼楽が成熟期を迎えた周代でさえ、南蛮・北狄・西戎・東夷は相変わらず止まることなく華夏に流入し、伝説中の「断髪で入れ墨をした」越族、「祈禱師や巫（シャーマニズム）を信じ邪淫の神を祭る」楚人も徐々に周王朝文化の範囲内に入り込んだ[19]。「礼楽」は周代の文化共同体を象徴するキーワードであるが、北の三晋（趙・魏・韓の三国、現在の山西省）、東の斉魯、南の荊楚（現在の湖南・湖北省）、西の戎秦（陝西省および以西）、中原の鄭衛（河南・河北一帯）はそれぞれ固有の文化を発展させ[20]、封建諸侯制度という枠をはめられてはいたが、複雑で様々な側面を持つゆるやかな周代文明を諸国が共に構成していた。整然と秩序立って明確な境界線を持つ「周文化」という概念は、『周礼《しゅらい》』は周公旦が自ら著したとする伝説と同様に後世になってからの往時への追憶と想像を多分に含んでいる。実際には周文化の核心と呼べるものには主に「礼楽の伝統」と「巫史の伝統」という二つの伝統が互いに交錯している。

現在の目から見ると、春秋戦国時代、孔子が登場するまでは人々はいわゆる「文化」あるいは「伝統」に対して、とくに「自覚」はなく、単に「あるがまま」な状態にあり、一見すると「混沌《カオス》」の中に調和があるようだが、実は「七竅《しちきょう》」（目・耳・鼻・口の七つの穴）のような種々の相違点を内包していた。だからこそ「礼楽崩壊」の時代はまさしく「文化啓蒙」の時代となったのである。この時代が来たことで「百家は往きて返らず、必ず合せず」（諸家の思想が別々の道を行き、一つに合流することはできない）という分化現象が生まれ、孔子・墨子・老子等の研究者、儒・墨・道等の潮流と、様々にぶつかり合う知識・信仰・風俗がこの多元的で分裂した時代に誕生した。余英時（一九三〇―二〇二一年）が述べたように、「道術まさに天下のために裂けんとす」（真理を求める道が天下の人々のために引き裂かれようとしている)る時代は中国思想の「中軸となる時代」であり、後世の各種の思想と文化に無尽蔵の資源を提供している[21]。

そこで、秦漢統一王朝から継承され、さらにそれを拡張した「中国[22]」は、実際には様々な民族・思想・文化と地域がない交ぜになった融合し交錯する空間であった。だが、漢族「中国」の民族アイデンティティ、国家意識と文化の方向性における混雑した要素は、秦漢大統一時代になって初めて一つにまとまり始め、『呂氏春秋《りょししゅんじゅう》』から『淮南子《えなんじ》』の思想共存(すなわちいわゆる百家を包括する「雑家」)、『春秋繁露』から『白虎通』の思想再編(すなわち百家を捨象した「王覇道」(儒家の言う、王道(仁徳による政治)と覇道(武力による政治)))に到って「中国の」文化世界が形成され始め、「中国の」文化アイデンティティも徐々に「匈奴」・「西域」・「西南夷」等からもたらされた圧力の下で明らかな輪郭を現し始めた[23]。

秦が「一法度、衡石丈尺、車同軌、書同文字[24]」(ます、量り、物指、両輪の幅を統一し、文字も書体を同じくした)を推進し、漢は「罷黜《ひちゅつ》百家、独尊儒術[25]」(百家を廃し独り儒術を尊ぶ)を実行した。こうして想像と伝説の中にあった「九州」を中心とする地域の「中国」が出現し、「華夏」を中心とする漢民族が形成され始めるとともに、天下中央の意識、陰陽五行の観念、王覇道(儒法)の融合した政治、漢字を書く習慣、宗族倫理の秩序等を基礎とする「中国文化」が形成されたことを認めなければならない。その時代の「中国」

は『史記・秦始皇本紀』にある「地は東に至れば海と朝鮮、西に至れば臨洮《りんとう》・羌中《きょうちゅう》、南に至れば北嚮戸（北向きの窓から太陽が見える北回帰線以南）、北は黄河に沿って要塞を築き、それは陰山から遼東に至った」(26)ばかりでなく、さらに司馬遷の『史記・貨殖列伝』にある「漢興海内為一」（漢が盛んになり流通が一つになる）から始まる中国に対する自己描写では、古代中国の「中国」に対する認識を説明している。司馬遷の時代には、すでに、西は関中・巴蜀・天水、南は番禺《ばんぐう》（広東省の地名）・儋耳《たんじ》（海南島の地名）に到るまで、北は龍門碣石《けっせき》・遼東・燕涿《えんたく》、東は海岱・江浙までに「領域」がほぼ画定し、初期の「中国」が形成されたことを物語っている(27)。

四百年あまりにわたった前後の両漢で「中国」の文化世界は確立したように見える。だがそれでも中国と周辺の文化接融は依然として途絶えることなく続いていた。実際、秦漢から魏晋南北朝、さらに隋唐まで、四方から人や物が集まり互いに融合する情況はますます顕著になった。とくに東漢（後漢）後から隋唐にかけては各種の異文化が中国文化を鋳造し直した重要な時期にあたる。ここではごく大雑把にこの時期についてかいつまんで述べてみよう。

(一) 民族間の往来については、秦漢時代は西方と西域三十六カ国、北方と匈奴、南方と百越、南北朝時期には鮮卑・羌との交流が相当に多かった(28)。各民族は互いに融合し、そのため西晋時代になると危機感をつのらせた漢民族の文人士大夫である江統が『徙戎《しじゅう》論』を著して人々にこのような各民族が雑居し融合する情況に警戒するよう注意を喚起した。[29] しかし、実際には北方での胡漢の融合のみならず、南方も同様であった。譚其驤はかつて指摘したことがある。北方人であれ南方人であれ、中古（魏晋南北朝から唐までの時期）においては、多くの異民族の交雑があり、現在の湖南一帯の漢人は、その実は、中古時期においても多くの「蛮族」の血脈を吸収したのであった、と。[30]

隋唐時代になると、突厥・吐蕃・回紇《かいこつ》が次々に台頭し、ペルシャ・天竺（インド）の人々が移住するようになり、いたるところにソグドやサダの人々が見られ、中国はすでに胡（中国の西方と北方に住むペルシャ系民族の総称）と漢の融合した文化共同体となっていた。胡人は必ずしも外来の異民族とは見られず、漢民族も必ずしも絶対的な優越感を抱いていたわけではなかった。[31] 李世民（唐の太宗、五九八―六四九年）の長子の李承乾でさえ、「胡風」をとくに好み、突厥の言語と風俗を愛した。[32] また胡人はその多くが中国の中心地域に住んで社会の上層に入り込んだ。ここで小さい例を挙げるなら、インドの瞿曇《くどん》(Gautama ガウタマ＝ゴータマ)氏は、数代にわたって唐王朝の技術官僚となることができ、[33] ササン朝ペルシャの君主と貴族・僧侶も大唐の臣民、さらには長安の市民となることが可能であった。[34] 後に多くの異民族あるいは異国人が中国に溶け込んで中国人になったばかりか、いわゆる京兆人（首都の住民、京兆は国都のこと）あるいは長安人にすらなることができた。[35] 異郷の血が漢民族に混じったからこそ、陳寅恪が述べたような「塞外の野蛮精悍の血を中原文化の頽廃した身体に注入したことで、陋習が除かれ新たな機会が再び開かれて拡大発展し、ついに全く新しい空前の時勢が創り出された」とされる大唐盛世の現象が出現したのである[36]。

(二) 物品の交流については、エドワード・H・シェーファー(Edward H. Schafer)の名著『サマルカンドの金の桃——唐代の異国文物の研究』の中国語版『唐代の外来文明[37]』、およびローファー(Berthold Laufer)の名著『中国イラン文化交通[38]』を読んだことがあれば分かるように、中古時期には珍奇な文物・薬品・香料・葡萄・紫檀・蓮の花など、また様々な演劇・胡舞・胡服・胡粉等が続々と中国に入って来た。「胡音・胡騎・胡粧、五十年来紛泊を競う」(人々が競ってペルシャ風の音楽・乗馬・化粧などを真似た)(元稹『法曲』)と言われた現象もこのような情況を表している。この点については筆者がここで詳しく説明する必要はないだろう。

(三) 次に、宗教について見ていこう。インドと西域から伝来した仏教、本土で興った道教、中央アジアとより遠方の三つの夷教(ゾロアスター教・景教(ネストリウス派キリスト教)・マニ教)が次々に中国に伝わり、西域や敦煌または長安でも各種の宗教が互いに衝突し、また互いに混じり合うようになった。異なる文化どうしの交流・融合・衝突はどの程度の深さであっただろうか。ここでも例を挙げて説明してみよう。八世紀中葉、四川成都で編纂された禅宗史書『歴代法宝記』に、仏教・マニ教・景教が衝突したという記載が見られ、罽賓《けいひん》(現在の新疆)で南アジア、西アジアそしてヨーロッパから来た三つの教えが衝突したと説明している。こうした衝突は内地にも伝わったばかりでなく、内地の宗教の発展をも刺激した。[39] さらに重要なのは、次々に中国に流れ込んだ種々の外来宗教は既存の教えである儒家に危機感を抱かせた一方、危機感から生じる抵抗の中で徐々に互いに融合して新しい思想と文化を形成したことである。[40]

そこで近年来、かつては古代中国を「封鎖的」、「内向的」、「保守的」と見なす考え方に反対し、同時に近代中国を西洋の衝撃によってやむなく受け入れたとの観点にも異を唱え、中国は一貫して開放的であったと強調する研究者がますます増えてきている。二〇〇〇年に二冊の非常に面白い研究書が出版された。一冊はアメリカの研究者ヴァレリー・ハンセン(Valerie Hansen)が出版した中古中国史に関する新著で、書名は『開かれた帝国(*The Open Empire*)』といい、古代中国は外向きで活気に溢れた帝国であったと書かれている。[41] その同じ年に、別のアメリカ人研究者ジョアンナ・ウェイリー＝コーエン(Joanna Waley-Cohen)は、近代中国史に関する著作で、やはり初期中国の世界主義について議論を展開し、政治・宗教・商業の各側面から中国史は封鎖的で内向的であるとの論調に反論している。[42]

三　中国文化の融合と重層状態——宋代に現れた転機

筆者はかつて一篇の論文で「宋代における中国意識の顕在化」について考察し、以下のように述べたことがある。古代中国はもともと種族・文化・宗教に対する開放的な態度を持ち、重層的に積み重なった文化が形成されていた。しかし、この情況は宋代になって徐々に変化し、中古期を経て多くの異民族の色合いを重ねてきた漢民族の中国文化が第二次再構築の時代を迎え、整理と再統合によって、今日に到るまで影響を及ぼしている中国文化の伝統を形成した。これはもちろん、古くもあり新しさをも持つ新たな伝統(43)となった。

八世紀中葉以来、突厥、ペルシャ、ソグド、回鶻《かいこつ》(ウイグル)、吐蕃、サダ等、多くの非漢民族が戦乱のために大量に流入し、十世紀中葉の五代十国まで、種々の異民族が次々に内地に進入した。そこでエスニックグループの問題や宗教問題が発生した。これらの問題は伝統的に中心的な位置にあった漢民族の文明にとっては大きな脅威となった。宋代は一応の統一を見てはいたが、北方異民族政権である遼(契丹)、西夏(タングート羌《きょう》)(古代西北民族・羌《チャン》族の一支族)、金(女真)および後のモンゴルなどは、みな漢民族政権に虎視眈々と狙いを定めていた。まさに日本の研究者、西嶋定生(一九一九—九八年)が述べているように、宋代には統一国家が出現していたとはいえ「燕雲十六州は契丹に領有されたままであり、またその西北方には西夏国が建国されていて宋と対抗関係にあった。契丹も西夏もその君主は宋と対等に皇帝と称したのであり、宋王朝は契丹には歳幣（毎年贈る金品）を贈り、西夏とは戦争状態を続けていた。このような東アジアの国際関係は、唐王朝の君主のみが皇帝と称し、周辺諸国の君主を冊封してその藩国としていたこれまでの国際秩序とはまったく相違するものであり、このような状況からみれば、そこにはもはや中国王朝を中心とした国際秩序としての東アジア世界は認められなくなっているのである」[44]。そのため、自己中心的な天下主義が挫折した時点で自己中心的な民族主義が台頭し始めた。これは現実世界と観念世界の興味深い落差を反映している。つまり、民族と国家の地位が日増しに低くなってきた時代に民族と国家の自我意識が逆に日増しに高くなっていったのである[45]。

　こうした情況によって中国文化史に巨大な変化が生じ、漢民族文化を全力で防衛し、漢民族文化を強硬に推進する気運が生まれた。異民族文化を強く警戒したことで、この時代の「国是」つまり思想と文化において国全体を貫く共通認識がある程度まで形成された。「中国」は「外国」に取り巻かれた環境のもとで、自己の空間を明確に打ち出し、また有限の境界線を画定することで、文化においても徐々に一つの「国家」の形を表し始めた。「漢文化」は「異文化」の圧迫の下にあって、もはや唐代あるいは唐代以前のように、なんらこだわりなく自己の領域を開放し、種々の異種族を寛大に受け入れることはなくなり、徐々に独自の伝統と明確な境界を樹立するようになった[46]。

この漢民族王朝の権力の再度の強化と、漢民族中国文化の伝統思潮の防衛は中唐からすでに始まっていた。韓愈〔七六八―八二四年〕以来、この種の政治と文化の双方における「尊王攘夷」とも言うべき傾向は、強い危機感を感じていた知識階級の中で表面化した。陳寅恪はかつて韓愈の貢献として、六項目を挙げてその意義を指摘した。曰く、儒家を系統化し、儒家教典の煩瑣な注釈を廃止し、仏教・道教による政治や庶民の救済を排斥し、仏教を廃し夷夏の大防〔蛮夷と華夏の区別〕を表明し、情報を広く伝えるために文体を改善し、後進を抜擢し奨励して学説の伝播を促進した、と。文化史から言えば、これは漢民族文化の権威を再構築し、異民族文化の侵蝕を排斥するということになる[47]。この種の文化的な方向性は宋代まで継続的に発展し、宋代前期の朝廷は儀礼のあり方を見直し、古典学者は『春秋』の学をもって「尊王攘夷」を鼓吹し、歴史学者は唐代の興亡と五代の社会問題を省察した。そこで現れたのが、石介〔一〇〇五―四五年〕の『中国論』から欧陽脩〔一〇〇七―七二年〕・章衡・司馬光〔一〇一九―八六年〕の「正統」論に到る議論である。これは結局のところどのような思想と文化の流れであろうか。また別の面から見ると、宋代の士大夫が新たな国際秩序という試練に立ち向かい、さらに国内での権威の合法性の危機という衝撃に直面したことをも見て取ることができる。

理由は簡単である。なぜならこの新王朝はもはや権力をアプリオリに備えた貴族政権ではなかったからだ。趙氏の宋王朝はなぜ合法なのか、皇帝はなぜ神聖で権威を持つのか。いずれも改めて論証しなければならない。これこそが、宋王朝成立の初期に、一方では封禅祭天と汾陰祀地〔二八頁訳注参照〕を行い、天書偽造事件〔王欽若らが画策した、天から下されたと称する文書を偽造して真宗に封禅の儀を行わせた事件〕を起こしながら、一方では三代〔夏・商・周〕にまで遡って礼楽を定め、新政策を制定し、士大夫と共に天下を治めることを約束しなければならなかった理由なのである。

とくに、古代中国は終始、三代を最高の理想としてきたため、宋代には、皇帝（たとえば真宗、徽宗など）に限らず文化の復古と更新に熱心で、官僚士大夫は保守派も急進派も（たとえば王安石も、朱熹も）、「道徳を一にし、風俗を同じくする」ことを強力に支持した。この理想は一般の郷紳をも奮起させ、人々がこの帝国の文化のあり方を見定め、思想の道標を新たに確立するためにとりわけ顕著な影響を及ぼした。

四　漢民族文化を中国文化として再建する新たな伝統
——宋代以降の大変動

上述のような情況を背景として、宋代には国家（朝廷）と郷紳（地方）の双方から促される形で、漢民族の伝統と儒家の倫理を中心とする文化的アイデンティティが新たに確立し始めた。まさに筆者が『中国思想史』第二巻で述べたように国家は「制度」を、郷紳は「教化」を手段として、双方が一致協力して推進したことで儒家の教義の一部が絶対普遍の倫理道徳の地位を獲得し、儒教の教義に基づいて秩序ある生活をするためのしきたりが確立し、さらにそれが徐々に地方にまで伝播し普及していった。たとえば、家庭と宗族の秩序の基礎である「孝」、国家の秩序観念の基礎である「忠」は、いずれも包括的な倫理基準となり、もともとは中国の礼俗政教の外にあった宗教(仏教や道教など)も、常に皇帝権力の存在を意識せざるをえなくなった。古めかしい儒家の儀式に由来する儀礼制度も徐々に各地の庶民生活の中に行き渡り、新たな習俗として定着し、この「文化」を受け入れない一部の生活習慣と嗜好は過ちであるとされた。たとえば過度の飲酒、女色への耽溺、財物の搾取、および個人の欲望を強烈に表現すること――酒・色・金・権力への執着――は、ますます恥ずべきこととなった。現代の言葉で言えば、漢民族中国の国家空間において倫理道徳の同一性が徐々に構築され、普遍的に承認される文化世界が形成され始め、中国人の日常生活が成立したと言えよう(48)。

「中国文化」は宋代に再構築され「漢民族中国の文化」として定着したようだが、前述した「中国の」文化の特徴は実はこの時代に再び形作られ、築き上げられ、日常化したのである。まさに国際的に学界で承認されている「唐宋変革論」が指摘するように、唐と宋の間に中国では巨大な変化が発生し、宋代中国の文化とそれまでの漢唐の中国文化は、実は非常に異なっている。「他者」があってこそ「排他性」が生まれ、それによって「中国の」文化が「漢民族の」伝統となる。もちろん、この文化は後に中国文化の核心と主流になったが、決してそれが全てではなく、永久不変の中国文化でもない。しかるに、「中国」にとって歴史は相当に不可解で、宋代に漢民族中心の文化が再構築され、儒家を基礎とする倫理が再確定され、漢民族の中国意識が形成された。

　特筆すべきは、宋代に漢民族の中国文化が再構築され、新たな伝統が生まれたとはいえ、後の中国史にはさらに二度の巨大な転換と変化が訪れたことである。中国文化について言えば、モンゴル族と満洲族が漢民族文化の地域に二度にわたって進出し、さらに非漢民族によって中国が統治されて、中国にさらに多くの異民族の血とさらに多くの異民族文化がもたらされ、中国は領域を拡大することになった。これらの時代のいわゆる「中国の」文化伝統はますます画定しにくいものとなった。

　契丹・女真の華北統治に続き、十三—十四世紀のモンゴルによる政権交代でモンゴル文化は漢民族中国の全体に浸透し、これらの非漢民族文化の中国文化世界に対する影響は実は非常に大きかった。今日に到るまで、この少なくとも一世紀にわたる「胡化」あるいは「モンゴル化」についての研究はまだ十分とはいえない。後に明の太祖朱元璋が述べた「元は華夏に処して実は華夏の儀にあらず、九十三年治めて華風淪没し彝《い》道《どう》傾頽せし所以なり[49]」（元は華夏の土地にいながら華夏の儀礼を守らなかったため、九十三年の統治で華夏の公序良俗はすっかり廃れてしまった）はいささか大げさであるとはいえ、いわゆる「上下無等」（長幼の序、上下の別がないこと）、「弁髪左衽《さじん》」（髪を弁髪に結い、着物を左前で着る）等の異民族の風俗は確かに大きな影響を与えた。[50]一説によれば、当時の華北の漢民族中国人は士大夫を含めて、すでに胡漢の区別をほとんど気にせず[51]、いわゆる「天下の汚染は日に深く、学士大夫といえども尚且この意を知らず[52]」（世の中が日に日に悪くなっていくというのに、知識人さえもそれが何を意味するのか分からない）という情況となり、これによって「宋の遺俗、消滅して尽きたり[53]」（宋代から継承してきた習俗が全て失われた）と言われた。

こうして異民族文化が再び重ね塗りされて漢民族文化の中に沈殿していった。モンゴル人の「結い上げた弁髪」、「胡楽と胡舞」が漢民族中国で一世紀近く流行し、ついに人々は「俗化既に久しく、恬として怪となさず[54]」（長期間にわたって浸透したので奇妙だと感じなくなった）。そして草原民族が持ち込んだ「馳馬帯剣」（剣を帯びて馬を走らせる）の風習や上下の別のない儀礼と都市に進出してからの贅沢な生活も漢民族文化の伝統に脅威をもたらした。さらにはモンゴル人や回回人（イスラム教民族集団）と漢民族の通婚により、婚礼や葬儀の礼俗も漢民族の家族倫理に影響を及ぼした。一世紀にわたるモンゴル統治を経て、宋代の「道徳を一にし、風俗を同じくする」努力も水泡に帰し、異民族文化と漢民族文化の交錯と融合はすでにかなりの程度まで進んでいた。漢民族の伝統的文化における最も重要なシンボル（衣冠・風俗・言語）と最も重要な社会秩序（士農工商・郷村宗族）のいずれにも問題が生じたようであった。そのため、漢民族が再び政権を奪取した明朝初期、皇帝権の後ろ盾を得て新政権はかつて「脱モンゴル化」運動を展開したことがあった。胡服・胡姓を廃し、儒家の儀礼を再構築し、儒家の秩序を回復して、文化の重心を本土十五省〔訳注序章〔4〕参照〕に置き直し、明代中国は再び漢の天下を取り戻したかのようであった。明代の人々は、明代初期の文化変革は「新たな時代を創り、百年の陋習を刷新し、……遠く三代の隆盛を追随した。これは漢唐宋の及ぶところではない」[55]と考え、中国の文化世界は再凝集と再構築を実現し、伝統的な漢民族文化の境界を防衛したかのようであった[56]。

だが、不可解にも歴史は再び曲折を迎えることになる。再構築された漢民族の伝統中国文化は一六四四年の満清の進出によって断ち切られ、まさに筆者が序章で述べたように、中国は徐々に満、漢、蒙、回、蔵、苗など多くの民族を取り込んで「多民族大帝国」となり、宗教信仰、生活方式、思想観念、言語形式などの種々の異民族文化がまたもや「大清」という大帝国文化システムの中に組み込まれることとなった。そして一九一二年の中華民国成立と一九四九年の中華人民共和国成立に到るまで多文化混在の情況を変えることはできなかった。人々は「清帝遜位詔書」〔清朝皇帝の退位の詔勅〕が提唱する「満、漢、蒙、回、蔵五族を合わせたる完全なる領土を大中華民国となす」を受け入れ、国家は大清帝国が遺した領土を継承した。このような「中国の」文化と呼べるものは、筆者が前述した五つの特徴〔一一七―一一九頁参照〕を持つ漢民族中国文化の範疇から明らかにまたも逸脱するものであった。

それでは、中国文化の「複数性」は満、蒙、回、蔵、苗の文化をも包含するものなのだろうか。現在、中国で起こっている国学ブームと伝統ブームの問題点はまさにここにある。実際には複数の文化に向かい合うべきところを単一の文化として選択しているという問題である。

五　多民族国家としての「中国」の特殊性再論

現在、中国では「国学」が盛んに提唱されているが、「国学」の定義は一様ではない。五経儒家の学であり、胡適〔一八九一―一九六二年〕がかつて提唱した「国故〔古典〕の学」であるという意見の他に、現代中国はすでに多民族で大清帝国を継承し民国は広大な領域を包括したのだから「大国学」とするべきだとの主張まである。そこで、ここで筆者は再び「中国」について問いかけねばならない。「中国」は特別な(多)民族国家であると同時に、ひとまとまりになった歴史世界、あるいは文化世界であると言えるのだろうか。

筆者は狭隘な民族主義あるいは国家主義には強く反対し、歴史研究においては「国家の境界線」への固執を超越すべきであると考えてはいるが、やはり「国家」(あるいは「王朝」)が「文化」を形作る力が非常に強いことは否定できない。これは東北アジア諸国の特色の一つで、中・日・韓等の国家では、政治の力はヨーロッパよりずっと強力で、国家の領域もヨーロッパに比較するとずっと安定している。ヨーロッパの民族国家はすべて近代になってから徐々に形成されたが、中国の中心地域は(辺境地域はたえず変化していたとはいえ)早くも秦朝の頃には明確になり始めていた。日本、朝鮮、ベトナム、琉球の種族や文化圏も境界が比較的はっきりしており、国家の枠組を超越し皇帝権を凌駕するような宗教は存在せず、人や物資が自由に流動し交流する条件を欠いており、さらに国家を超越する東アジア知識人共同体も生まれなかった。東アジアでは、大と小、内と外、自己と他者の区別は明確で、国家(王朝)の役割は文化の境界線を引き、民族のアイデンティティを形成することができるほど強力であった。これはヨーロッパとは非常に異なっている。ヨーロッパでは、様々な人材が行き交い、各国王室は姻戚関係でつながり、互いの知識を交換しあうだけでなく、古代ギリシャ・ローマ文化の伝統を継承し、しかも宗教が大きな力を持っており、教皇の権力は世俗の王権を超越して人々は同じ信仰の世界を共有することができた。したがって、筆者は、中国・朝鮮・日本・ベトナム等の環東海(東シナ海)・南海(南シナ海)地域を一つの「相互に関連し交錯した歴史を有する」と見なし、[57] この地域を関連づけて研究することには賛成だが、学界が「民族国家から歴史を救済する」ために、国家・王朝と皇帝が歴史を「区分け」し、文化を「形作った」役割を軽視することをいささか心配している。同様に、新しい理論を援用するために中国が悠久の歴史を有する民族国家(あるいは多民族帝国)であり、安定した歴史空間であるだけでなく安定した文化世界であることまでなおざりにすることもできない。

まさに筆者が前述したように、一つの文化世界としての「中国」も不易不変ではなく、徐々に中心(黄河と長江の中流、下流)から四方に向かって広がっていった空間であって、「中国文化」も単一の文化ではなく、漢民族文化を核心として徐々に種々の文化を融合して形成された共同体なのである。だが、この問題は二つの面から見なければならない。第一に、秦漢・宋・明の時代に文化世界が三度にわたって凝集と定着を繰り返し、それが徐々に漢民族中国文化の主軸と境地を形成したという点である。とくに宋・明両代において、「中国」(漢民族中国)であることへの意識、および「外国」(周辺蛮夷と異域)についての認識が徐々に形成され、「華」と「夷」の間には明確な境界線が引かれた。宋・明両朝廷と士大夫の協力によってかなり安定した足場を固めた中国の核心地域(即ち伝統的な中国十八省(訳注序章(4)参照)は終始この文化を守り続け、さらに周辺地域へ徐々に文化を伝播して、かなり顕著な特徴を持つ「文化世界」を形成した。この点から見て、漢民族の中国文化はこの文化世界で最重要な核心であり、匈奴、鮮卑、突厥、モンゴル、満洲族、あるいは日本、朝鮮、安南も、いずれもかつてこの漢民族文化に影響を受けた。言うまでもなく、中国の歴代王朝、遼、金、元あるいは清も、かつては漢民族文化を合法的で合理的な新文明として標榜し国家を建設した。

だが、他方で筆者は、いわゆる「漢化」あるいは「華化」という論法を堅持する必要はないと強調したい。かつて、陳垣《ちんえん》(一八八〇—一九七一年)は『元西域人華化考』を著し、モンゴルが中国を占領した後、西方や北方から来た異民族は漢人に華化されたと述べた。物故したばかりの在アメリカ中国系研究者、何炳棣《かへいてい》(一九一七—二〇一二年)もかつて満清は「漢化」しなければ中国を統治できなかったと述べている。この種の意見に対してはその背景と心情を子細に分析する必要がある。陳垣は徹底した漢民族主義者で、彼の著作『通鑑胡注表微』や『南宋初河北新道教考』はいずれも抗戦時期の民族存亡の危機に際して書かれたもので、どちらも民族自尊の意図を含んでいる。そして、何炳棣は異国にあって常に漢民族文化の力を強く主張した中国系アメリカ人で、彼はエヴリン・サカキダ・ロウスキ(Evelyn S. Rawski)との論戦においても明らかに漢民族中国人の情緒的色彩を帯びている(58)。

今この点をとくに強調しなければならないのは、なぜか。文化の浸透、融合と影響はしばしば交錯するからである。歴史から見れば元代の西域人には「華化」の傾向が顕著で、満清の「漢化」の程度も深かった。だが、モンゴルの統治下で中国漢民族の伝統は大きく変化し、満清帝国が漢民族中国に極めて大きな変化をもたらしたことも事実である。今流行の「モダニティ」で言えば、中国の都市商業・娯楽・市民の生活様式が最も迅速に発展したのは他でもない、いわゆる異民族統治時代、すなわち蒙元と満清の両王朝であると思えてならない。というのは、漢民族の儒家文化は郷村秩序を基礎としているため、都市の生活様式や日常的な決まり事と価値観は漢民族の儒家世界では批判され排斥されるが、蒙元時代の都市が急速に発展した時期には儒家の倫理がそれほど統制力を持っていなかったかもしれないからだ。モンゴル人は完全に儒家の思想で人々の生活を統治したわけではない。たとえば、元代の戯曲の発展は都市の発展と大きな関係があり、士大夫の価値観が変化したこととも関係している。政府で高い官職を得られない〔漢民族の〕士大夫は市民として都市で生活し、しばらくの間「治国平天下」の価値観から解放された。一部は「遊民」・「市民」・「清客」〔富豪の邸宅に居候する雅客〕・「浪子」〔正業につかない道楽者〕となり、戯曲の創作・演出・観賞の流行を促した。同様に、満清王朝でもしばらくの間、儒家の倫理による生活の統制力がある意味で弱まった(とはいえ、清朝皇帝は表面的にはやはり儒家の学説を唱導していた)。前述した何炳棣はかつて清代の漢化をとくに強調し、日系アメリカ人研究者のロウスキと激烈な論争を巻き起こした。現在の目から見ると、両人の主張はともに筋が通っているが、一面をあまりに強調したことは妥当性を欠いていた。

筆者はかつて朝鮮使節団が北京に新年の朝貢に行った記録資料を多く閲覧したが、そこに記載された事柄は、まさに満人が国家を統治していたからこそ、上層社会と漢民族士大夫が依然として伝統的な価値観念を持っていたにもかかわらず、現代のいわゆる「資本主義」や「近代性」が清代の都市でむしろ大きく発展したことを証明している。たとえば、商取引が大いに隆盛し、大学士も隆福寺〔北京市内にある寺院。廟会と呼ばれる娯楽や物販を中心とした縁日が盛んに行われた場所〕に赴いて商売をするなど、漢民族の習俗は徐々に失われていった。朝鮮の使者は、北方中国で男女の別や主従の序がなくなり、生活が華美になり、娯楽が繁盛し、葬儀に奏楽し、関羽や仏陀を祭り、孔子を粗末に扱うなどの情況を目の当たりにして、満清の統治下に入ってから漢民族文化の伝統が廃れてしまったと感じた。

したがって、一方では漢民族は異民族を同化したが、他方では異民族統治は漢民族の儒家の倫理による統制力を弱めたと言えよう。漢民族が異民族化したのか、あるいは異民族が「漢化」したのか。現在の中国文化は、伝統的な孔子の時代からの漢民族文化なのか、あるいは種々の「胡人」の要素を融合した新しい文化なのであろうか。

六　清末以降の西からの衝撃の下での中国文化の断続

伝統は絶えることなく続いて今日の生活に影響を与える。古典も絶えず新たに解釈しなおされ、今日に到るまでずっと人々の精神のあり方を支えている。中国はヨーロッパとは全く異なる。ヨーロッパはその歴史上、中世の神学に支配され、かつて文化の分断を経験したために、歴史を新たに仕切り直し、古典の発掘を通じて「ルネサンス」の過程を辿ることになった。ヨーロッパの近代は、もともと古代ギリシャ・ローマの伝統とキリスト教信仰を背景とする文化を有していたが、各民族国家の成立につれ、それぞれに分化、凝集、形成した経緯がある。しかし、近世の中国は逆に国家が核心から周囲に向かって拡散し、文化は一元から多元へ向けて発展した。その中で中国古代の漢民族の伝統と古典は数千年にわたって継承され、一度として中断することはなかった。それは第一に、聖人と経典の権威が早期に確立し継続的に政治と融合していたため、文化と思想の伝承が保証されたからである。第二に、王朝の権力や種々の登用試験制度により、国の中枢を司る読書人〔知識階級〕は知識を問う試験を通じて上層に入り込み身分と地位を保証されたため、彼らは経典の存在を擁護した。第三に、我が国の官学と私学、たとえば私塾や郷校〔町や村で設立した学校〕での教育が終始大きな役割を果たし、政治制度もこれらの教育制度を支持し続けた。そのため、まさに私が数年前に述べたように、少なくとも清朝末期・中華民国初期までは依然として伝統的な歴史と文化の延長線上にあったと言えよう。

だが、十五世紀から西洋諸国が東洋に進出し始め、十九世紀以降になると列強の軍事侵略によって伝統中国の政治と文化の方向性が徐々に変わっていった。とりわけ一八九五年以後の中国は国を挙げて西洋化を加速し、「富国強兵」を追い求める焦りと緊張のために止まるところのない激流に飛び込んでいった。辛亥革命、五四運動および抗日戦争、中華人民共和国の成立、文化大革命を経て、数千年にわたって続いた文化と伝統は徐々に変化し、まさにヨーロッパの諺で「過去とは一種の外国だ」(the past is a foreign country)と言うように、伝統文化から遥かに遠ざかってしまったかのようであった。現在では、張之洞(一八三七―一九〇九年)がその当時に述べたように十九世紀から近代西洋文明が中国にもたらされ、中国は「二千年来未曽有の大変化」を経験し、伝統と「断絶」したという意見に誰もが首肯するだろう。

次に、筆者が前述した五つの点についてそれぞれ例を挙げて説明していこう。

㈠　中国は依然として漢字を使い続けているが、現代中国語の文字・語彙・文法は大きく変化している。今日の中国語が蒙元・満清時代の口語に大きな影響を受けていることは言うまでもなく、五四新文化運動で白話文を提唱したことによって伝統的な口頭言語が書面言語として使われるようになった。近代あるいは西洋由来の新しい語彙が非常に多く混入したことはさらに重要な点である。現在、報道や書簡あるいは会話に「経済」、「自由」、「民主」等、元来の漢語とは語義が異なってしまった語彙が多く定着しているばかりか、「意識形態」〔イデオロギー〕、「電脳網絡」〔コンピュータ・ネットワーク〕、「××主義」、「下崗」〔レイオフ〕などの新しい語彙も用いられるようになっている。もし言語が理解と伝達のツールであるなら、現代中国語を通じて理解し表現する世界は伝統的な中国とはだいぶ変わったことになる[59]。

(二) 現代中国、とりわけ郷村では、依然として伝統的な家庭と家族組織を維持し、中国人は今でも家庭と家族関係、年長者への服従を重んずる。しかしながら、家庭・社会と国家の構造上の関係は変化している。今日の中国にはあまりにも多くの近代都市が存在し、現代の交通機関・通信・生活によって伝統文化の社会基盤はすでに崩壊している。かつての生活空間は四合院・庭園・農家であり、人間関係は家庭・家族・姻戚であった。これら血縁で形成された親族関係と家庭・家族における肉親への情愛は相当に重要かつ信頼できるものであった。いわゆる「血は水よりも濃い」とはこのような関係を表している。「男女に別あり、長幼に序あり」を基礎として打ち立てられた倫理秩序は家庭・家族とそこから拡大された「家国」の協調関係を支えた。費孝通(一九一〇―二〇〇五年)が『郷土中国』で述べたように、中国と西洋では社会を構成する基本単位が異なっている。我々は一束ずつ別々に束ねられた薪のように各々自立しているのではなく、石を池に投げ込んだときに広がる波紋のようなものだ。だが、近代の都市と交通とメディアはすべてを変えた。現代の法律ではさらに男女平等、一夫一妻制、婚姻と離婚の自由を規定し、過去のような密接で互いに頼りあう近隣、同郷、家族の関係は民主化の思潮と都市化の過程の中で徐々に消え去った。そのため、伝統社会の上に樹立された儒家の倫理と国家の学説も徐々にその基盤を失っていった。

㈢　清朝末期から、儒家は西洋の民主思想の衝撃を受け、もはや政治イデオロギーの重責を担うことが難しくなり、仏教と道教も西洋科学思想の衝撃の下で「迷信排斥」の巻き添えをくって徐々に真の信仰世界から消えていき、多くの宗教行事ももはや実質的意義を持たなくなった。現在は、儒・道・仏の三教およびその他の合法的な宗教、たとえばイスラム・プロテスタント等は依然として政治権力のコントロール下で平和的に共存しているが、この「合一」は唐代から続く観念・知識・信仰の相互受容ではなく、高度な政治的コントロールによる相互隔離なのである。

㈣　天人感応〔人と天は相互に反応し合う〕と陰陽五行を基礎とする観念・知識・技術は近代西洋科学の衝撃の下に徐々に影を潜め、しかもそれぞれ異なる領域に分かれて政治世界と自然世界の一般的解釈に用いられることはなくなり、科学では未だに解明できないもの、たとえば医療(漢方医学)、地理(風水)、飲食など一部の分野に依然として残っているのみである。現代の中国人にはすでに過去の陰陽五行の観念はなく、もはや四季や二十四節気の意義など伝統的な時間の観念も保持していない。中国は今では王朝と皇帝の元号を用いず、西暦を使うようになった。伝統的な観念である「天、変わらざれば、道また変わらず」、暦法の転換は「正朔を改める」(天子が新たな年の暦を定める)ことと同様の天地が覆るほどの変化であった。

(五)近代ヨーロッパは新たな国際秩序と条約関係を確立した。(一六四八年の)「ウェストファリア条約」(The Peace Treaty of Westphalia)以来、それまでの中国の天下観念と朝貢体制が破壊されただけでなく、中国と世界各国の関係も再構築された。(60) それでも現代中国には依然として「天下中央王朝」のイメージが残存している。許倬雲《きょたくうん》(一九三〇年生)は「まさに中国中心論のため、数千年来にわたって中国は諸外国と平等な関係を築くことに適応できず、中国人は近代に至ってなおこの種の心理的障壁を乗り越えられずにいるようだ」と述べている。(61) だが、なんと言っても世界は変化している。グローバル化時代にあって、古代伝統中国文化の天は丸く地は四角いといった宇宙観による世界認識と朝貢体制に依拠する国際秩序はすでに無用のものとなった。

結語　歴史の中で中国文化の複数性を再認識しよう

現在の中国に伝統文化ブームあるいは国学の潮流が存在することに疑問の余地はなく、その背景と心情もよく理解できる。筆者はこのブームには三つの重要な背景と心情があると考える。第一は「起点への回帰」、すなわち、近代以降我々の観念や制度および信仰を覆い尽くしてきた西洋文化を超越して伝統文化に回帰し、現代中国の価値を再構築できる基盤を探るということだ。第二は「アイデンティティの追求」、つまり信仰をなくした時代の「中国」国民に新たな歴史・文化・価値観を樹立すること、とくに国家の求心力を確かなものにすることである。第三は「学術の新しい方向性」、すなわち百年来中国に影響を与えてきた西洋の学術制度から抜け出し、知の分類あるいは学術用語や研究制度においても、新たな道筋を見つけ出す。これらの背景と心情には何ら問題がないように見えるが、問題は、伝統は固定されたものではなく、中国も一つではないということである。筆者は以下の点を指摘したい。

まず、文化は歴史の中で形成され、歴史は文化に対して「加算」と「減算」を繰り返す。いわゆる「加算」とは絶えず流入する外来文化に対して、伝統資源の力を借りて創造的解釈を行うことである(まさに中古時期の中国知識人はインド仏教の知識に対して

「格義」(比較対照の方法を用いて異文化を理解する方法)を行い、外来の観念を中国思想に変えた)。いわゆる「減算」とは本土の固有文化の一部の内容に対して、消去あるいは改造を行うことである(たとえば古代中国の倫理秩序に馴染まない外国の風俗に対する改造、あるいは現代中国における科学による迷信の批判など)。したがって、不動不易の文化伝統は存在しない。

次に、古代中国の歴史が中国文化の多様性を説明していることに注目すべきである。古代中国文化はかつて多様なエスニックグループと多様な文化的要素を含み、秦漢帝国において徐々に漢文化が主軸となっていったとはいえ、中古時代においては異民族と異文化が重層的に加わって融合し、相当に複雑で豊富な文化を形成した。宋代になると、国際環境と外圧のもと、国家と郷紳の努力によって、漢民族の中国文化が凝集して一つの形となり、中国文化世界の「内」と「外」、「自己」と「他者」の境界が明確になってきた。だが蒙元の統治期には中国に再び異民族、異文化が進入し、さらに文化の重層化と融合による新文化が生まれた。明代初期の「脱モンゴル化」を経て、漢民族中国文化が再び定着したが、大清帝国成立後は、領土とエスニックグループが再度拡大し、文化はさらに重層化し再融合が進んだ。古代は「衆流匯聚」(諸民族集合体)の文化共同体であったが、現代中国はすでに(多)民族国家となっている。そこで、我々は中国文化の複数性を認めなければならない。

さらに、清朝末期・中華民国初期の中国文化は「二千年来未曽有の大変化」を経験し、中国の文化伝統は存続の岐路に立った。現在、伝統を再認識し発掘すべきであることは当然ながら、伝統は常に変化する以上、今日の現代的価値観を用いてどのように伝統文化を「組み立て」直すべきかが大きな課題となっていることを理解しなければならない。まさに「伝統は死者の活きた資源、伝統主義は生者を縛り付ける枷」と言われているように、「原理主義」に固執して情況の変化に目を向けず旧態依然として想像の中の文化伝統を固守するならば、現状に安んじ自らの殻に閉じこもることになる。

筆者は、膨張し続ける中国が持つ、自国の伝統・色彩・価値を「発揚」させたいという非常に強い焦りは、実は清朝末期・中華民国初期からずっと増大し続ける精神的プレッシャーとなっており、「富強を求める」強烈な願望と「天朝大国」であった歴史の記憶が、中国が百年来たえず「流行の服を拾い上げて身に着け、また脱いでは着替える」原因となったと強く感じている。毛沢東はかつて具体的なイメージを喚起する「一万年では長すぎる、寸暇を惜しんで進めなければならない」(毛沢東の一九六三年の詞「満江紅」の一節)という言葉を残した。これは彼が「落伍者は打たれ」、貧者と弱者は「(地)球籍」からはじき出されることを痛感していたからである。だからこそ、徐々に「台頭」しはじめた今の中国は、世界に向かって、我が堂々たる大国は「世界民族の林」に並び立つだけでなく、さらに「文化」において世界に冠たる地位を占めるべきであることを証明しようと躍起になっている。そこで筆者が憂慮するのは、まさに中国の「伝統ブーム」と「国学ブーム」である。「伝統ブーム」と「国学ブーム」が、精神的な焦りやプレッシャーによって、民族主義あるいは国家主義を学術の様式や、人々を駆り立てる勢力に変容させることがあってはならない。

第五章　周　辺——十六、十七世紀以来の中国、朝鮮、日本の相互認識

はじめに——中国人の世界認識と自己認識の三段階

この章では中国人の世界、東アジア、中国に関する観念について議論する。まず説明しておくべきことは、古から今に到る長い歴史の中で、中国人の「世界認識と自己認識」はほぼ三つの異なる段階を経てきた(1)ということである。

第一段階は非常に長く、大体伝統中国と呼ばれる時期、つまり上古から明清に到る時期に当たるが、この時代は「自分が中心であるとする想像の時代」であった。東アジアでは漢文明の伝統が強力であり、それに対比し競争するような強力な文化がなかったという情況の下で、中国にとっては自分を映す鏡がない時代であった。そのことは一方で自分を中心として、周辺民族を自分の周辺とする天下観念を生みだし、一方自分を中心として自らを天朝大国とする朝貢体制を自認した。長い時の流れの中で実際の世界に関する知識はとっくに漢族中国の範囲を越え、周辺各国との外交方式は宗主国と朝貢国家

という単純な関係ではなくなっていたのだが、[2]観念の世界では習慣的に中国人は依然として天下の中心、とてもとても大きな「中国」に居るのだとイメージしていた。

第二段階は「一枚だけの鏡の時代」であった。明代末期に西洋人が日本、中国、朝鮮、そして東南アジアに来たことを、今なお続く「グローバル化」の始まりと見ると、とくに清朝末期以後、西側からの衝撃と西側との比較の下で、中国人は世界と中国を改めて認識し始めた。これは当然大きな進歩であった。だがこの新たな認識は高度に同一化された「西側」を基礎とするもので、明清両代の「西学中源」（西方の学問は中国を起源とする）説、清朝末期の「中体西用」（中国が本質、西側が現象）か「西体中用」（西側が本質、中国が現象）かの論争まで、さらに五四運動と科玄（科学・形而上学）論戦を経て一九八〇年代の「文化熱」[1]ブームまで、すべて一枚だけの鏡を見ての自己認識であった。[3]

第三段階はまさに今始まったものである。私はそれを「たくさんの鏡を見ての新たな自己認識の時代」と呼びたい。誰もが鏡一枚だけでは不足であることを知っていて、この鏡は正確か、この鏡が自己認識のための唯一の鏡なのかと尋ねるであろう。我々は西側以外の一枚、あるいはもっと多くの鏡を必要としているのではないだろうか。かつて中国人は自分の周辺である朝鮮、日本、ベトナム、インド、モンゴルなどの視角で自己を観察し自分と比べることをほとんど意識したことはなかった。実際「中国」と「西側」との比較では、おおまかにしか自分の特徴を見出すことはできず、その違いは非常に小さく、さらには伝統を共有しているとさえ見ていた。だが今や各自の独立した文化をもち、文化が異なる国家と比較してみて、中国はやっと「世界」とは何か、「中国」とは何かを本当に知ることができるようになった。

そこで私はこの東北アジア地域に属する中国、日本、韓国をとくに重視してきた。だが一人の歴史学者として、ここでとくに説明しておかねばならないことは、この東北アジアは地理的に相互に接近し、その伝統と歴史の上でかなり深い共通のルーツをもっているが、十六、十七世紀以来、相互に大きな偏見、敵意、不信感を抱き、その状態が今日に到るもなお続いているということである。

ここで議論すべきことは、この歴史段階はすでに過去のものでありながらも依然として現在の歴史に影響しているということである。

一　十七世紀以来次第に遠ざかっていった中日朝

この三つの国家間の文化的アイデンティティの問題はかなり大きなテーマではあるが、ここでは詳説しない。この章では、十七世紀以後(ほぼ中国の清朝、朝鮮の李朝、日本の江戸時代)の一部の資料を通して、ある一つの側面から現在「東北アジア」と呼ばれている地域内部での各国相互の見方と相互の敵意について議論したい。明清時期に、日本、朝鮮、中国が文化的には「もとは一家」の関係から「互いに認め合わない」関係へと変わる過程は、まさにいわゆる「東北アジア」の、つまり本来は漢唐文化の基礎の上に築かれたアイデンティティが崩壊したことを反映している。この種の相互に認め合わず、甚しくは相互に軽蔑しあうことは「東北アジア」という同一の文明内部の巨大な分裂を体現するものである。(4)

明から清にかけての東アジア文化のアイデンティティの大きな変化は、朝鮮人、日本人、そして中国人の相互交流と観察の中から比較的明確に見てとることができる。たとえば韓国で出版された各種の「燕行録」(燕は北京の古名、北京訪問記録)、各種の朝鮮通信使の日本に関する文献、また日本の長崎における各種の筆談や聞き取りの記録などがあり、それらはこの「東方」の崩壊を露呈している。本来は清帝国の最盛期にあったのだが、朝鮮から中国に来た使者はすでに「中華」帝国の風景ではないものを見ている。また日本人と中国人船員や商人との聞き取りや筆談の中に日本人と中国人の間に互いに一種の微妙な、自尊心に基づく軽蔑や警戒心を見てとることができる。つまり朝鮮人、日本人の心の中では、一つの中国は二つになった。一つは彼らの記憶と想像の中の、漢唐の中華を基礎とした「歴史と文化の中国」であり、いま一つは彼らの目前に客観的に存在している清帝国が代表する「現実と政治の中国」であった。その時代にあっても彼らは「歴史と文化の中国」になお敬意を抱きながらも、「現実と政治の中国」への侮蔑がすでに始まっていた。

そして朝鮮と日本は、互いに値踏みし合いながら、どちらが〔東北アジアの伝統〕文化の真の正統な継承者であるかを見ていた。(5)

二 「朝天」から「燕行」へ ―― 明朝以後の李朝朝鮮の中国観の変化

十七世紀中葉以後、清代の中国人が「世界」についてなお二千年来の「自己中心」の想像内に留まっていた時、朝鮮人の中国への感覚は異なるものとなっていた。明朝はすでに滅びていたのだが、長い間朝鮮人は大明帝国への思い入れと、満清帝国への不満を露わにし、彼らは清帝国を「夷虜」〔「中華の文化の及ばないえびす」の意、少数民族への蔑称〕と呼び、清朝皇帝を「胡皇」と呼んでいた。清代の乾隆年間、朝鮮人の金鍾厚〔一七二一―八〇年〕は清帝国への使節であった洪大容〔一七三一―八三年〕に手紙を送り、そこで「明朝の後、中国がなくなっただけのことだ。私は彼〔中国人を指す〕が明朝のことを考えず、中国のことを考えないと非難するだけである」と述べている。彼の胸の中では中華〔あるいは中国〕は本来文明という意味であった。もし中華文明が清国にないのなら、「甘んじて東夷の賤しき身となり、彼から名誉待遇は受けたくない」ということであった。(6)この時代朝鮮人はすでに清帝国を「中華」とは見なしていなかった。

そのため朝鮮人は、漢族中国人が大清帝国の統治に服していることを理解し難かった。北京に使いした朝鮮の使者である洪大容は漢族の知識人に率直に言っている。朝鮮は日本の大軍に反撃するため派兵してくれたことで明を「命の恩人」とし、痛切に記憶している。そしてかつて朝鮮を攻撃し、屈辱的な和議を結ばせた満清に深い恨みを抱いている。洪は言う、「万暦年間、倭族が大規模に東国〔朝鮮〕に入り、すべての秩序が失われた時、神宗皇帝は天下の兵を動員し、天下の財を費やし、七年かけて平定した。それから二百年、人々の暮らしはすべて神皇の恩としている。しかし末年〔明朝末年〕の流賊の変〔李自成の反乱〕は必ずしもそのためではなく、我が明国は自分のために滅びたと考え、今に到るも悲しみ慕っている」(7)。朝鮮人は心中で清帝国に来たのは天子に拝謁するためではなく、燕都〔北京〕に出張で来ただけで、文化的に〔皇帝に〕「拝謁」するためではなく、政治的に「臣属」しているためであり、使者たちが書き記した旅行記の大部分は「朝天」〔拝謁〕ではなく、「燕行」〔北京旅行〕と書き改められている。乾隆・嘉慶年間になると大明が滅んですでに百年余りになっていたが、朝鮮の「大明」についての記憶はなおこのように鮮烈なものであった。

私が注目しているのは、朝鮮人が明朝の衣冠を堅持し、誇りに思っていたことで、清国人が服装を改めたことは蛮夷の衣冠に従うものと蔑視し、明朝の衣冠を着け文化的には満清人より上であるとの感覚を抱いていたことである。彼らの記録によれば清帝国の風俗は変化してしまい、すでに「華夏」ではなくなったので、儒家の儀礼も中国は朝鮮ほど純粋ではなく、清朝は正統な儒家儀礼を破壊し、さらに朱子学を崩壊させたとし、清国を認めないという心を抱いていた。清帝国の民間風俗、学風を見抜いた後には、満清を蛮夷と見た朝鮮の使者に始まり、清国に対する軽蔑の気持ちを抱くようになった。

十七世紀以降、二、三百年の間に、朝鮮人は中国を統治する満洲族の皇帝の漢族の文化的伝統への対応に疑惑と危惧があることに気付いた。清朝は一方で朱子学を唱えて漢族の儒家の口を封じる方法を取り、また一方で抑圧的で高圧的な手段を使い、文字の獄〔言論弾圧〕で読書人を威嚇した。朝鮮人はこの文化史的変遷を国家の統治者の種族上の変化の問題とし、帝国の主人はもはや漢人ではなく胡人だと信じ、そのゆえに中国文化の血脈はすでに純粋な中華文化ではなくなり徹底的に没落したと考え、その逆にまさに朝鮮人こそが大きな自信を持つようになった。

つまり「今日の天下の中華の制度は我国のみにある(8)」と。

三　誰が中華なのか――江戸時代の日本の見方

十七世紀以降、鎖国した日本と中国の政治・文化的往来は次第に薄くなったものの、法定の貿易港であった長崎では貿易船が頻繁に往来し、『華夷変態』〔2〕などの長崎に来た中国人への多くの聞き取り記録では――聞き取りをした役人は実際には来航した船の「カトリックの邪宗書」の有無にしか関心はなかったのだが――より大きな問題意識は中国の政治、軍事情報に集中していた。まさに林学士(林述斎)が「韃虜が華を奪い四十年、正史はまだなく、その真偽もつまびらかでない」と言っているように、彼らが尋ねたのは中国が現在太平であるか、朝廷では宰相以外に人材はいるか、日本の防衛になにが必要か、古今に伝えられる要地は何処にあるかなどであり、そこから日本人の考えを知ることができる[9]。

同時に朝鮮通信使も多く日本を訪問しており、日本人もまた切なる思いで、中国と朝貢関係にあった朝鮮を通して、中国の情報を探ろうとした。一つ例をあげると、順治十二年(一六五五年)明と清が代替わりしてまもなく、日本は中国の情勢の変化を複雑怪奇であると感じ、十月に朝鮮通信使が江戸に到着したさい、待ち兼ねたように林靖(林羅山の四男)が一連の審問を行った。趙珩(字は君献、号は翠屏、正使)の記載によれば、林靖は「大明の近年の戦争はどうなっているのか？　十五省は清国の手中に落ちたのか？　(清の)年号の順治は今でも存続しているのか？　明朝の血脈は続いているのか？　鄭芝龍(鄭成功の父)、呉三桂は生きているのか、死んだのか？　陝西の李自成、四川の張献忠は殲滅を免れたのか」と質問した。日本に対して警戒心を抱いていた朝鮮の使者ではあったが、「国土の境界まではるかに遠いので、未だその詳細を知らないと答えたところ、更なる質問はなかった」。しかし、朝鮮通信使（および釜山に設けられていた倭館）は、日本が中国の国情を理解するための橋渡しとなっていた。(10) また長崎に来る中国船は天候によってその他の場所に漂着し、漂着地に停泊中、交渉に来た日本の知識人と常に筆談による交流があり、貴重な文字資料が残されている。これらの資料の中から当時の中国人と日本人の間の一種の複雑で微妙な関係を見てとることができる。

異域の人の突然の来訪は常にその地の人々の好奇の的となり、その第一印象が大変重要である。朝鮮人と同様に日本人も清人の服飾をとても奇妙に感じた。なぜなら歴史書に記載されている華夏の服装と大きな違いがあったからである。彼らは詳しく尋ね、一生懸命に記録し、さらに画筆で彼らの姿を描いた。だがそれは好奇心からだけではなく、その外観を描くことで実際の清国の文化に対する蔑視を示していた。信夫清三郎の説によれば、清朝の出現は日本人に往事の元寇の記憶を呼び覚まさせ、心底では満清に対する敵意を感じていた。(11) そのため彼らの服飾を記録した後、「大清太祖皇帝は韃靼の出自で、華夏を統一し、中国の皇帝として胡服を定めたということらしい」(12) と記すのを忘れなかった。清人は衣冠における伝統を失ったが、自分の古代の衣冠は上古に発する正統なものであった、つまり古代の中華文化は日本にあって、中国にはなかったということを説明している。日本人から見て中国では服飾のみならず、音楽、風俗、歴史の伝統はすでに失われ、まさに本田四明《しめい》（一七六二―一八〇九年）が「貴邦（清を指す）の風俗、弁髪、衣冠は古と異なるが、これを周公〔周公旦〕の礼ということができようか(13)」と言っているところである。日本人はさらに文化伝統の喪失をもって満清帝国の合法性にも疑問を示している(14)。当時の日本人は心のなかで、漢唐の中華はすでに喪失し、中国と四夷〔周辺民族〕の位置は逆転したと見なした。日本人は中国が大国であり、日本は小国であることを認めつつも「中国」という呼称は日本の呼称であるべきだと感じていた。「風土は万国に勝り、人物の素晴らしさは四方に輝く」文化の中心であってのみ「中国」と呼ぶことができる(15)。そのゆえに日本人が中国人に会った時にはもっぱら「領土をもっていることの徳は、土地の大小にはよらない。民が反逆し土地を奪うなら、それは桀紂である。民が和み天下が一つなら、それは湯武である。日本は古の神功皇后の三韓征伐で海外に光を輝かせ、今に到る千万年一姓を続け、民はこれを仰いでいる。これを治と言わない訳にはいかない。これが我が国の栄光である(16)」と強調した。日本人は、中国はすでに過去の栄光を失い、林学士が、満族人が中原の主となったがゆえに「今や、先王の礼文冠服の風俗はことごとく掃蕩され、弁髪や蛮族の風俗に溺れている。つまりかの地の風俗がまっとうなものかどうかを問わねばならない(17)」と言っているところである。

この当時の日本は中国に対して警戒心と敵意を抱いていた。

四　大清帝国——漢唐の「天下」の想像の中に留まる

その実、明代万暦年間、つまりマテオ・リッチが中国に来たときから、中国人は世界について新しい知識を持ち始めた。李之藻はマテオ・リッチの地図を見てからこの世界についての新しい知識が彼に与えた衝撃について、「地がこのように大きく、天の中の一粒の粟に過ぎないなら、我が州や我が郷土はそのまた一片に過ぎない(18)」ことを認めた。そのしばらく後、瞿式谷は『職方外紀小言』で「かつて〔この〕図に依って論じたところ中国はアジアの十分の一、アジアは天下の五分の一、つまり赤県神州〔鄒衍《すうえん》による中国の呼称。第一章第四節を参照〕のほかに赤県神州のようなものが十分の九存在する」と述べ、自ら大国と自認することは井戸の底の蛙のようなものだと認めている。この時から、伝統中国の天下の図像も崩壊し始め、人々はようやく新しい世界をうけいれるようになった。そのゆえに、あの『山海経』、『十洲記』の類の異域についての奇怪な想像や伝聞が、西洋人がもたらした真実の知識に入れ換わることになった。朝廷の大出版物、つまり乾隆年間の勅命によって編纂された『四庫全書総目』という権威ある官版叢書目録で『山海経』、『十洲記』と『神異経』が地理から小説の部門に改められたことは天下の地理観念の変化を示していた。それは人々の「思索」と「実証」の結果であり、またそれはマテオ・リッチから乾隆時代に到る百余年の間に、古代中国の異域についての(同じく自分自身についての)知識が「想像上の天下」から「現実の万国」の中へと入っていったことを示している。

東アジアの問題に戻るなら、中国には東側の隣国の台頭と対峙について実際は恐れや警戒があった。明代中葉の倭寇の乱、同後期の朝鮮での壬辰の変(一五九二年、文禄の役)以後、周孔教という官僚が、豊臣秀吉の朝鮮侵攻と明帝国への対抗によって「本朝は二百余年来の敵国がなかったが、今や敵国があることが始まった」ことを説明していると語り、日本からの脅威を見て明帝国に急ぎ準備することを求め、「万一のことがあれば、そこから災いが起きることを憂慮すべきだ(19)」と述べていた。だが大多数の中国人は、なお危機意識はなかったし、清代の統治者は一層気にしなかった。この時の中国はなお自己を天下の中心とし、朝貢を受ける宗主国というイメージの中に留まっていた。乾隆時期の「万国来朝図(20)」を見れば、当時の中国は知識界から朝廷まで、まだ自分が過去の漢唐と同じように、各国が恐れかしこまって拝謁に来るのを待つものだと思っていたことを知ることができる。乾隆帝がイギリスの使節であるマカートニー卿に傲慢な態度で接し、清代朝廷の盲目的な楽観と夜郎自大の態度を表したこともそこから出たのである。

だがそれははかない願いに過ぎなかった。明らかに十七世紀中葉以降、西側は東方に進入を開始し、東アジアの三国はすでに袂を分かっており、清帝国の人々はなお「万国の来朝」を期待し、日本や朝鮮に対してなお大国としての傲慢さを抱いていたが、少なくとも文化的には日本であれ、朝鮮であれ、みなこの清帝国を是認せず、さらには清国が「中華文化」を代表することを認めなくなっていた。さらに十九世紀末になると、明治維新後の日本では、琉球の日本への帰属、甲午戦争(日清戦争)後の台湾と朝鮮の植民地化が進むにつれて、東アジア各地域間の文化的分裂は、民族間の敵意の中で、さらに明らかになっていった。

五　袂を分かつ
——十七世紀以後の東アジアにはなおアイデンティティはあるのか

互いに見詰めあった時に、互いに発見しにくい自己発見の死角を見付けられるし、さらに互いに異なる視角と立場にあることを見つけやすい。朝鮮の漢文史料は朝鮮人の明清両代への見方を示しており、我々は当時の朝鮮人の中国に対する政治的服従、経済的朝貢関係、文化アイデンティティの分裂に気付かされる。同時に日本の史料も、日本は「独自の国際秩序を打ち立てるべきだ」という意図を示している。山鹿素行(一六二二—八五年)から本居宣長(一七三〇—一八〇一年)まで、彼らは常に日本が「中央の国」たるべきだとの思想を強調している。[21] そのため壬辰の変以後の日本、明滅亡(一六四四年)以後の朝鮮は、ほぼ中華帝国に対する文化的アイデンティティを放棄していた。この東アジア諸国の清帝国への見方の転換は当時の国際情勢や後の歴史と思想にいかなる影響を与えたのであろうか。これが今なお議論しなければならない問題なのである。

最近、日本、韓国、そして中国を含め多くの研究者が「アジア」とか「東アジア」という話題について進んで語るようになった。時には「アジア」とか「東アジア」を「ヨーロッパ」、「西側」に対応する文化地域とし、まるでその存在をあたりまえのこととしている。しかし、もしこの「東アジア」なるものが真に存在するなら、それは十七世紀以前のことである。すでに述べたように、十七世紀以降に変化が始まり、実際の東アジア諸国は相互信頼、好意、共通のアイデンティティを失い、漢唐宋の時代にはまだ可能であった文化共同体としての「東アジア」はすでに徐々に解体されていった。現在我々が期待するのは新たな文化共同体としての「東アジア」であるが、それが成立するのはほど遠いことであろう。

そのゆえに私は思うのだが、もし「東アジア」とか「東北アジア」における相互信頼と協力を推進しようと言うなら、まずこの段階の(十七世紀以後の)歴史を研究し、さらに改めて文化的なアイデンティティの基礎を探求すべきであろう。

第六章　現　実――中国と西側の文化の相違は衝突に到るか

はじめに――ハンチントンの論断から

異なる文化の間では衝突が発生するのだろうか。この問題はアメリカの研究者サミュエル・ハンチントン(Samuel P. Huntington)が一九九〇年代に『文明の衝突』の中で提起したものである。(1)彼が見たところでは、一九九〇年代に入り冷戦時代のイデオロギー衝突は次第に弱まり、次第に突出してきたのは各文明間の衝突、その中でも儒教文明とイスラム文明がともに西側文明に対抗するであろうということであった。

本当にそうだろうか。ハンチントンが言ったことが正しかろうと、間違っていようと、この議論は全世界で文明、衝突、歴史、未来に関する大々的な議論を引き起こした。今ここで我々は「世界平和と中国文化」というテーマについて議論するのだが、このテーマはそういう形ではないまでも、ハンチントンのこの議論に答えようとするものである。この「世界平和と中国文化」という論題を提起した人はきっと、この時代に地球上の各種の文明は衝突しないばかりか、中国文化は古人が「万世のために平和を開く」と言ったように、平和へと導くであろうという善良な願望を抱いていたに違いない。

しかし一人の歴史学者としては、ここには非常に多くの問題があると感じている。たとえば、なにが中国文化なのか。中国文化の中のどの要素が文明の衝突、あるいは世界平和を導くのか。中国文化の意義を強調することは、中国の新たなアイデンティティの形成に向かうのか。それはまた別の方向、つまりブレジンスキーが言うところの「台頭後の自己錯覚」[2]へ向かい、新たな非平和的な状態をもたらすのではないか、などである。

ここではまず「なにが『中国の』文化なのか」について再び真剣に議論する必要がある。

一　天下——中国の「世界」についての伝統的観念

第四章ですでに「なにが『中国の』文化なのか」という問題について言及し、「中国」というこの二文字がかなり重要であることを明らかにした。つまり「文化」は各民族がすべてもっているものであり、この文化は中国にあり、他の国にはない(あるいは明確ではない)、あるいは華人の世界にあり(あるいは比較的明確にあり)、他の民族にはない(あるいは比較的明確ではない)というものが、それこそ「典型的」な中国文化だと言うことができるだけで、一部の「非典型的」なものをも一括して、中国文化と言うことはできない。

それではなにが典型的な「中国」の文化なのだろうか。第四章ですでに述べたことを繰り返すなら、漢族を中国文化の主体として漢族の中国文化を提示することはできる。つまり簡単に言うなら、それは次の五つの面に集約できる。第一に、漢字の読み書きと漢字による思考。第二に、古代中国の家庭、家族、家国構造〔一一八頁訳注参照〕、およびこの基礎の上で発達してきた儒教と関係する国家、社会、個人の政治と倫理構造。第三に、いわゆる儒仏道の「三教合一」の信仰世界である。中国ではどの宗教も超越的な絶対性、唯一性をもたず、政治権力の支配の下で互いに容認しあうものであった。第四に、宇宙を理解する「天人合一」の思想、陰陽五行説であり、この学説の上で発展してきた知識、観念と技術である。第五は、「天円地方」〔天は丸く、地は方形〕という宇宙論の影響下で形成された古代中国の非常に特殊な天下観、およびこの「天下」イメージの下で形成された「朝貢体制」を基礎とする国際秩序である。これらをキリスト教文明やイスラム世界と比べ、さらに東アジア、南アジアで信じられてきた仏教と、儒教の律令的地域と比べるなら、これこそが「(漢族の)中国」の「文化」だというものを発見できる(3)。そのゆえに「これを四海に施してみな正しい」とするような壮大な概念や空虚な言葉で、中国文化を抽象的かつ曖昧に定義することは絶対にやってはならない(4)。

その中で、現代世界の平和的展望とその可能性を考え、歴史と文化的伝統の要因に遡るなら、古代中国の「天下」観念と「朝貢」体制(およびこの観念と体制の継続として出てきた現代中国の世界新秩序に対する期待や想像)が最も注目と議論に値するものである。(5)最近一部の中国の研究者は、過去数百年、西側が主導してきた世界秩序の後に、中国の「台頭」(原語「崛起」)にともない、自らの伝統中国の「天下秩序」あるいは「天下主義」が近代世界秩序の新たな源泉としてとって代わるべきだと考えている。一部の西側の学者は、非常に影響力のあるアメリカの元国務長官のキッシンジャーのような人までその著書『中国』の中で、またイギリス人のマーチン・ジャックも著書『中国が世界を支配するとき』の中でこうした議論を歓迎し、中国はかつて自分の世界秩序をもっていたと繰り返し、中国は伝統的朝貢体制から東アジア、ひいては世界秩序を想像しているとと述べている。(6)二〇一二年十一月、私は韓国を訪問したとき『朝鮮日報』のインタビューを受けたが、同紙記者は繰り返し中国の台頭は「朝貢体制」の復活なのかと尋ねた。(7)

そのゆえにここでは、この西側とは全く異なる文化伝統は衝突に到る可能性を含んでいるのか、またなにがこの文化間の衝突を解消する要因となるかを議論すべきであろう。

二　伝統中国の「大一統」の理想と「文化主義」の戦略

我々は中国人だから中国文化をとりわけ賛美し、何もかも素晴らしいとか、さらには中国文化が人類の未来の文化の基礎になると考えているわけではない。「文明」には〔レベルの〕上下の別があるが、「文化」には良し悪しの問題はない。(8) 一人の歴史学者として歴史の中で中国文化を分析してみたい。

古代中国は「天は丸く、地は方形」という宇宙観に基づいて「天下」観念と「朝貢」体制をつくりあげたが、いわゆる「天下」というのは一種の自己中心の文化的イメージであり、この文化イメージは、一面で自分が中心であるという意思表示に過ぎない。ゆえに「華夷の別」という観念を生みだし、一方でこの「華夷の別」の観念は「我が族にあらずんばその心も異なる」という種族の違いに完全に立ったものではなく、「文明と野蛮の別」、つまり蒙昧か開化かというところに基づくものであった。まさにこの二つの要因の存在によって、この「天下」観念の中から「内」と「外」の関係を処理する二つの異なる考え方がでてきた。

はっきり言って、漢族中国と周辺民族、核心地域と周辺地域は、相互に衝突する中で次第に巨大な中央集権的帝国となり、この歴史過程で「普天の下王土にあらざるはなく、率土の浜王臣にあらざるはなし」というイメージが一貫して統一され、完成された国家への願望を促してきた。古人は「天下は一に定まる」と言ったが、どの「一」に「定まる」かは必然性がない。「大一統」は一貫して古今中国の政治的理想であり、また夢想であった。秦漢の匈奴に対する関係から始まって、隋唐の突厥と高句麗、大宋の遼金、大清の四裔〔周辺諸民族〕に対する関係に到るまで、国力の別なく、みな大一統帝国の夢を見ていた。とくに指摘しておくべきことは、現在の中国の領域は大清王朝から来たもので、大清王朝が今日の中国の領域を定めることができたことについては、「十全武功」〔康熙帝の十大戦役の勝利〕が思い出される。まさにこの「大一統」の追求、および武力によって周辺民族を征服し、清代に東はサハリン〔清朝は雍正年間(一七二〇年代後半)サハリンに進出しほぼ全島をその勢力下に置いた〕、西は新疆のカシュガル、パミール高原、北は外興安嶺、南は崖山〔広東省網州〕に到るこのような巨大な大帝国を造り上げたのである。(9)そこには当然多くの流血と戦火があり、辺境開拓の歴史も実際はそれほど平和的なものではなかった。(10)伝統中国がいつも「遠方の人を懐柔してきた」と言うのは自分も他人も欺くだけであり、「中国は古来平和を愛する国家だ」と言う必要はまったくない。(11)

しかし歴史はまた別の側面から見ることもできる。国際関係の面で見れば中国は常に内部秩序を処理する方式で外部秩序を処理することを習慣としてきた。(12)だが一貫して文化の違いを種族の違いより強調してきたため、たとえ文化が「僻地を覆い、光は四方を覆う」ものだと考えていたとしても、古代中国の外の世界への侵略性や植民地性をそう帯びているものではなかった。おそらくそうした考えは「我が天朝に無きものは無い」という自己満足からきたものであり、古代の朝貢体制は往々にして「厚往薄来」、つまり「送る」ものが多く、「取る」ものが少ないとしても、必要であったのは天朝上国の大皇帝の尊厳、虚栄、満足であり、必ずしも近代ヨーロッパのイギリス、フランス、スペイン、ポルトガルのような対外的掠奪型の植民地戦略ではなかった。もう一つの側面は、古代から中国は相対的に封鎖的な地理環境と世界知識しかなく、中国の伝統的な周辺民族に関するイメージは、一貫して相手は野蛮で、貧困で、落伍したものだということであり、大洋を渡り高原や砂漠を越えてさらに遠方の地域を支配することはあまり望まなかった。(13)「皇明祖訓《こうみんそくん》」〔明の太祖の遺訓〕の中の次のような一節を見るのもよいだろう。「四方の諸異族はみな山と海に隔てられ、一隅に偏っており、そこから賦をとるべき土地は無く、役を出させる民もいない。もし身の程も知らずに我が方を乱しに来たらそちらが悪い奴となり、相手が中国を煩わせないのにこちらが兵を起こし軽率にこれを討つなら、こちらが悪いことになる(14)」。

現代中国はすでに「帝国」たりえないし、また「帝国主義」意識をもつべきではないが、秦漢以来の中国は間違いなく一つの「帝国」であった。その「帝国」が近代世界において「国家」に転化せざるを得なかったとしても、「帝国」の歴史、観念、イメージは今日までなお影響を残している。私は以前『宅茲中国』の中で、現代中国は「果てしない『帝国』の意識の中に有限な『国家』があるという観念の中で、有限な『国家』という認識の中に果てしない『帝国』の心象を残している。つまりこの近代的民族国家は伝統的中央帝国から変身したもので、近代的民族国家として依然として伝統的中央帝国という意識を残している」[15]と書いた。明らかに中国は自分の「国土」について頑強な防衛意欲をもち、「国敗れ、女官に別れの涙を流す」〔五代十国の南唐の第三代国主李《り》煜《いく》の詞〕のはもっとも悲惨な結末であり、「城下之盟」〔敗戦による屈辱的和議〕を結ぶのは最大の恥辱なのである。とりわけ近代になって東洋〔日本を指す〕と西洋から屈辱的な思いをさせられた歴史のある中国では、いかなる統治者も「喪権辱国」〔主権を失い、国威を辱める〕、「割地賠款」〔領土を割譲し、賠償を払う〕という罪名には耐えられない。だが、中国に天朝の大国という自己満足と想像があるからといって他国の「領地」に対する大きな熱意や要求をもつとは限らないということも考えるべきだ[16]。中国は、常に核心部分が「周辺」から脅威を受けることを心配し、「綏靖」〔融和策〕や「鎮撫」〔慰撫策〕を考え[17]、時には周辺異民族を中央王朝を守るための「障壁」にしようとしたが、通常「外国」の実際の領土には特別な関心をもつことはなかった。そのためしばしば自分の有限の領域内で身を守ろうとした[18]。

「中国」の「周辺」、言うならば伝統中国のいわゆる「天下」は極めて長きにわたってほぼアジアの中部、東部にだけあり、「革命」を世界に押し広げようとした文化大革命時代を例外として、中国のいわゆる「天下の覇者」というイメージはせいぜいアジア地域での「共主」たらんとすることである。当然のことながら、この種の地域が共にいただく主たらんとする「帝国」の心情が(西側の)全世界的な覇者たらんとする「帝国」の行為と出会い、さらにそれに政治イデオロギーの脅威が加わった場合、衝突が起きるかも知れない。[19] しかし問題が政治イデオロギーに及ばぬ場合、また直接に中国の領土と利益に関係しない場合は、〔中国は〕常に妥協しようとする。[20]

三　文化衝突の中の宗教的要因
——中国の宗教では絶対性と唯一性は希薄化する

ここで宗教的要因について議論してみよう。ハンチントンの『文明の衝突』では、核心問題は宗教だとされている。彼の言葉を借りれば「宗教は文明を定めるもっとも重要な特徴であり」[21]、宗教研究は現代の文化研究の焦点となっている。キリスト教(カトリック、プロテスタント、ギリシャ正教を含む)、イスラム教などはいわゆる「世界性」をもつ宗教だと言われ、それぞれが形作ってきた文明は共存、あるいは衝突し、世界秩序に重大な影響をもつものなのだろうか。[22] そのためこれらの宗教研究は新たな意義を与えられ、国際関係の領域に及ぶ新たな意義とは、人々が宗教について当面の世界平和を促進するのかどうかという焦慮と関心に大きく関係するものとなっている。

私は現代の各宗教関係の研究や著作の立場、考え方、結論をざっと見たが、多くの研究者はみな一つの問題を考えている。つまり歴史上各種の世界宗教は必然的に衝突し、共存できないものなのか。もし衝突を回避できないなら、なにが原因となって互いに殺し合いをさせるのだろうか。もし互いに共存できるなら、どんな要因が彼らを相互に容認させるのか。言い換えるなら、これらの宗教の間で、溶け合うことができない立場、精神、価値とは結局なんなのだろうか。彼らが信仰する「唯一」の神と「絶対」的真理は、どういう情況下なら妥協できるのだろうか。

もし伝統中国の歴史を振り返って見るなら、「三武一宗」の法難(23)や『仏道論衡』(24)(唐の道宣の編)があり、外来宗教への迫害(25)もあったが、全体としては宗教間での大々的な戦争はなかった。むしろ「三教合一」が宗教史と政治史の主流であった。宋代の孝宗、明代の永楽帝、清の雍正帝はみな「三教合一」について、「儒教は治世、仏教は治心、道教は治身」というようなことを言ったという。その原因はなにか。

儒仏道には相互の「包容性」があったからと簡単に言うことはできない。問うべきことは、「三教」がなぜ「包容性」をもち、自己の「絶対性」を守ろうとしなかったのか、ということである。簡潔に言わせていただけるなら、第一に、中国の宗教は従来から超越的存在や世俗政権に対抗する地位を獲得しなかったことがある。中世道教が軍事組織に擬して教団を樹立し、戸籍制度に照らして信者を管理した伝統は次第に薄れ、仏教の「沙門は王者を敬わずの論」が東晋から唐代に到って皇帝権力に否定され、「僧は王者を敬い、父母を拝する」が確定し、儒家が次第に仏教の死後の世界、現世超越に関する解釈を受け入れてから、儒仏道は基本的に世俗政治権力の管理下に入り、(26)ヨーロッパでの「教皇権」や西アジアの「政教合一」という宗教が絶対的神聖性と権力を超越するという情況は存在しなかった。

第二に、古代から中国の皇帝権は強大で、各種宗教、教団は一貫して当局の管理下にあった。(27)僧統、道統(「統」は正統性の継承者)は当局が任命し、出家の度牒《どちょう》(許可証)は当局から与えられ、寺院、道観の配置は各地方で地方当局の管轄下におかれ、教会のような厳密な組織も、教皇のような統一的指導者もなく、とくに独自の軍事力をもっていなかった。(28)そのため互いに安心していられた。

第三に、儒教は仏教、道教と信仰世界でも互いに分際をわきまえ、互いの重点(儒教は治世、仏教は治心、道教は治身)が異なり、一つの「絶対」ですべてを解釈し、すべてを包摂する宗教は存在しなかったし、思想、知識、信仰世界を独占することはできなかった。(29)とりわけ上層の士大夫層において、宗教は宗教という形式をとった一種の文化であった。このことが中国の伝統文化の大きな特徴となってきた。

そこで伝統中国では「宗教」を「文化」に転化し、「唯一」、「絶対」が欠如し、上層社会の中では一貫して世俗生活と超越的世界を分化させ、あるいは世俗生活の中で超越性を求めるという特別な現象となったが、(30)こうしたことは世界宗教に一種の相互に睦み合う材料を提供することにはならないだろうか。数年前、ある人々が世界の各宗教に通じる「最大公約数」を追究したが、最後に「世界宗教宣言」の中で「己の欲せざる所は、人に施すこと勿れ」(『論語』〈顔淵篇、衛霊公篇〉)などの道徳的教義に相互に共通するところを探し当てたのみであった。そこで、今後、(中国での)儒教・仏教・道教の歴史の中から宗教的和睦と共存のインスピレーションを得ることはできないだろうか。

四　苦悩する中国——「現代(1)」、「国家」、「文化」におけるジレンマ

一八九五年以来、西側からの怒濤のように押し寄せる政治、科学、文化的衝撃の下で、よろよろと世界へと引きずり込まれた中国は、政治、文化、さらに信仰世界において複雑な状態の中で苦悩を繰り返し、「現代」、「国家」、「文化」の三大問題でジレンマに陥り、二律背反にとりつかれてきた。

第一に、「現代」については、一方で西側現代国家の法律、民主、科学、技術を「富強」に到る必然的かつ理想の道とし、中国も迅速に「現代」化し、そこから「未来」へ

と向かうべきだと考え、また一方では西側列強の世界制覇は弱肉強食の野蛮な道であり、中国を貧困と弱体に導いた原因と考え、中国は別の道を切り開いて新しい現代に向かうべきだとする考えがある[31]。

第二に、「国家」については、一方で観念的には西側の現在の「民族」を「国家」の基礎とする考えを受け入れ、現代的民族国家の建設には西側と同様の「文明」を追求すべきであるとする考えと、また一方で中国は歴史的に「文化」を「国家」の基礎としてきた現実によって、漢唐以来の、とくに清代以来の「光は四方を覆う」といった多民族大国を守るべきだとする感情的な考えがある[32]。そこで「辺疆を中華に納め」なければならない、となる。

第三に、「文化」については、一方で中国は自分を東方文化の集大成者とし、西側と並列して議論する傾向があり、そのため「中西文化」とか「東西文化」という表現を習慣としている。また一方で自分の文化こそ東方の代表であることを証明すべきであるとし、日本(東方の西側世界)と争うことになる。

これが近代以来の中国思想界における一番複雑な矛盾と衝突であり、これらの矛盾と衝突はみな、中国が悠久の歴史と強力な伝統をもち、近代に到ってひどい衝撃をうけたものの、徹底的に植民地化されるという歴史を経ることなく、また文化的主体性を失っていない「(多)民族国家」であることから出ている。このため今に到るも研究者は歴史記述や理論表現の上でその矛盾から出てくる諸問題を調整しなくてはならない。

だが私はいつも考えるのだが、現代人は思想世界の中で理性的な「区分」を行うことが非常に重要である。政治的、歴史的、文化的に、民間か当局かの別なく、みな理性的な「区分」が必要である。「文化」を例とすれば、もし我々が(普遍的)文明と(特殊な)文化が常に衝突すると考えるなら、我々は理性の中で「文明」と「文化」について一定の区分を試みることができる。そうすればグローバル化、現代性(これも一種の「文明」である)に対してそんなに簡単に強烈な排斥感をもつことはないであろう。まるで我々の「文化」が「文明」化されることがグローバル化であり、そうなれば我々の「文化」は崩壊するというように、「文明」を恐るべき災厄だと考えることはないであろう。簡潔に言って、「グローバル化」、あるいは「現代化」は全員が一つのリズム、規則、コンセンサスによって相互に交流することであり、この種の交流において共通のリズム、規則、コンセンサスがないならば、バスケットコートでサッカーをやり、審判もおらず、大混乱になるようなものである[33]。世界は狭くなっており、みなが一つの地球の上で暮らすからには、互いにほぼ一致して認める規則、みなが一緒に守る倫理、多数のものが選択したことへのコンセンサスが必要であり、この規則、倫理、コンセンサスこそグローバル化がもたらすいわゆる「文明」なのである。現在の問題は、我々が「文明」が普及していく情況のもとで、この文明の規律の下で異なる「文化」をいかに慎重に守っていけるかということに過ぎない。

当然のことだが、このことは極めて難しいことであり、簡単に言っておけばよいということではないのだが。

結論
――文化的伝統は資源に過ぎず、文化資源については理性的選択と現代的解釈が必要である

中国の知識人は根深い「天下主義」と「天朝心情」を抱いている。現在「中国台頭」のスローガンに突き動かされている多くの人々は、近代以来、西側(とくにアメリカ)が世界秩序を主導していることに反感を抱き、「天下主義」、「天下システム」、あるいは「新天下主義」を声高に叫んでいる。[34] 一部の人は、儒教的「世界」は哲学のレベルの上で境界のない世界、「内」、「外」がなく、「我々」と「あなた達」の違いもなく、すべての人が平等に対峙する世界であり、これをもって「世界秩序」的「天下秩序」にとって替えるべきだとしている。さらにはこの全地球的な統治への呼び声が高まる時代に「国力が日増しに強大となる中国は、儒家思想を継承し、儒教の『天下を一家となす』式の世界観念を復活させるべきだ。この観念は衝突が頻発し、利益が絡み合った世界で公正

と平和を維持するのに適切である」とまで言っている。[35] そのため彼らは歴史を遡ってみるとき、突然中国が歴史上で唯一「昔から戦国時代を終わらせ、天下主義的な文化的文明を樹立し」、「中国の文化的伝統は我々が今日打ち立てようとする天下主義的文化の精神的源泉である」ことを発見するのだ。[36]

この種の心情に同情し理解することはできる。だが問題は、彼らがまた拾い上げたのは「自己中心」的な「天下」イメージであり、「天下の中心」という民族主義的核心と尊大な心情を取り去ることができぬまま、慌ててそれを新たな世界主義の思想と解釈するなら、それは容易に「万国平等」、「四海みな一家」という理念で覆い隠されたまた別種の自己中心主義へと変質するであろう。つまりこうしたいわゆる「天下」という言い方はその見かけをいくら改めようとも、それは古代以来の中国の伝統と歴史を持ちだすだけで、不可避的に「天朝」のイメージを帯びたものとなるいわゆる「一家」という言い方には温情が流れているが、それは「中央」としての記憶から来るだけで、なお中心に居を構え、一切を掌握する「大家長」を必要としている。それは伝統中国の天下秩序を引き出して現代以降の世界秩序のビジョンにとって替わらせることになる。[37]

学術レベルで冷静に「天下」観念について議論し、歴史を背景として儒家の理想を論ずるなら、それは正常なことである。問題は、今の中国で一部の研究者が「天下」の概念について議論し、それに伝統的帝国の観念的背景を委託し、それを現代世界の普遍的制度として解釈しようと試みることであり、[38] さらに問題なのは、最近様々の言論がすでにアカデミックな学術の範囲を越え、政治的側面に参入し、その背後にはかなり複雑な動機や背景が隠されていることである。簡単に言って次のようなことである。

第一は、こうした論議のもつ刺激的エネルギーは明らかに「中国台頭」による興奮と高揚感からきており、それは本来の「韜光養晦《とうこうようかい》」（鄧小平の言葉で、隠忍自重）という理性的戦略を瓦解させ、また本来「万国平等」という秩序の基礎を弱体化させ、さらに一九四九年（中華人民共和国建国）以後、次第に形成されていた「平和共存五原則」（領土・主権の相互尊重、相互不可侵、内政不干渉、平等互恵、平和共存）をも捨て去るものであった。つまり彼らが「天下」の新秩序について述べる時、まるで王小東が言うように、「我々は現在より遥かに多くの資源を管理し、経済的に管理、政治的に指導しこの世界を導かねばならない」と語っているかのようである。[39]

第二に、こうした議論の感情的な要素はしばしば中国が長期にわたって受けた屈辱と圧迫に対する激しい反抗からきている。そのため、中国が次第に強大になるにあたって、すぐに一種の感情を、まさに一部の研究者が述べたように、百年来西側は中国に対して略奪、圧迫、陰謀を試みたが、今や彼らが危機に見舞われており、中国はまさに強大となり、西側を救わねばならず、その結果「未来には中国人が政治的に全人類を統一して世界政府を樹立する」[40] と言っているような感情を生みだしている。

第三に、こうした論議の根拠となっているのは、漢唐大帝国以外では、主にモンゴル族の元、満洲族の清の二つの帝国(とくに後者)である。彼らの想像する歴史の上のこの二つの「中華帝国」は、「異教徒がいない」だけでなく、「明確な地理的限界、また文化的限界もない」ものである。(41)この種の過去の「外がない」帝国は未来の「大同」世界を想像させる。このため彼らは清代公羊学《くよう》を先知のものとし、彼らが古典の中から発掘し、論証を加えたあの「太平の世」、つまり「天下に遠近はない」あの世界が、まるで後世に「五族共和」の現代(多)民族国家の合法性を論証するものと認識し、現在の「中国」が近代ヨーロッパをモデルとする「民族国家」を超越し、現実的合法性と歴史的合理性があるものだとしている。

第四に、こうした議論の政治的基礎は、時にはイデオロギー的支持を得ている。まさに政府当局の身分をも持つある研究者が、国家は「法律構造による実体」であるべきだけではなく、「文化、あるいは文明の実体」であるべきだと強調したところである。そのため今や民族国家システムを乗り越え、文化的意味において「国家」を再建するだけではなく、儒教の古典政治哲学の伝統の中で、より大きな範囲の「天下」(あるいは「文明帝国」と呼ぶもの)を復活させることができるとしている。(42)

まさにこのようにして古典的儒家の、夏・商・周三代の「天下」秩序への追憶と想像、そして公羊学のいわゆる「三世説」(乱世から平世、太平の世に到る)という歴史的論述(43)

が最近の中国の学界において、政治的議論や世界秩序構築を支えるものとして再び発掘、活用されている。

最近多くの研究者が「世界史の中の中国の時」について興奮して議論し、「中国文明の復興にともない、人類は『世界史の中の中国の時』〔二〇〇九年九月『タイム』誌が「中国の時」(China's Moment)号を発行したのに始まる流行語〕に入り、――中国は根本的に世界を改変する」と考え、中には「天下」の理念をまさに世界変革の重要な一環だと改めて主張している者もいる(44)。落ち着いて論じるなら、一部の「天下主義」や「天朝心情」は、開放時代には当然、普遍的価値や普遍的真理という世界主義を受け入れるものとなり、また「多元的一体」の状態でのコンセンサスを含み、他の民族や国家が提供する良い制度、文化、思想を受け入れるものになるかも知れない。だがそれは貧弱な時代の危機意識のなかでは、あるいは台頭状態での慢心の心理状態にあっては、かつての「四夷への蔑み」と「唯我独尊」の民族主義を踏襲し、現代化を通じての富国強兵を導き、天下の覇を争う野心となるかも知れず、そのため文化的には内外を隔て、相手との関係を阻害するものになるであろう。

以上のことから新たな問題が生ずる。つまり中国文化の復興を強調することは、中国文化を「資源」とし、現代文明の「必要」に基づいて、この資源に関する合理的な「選択」について創造的な「解釈」を推進するものとなるのかということである。言葉を換えれば、全世界的文明を受け入れるという前提の下で、「全世界性」と「中国性」、「普遍的価値」と「中国的色彩」を協調させることが可能かということである。もしそれが可能ならば、我々はそこから平和を探求するインスピレーションと思考を探ることができるし、もしそれが不可能なら、大変面倒なこと、つまり「天下」観念が激化され、「朝貢」イメージを本当だと思い込み、「天朝」の記憶が発掘され、おそらく中国文化と国家感情は逆に、全世界的文明と地域的協力に対抗する民族主義(あるいは国家主義)的感情となり、それこそが本当に「文明の衝突」を誘発することになるであろう。

終章　「何が中国か？」の思想史
――論じられた三つの時代

はじめに

本日（二〇一七年六月四日）、雲南大学で講演できることは大変名誉なことです。今日の講演で皆さんとまず議論したいテーマは、なぜ今中国の学界で再び「何が中国か？」ということが議論されているのかということです。

二〇一一年に私は『宅茲《たくじ》中国』を出しました。それ以後、二〇一四年に香港のオクスフォード大学出版局から『何為中国』（何が中国か）を出し、また最近、香港中文大学出版社から『歴史中国的内与外』（歴史的な中国の内と外）を出しました。ここ数年で「中国」ということの概念に関する本を全部で三冊出したわけです。この三冊を出した数年の間に「中国」という言葉が一つのテーマとなり、熱烈に論じられるようになったことに皆さんもお気づきのことと思います。

以前、我々にとって「中国」とは語るべき必要も、議論する必要もない概念でした。

我々は中国文学史、中国思想史、中国宗教史、中国通史などを書いてきましたが、「何が中国か？」ということを専門的に論じることは極めて稀でした。

だがここ数年、私の三冊以外にも「中国」に関する多くの本が出版されました。例えば許宏中国社会科学院考古学研究所研究員は『何以中国』〔なぜ中国か〕という本を出し、古代中国がどうして「満天星斗」〔満天の星〕から次第に「月明星稀」〔月は明るく星影は薄い〕という形になったのかを論じました。この「月明星稀」への過程でどうして「中国」が浮かび上がってきたのか？　皆さんご存知の許倬雲ピッツバーグ大学教授は二〇一五年『説中国』〔中国を語る〕という本を出し、中国というこの複雑な共同体の形成について論じました。この本は元々『華夏論述』という書名で、最初私に「序」を書くように求められましたが、結局「解説」を書くことになり、出版後大きな反響がありました。その他、シンガポールの古参研究者である王賡武シンガポール大学特級教授も『更新中国』、英語版は *Renewal: The Chinese State and the New Global History* を出しました。また香港中文大学出版社は劉暁原バージニア大学教授の『辺疆中国』を、私たちの古くからの友人である李零北京大学中文学部教授も三聯書店から四巻本の『我們的中国』〔我々の中国〕を出しました。以上のように、この「中国」ということが大きな議論のタネとなっているのです。

一　北宋の議論

歴史上、中国ではどういう時代に「中国」について論じられたのか、どういう時に中国人は「何が中国か？」を改めて議論しなければならないのでしょうか。

中国人が「中国」について非常に熱心に議論した三つの時代がありました。最初の時代は北宋でした。私はずっと「安史の乱」(唐代の安禄山・史思明による反乱)の七五五年から「澶淵《せんえん》の盟」(北宋と遼による盟約)の一〇〇四年までのまるまる二百五十年間は中国史において非常に重要な分水嶺であったと考えてきました。「澶淵の盟」以後の思想界を見ると、突然「中国」という文字について多くの議論が現れました。その最も典型的なのが「宋初三先生」の一人である石介で、彼は中国の歴史上最初に「中国論」という名を付けた文章を書きました。石介の「中国論」を一目見れば彼の胸の内で「中国」に対する焦慮がいかなるものであったかを知ることができます。同時に当時「正統論」に関する議論も非常に盛んであったことに気付くでしょう。欧陽脩は『正統論』を書きました。彼の友人たちは欧陽脩と「誰が正統か」という議論を繰り返しました。「誰が中国なのか」「誰が華夏文化の代表なのか」と。同じくこの時期に「春秋学」が非常に盛んであったことにも気付くでしょう。いわゆる「宋初三先生」とは孫復、石介、胡瑗ですが、彼らはなぜ「春秋学」を非常に重視し、また「春秋学」の中でなぜ「尊王攘夷」という観念にとくに注目したのでしょうか。

明らかに彼らは当時北宋が直面していた危機に対応しようとしたのでした。つまり北宋の領域は縮小し、強大な隣国が出現しました。銭鍾書《せんしょうしょ》先生（一九一〇—九八年）の「宋代になって元々八尺あったベッドが三尺の軍用ベッドになった」という有名な譬えがあります。大唐帝国時代の中国は地の果てまで広がっていたが、突然漢族を主とする小さな地域に縮小してしまったのです。当時北方には契丹、西北には西夏、東側には高麗、そのちょっと先には日本、南側には安南がありました。またいうまでもなく、宋代にはすでに外国となった大理がありました。言い伝えでは宋の太祖は玉斧をもって境界線を引き、大渡河（四川省西部の大河）の辺りには関わらないと宣言したそうです。宋代の全期間において雲南は異邦となっており、後に元代に編纂された『宋史』では大理を『外国伝』に収め、元代になってやっと回復したのです。

そこでこの時に、「内」と「外」という問題が出てきました。鄧小南北京大学歴史学部教授はその『祖宗之法』の中で、北宋時代には「胡漢問題」（北西系エスニックグループと漢族間の諸問題）はほとんど解消されていたと述べています。本来内部の問題だった「胡漢問題」は外部との問題、つまり「華夷問題」となったのです。

歴史を顧みれば唐五代では中国という大地での「胡」と「漢」の混合は普遍的なもの

でした。いくつか例をあげるなら白居易〔白楽天〕の祖先は漢人ではありませんでした。劉禹錫〔中唐の詩人〕も漢人ではなく、祖先は匈奴でした。晩唐時代には多数の宰相が胡人の血筋でした。だが、北宋になるとこうしたエスニックグループはみな漢族中国に融合され、多くの人の祖先を遡ると往々にして「太原の人なり」「大名の人なり」「洛陽の人なり」とあります。北宋になると領域内は基本的に同一性が非常に高い一つのエスニックグループとなり、内部での「胡漢問題」はほぼ解決されていたようです。だが外では遼、西夏、大理、高麗に取り囲まれ、深刻な「華夷対峙」となりました。つまり外に強大な相手が現れたため、宋代の君臣ははなはだしく焦慮するようになったのです。そのため「澶淵の盟」が成ってから、北宋は基本的に安定して、大宋と大契丹は共存したのです。その時になって誰が「中国」か、誰が「華夏」か、誰が「正統」かということが大きな問題となりました。

こうしたことから北宋の全期にわたって「中国」の名実の論ということが問題となったのです。みなが繰り返し、いかなるものが「中国」なのか、誰が「中国」であるべきかについて議論しました。当時北宋が対峙していた強敵、契丹の遼は北宋より強大でした。北宋は遼も正統であることを認めていなかったのでしょうか。

ある故事をお話ししましょう。当時遼の国は北宋と交流し、遼は両国間で往来する国書で互いに北朝と南朝と称し、国書には「北朝の皇帝が南朝の皇帝に書を送る」と書いていました。北朝皇帝が南朝皇帝に書を送るとすれば、それこそが「一個中国、各自表述」[1]と言えるでしょう。北宋の皇帝は命令を出し、大臣たちに議論させました。長い議論を経て大臣たちは、国書ではやはり大宋皇帝が大契丹皇帝に書を送るとすべきだと決議しました。なぜなら我々とお前たちは一つの「中国」ではない、お前たちは契丹であり、我々は大宋だということで、それは「一辺一国」[2]を思わせるものです。ここで示された北宋の大臣たちの「中国」観念は「華夷」を峻別するものです。

二　二十世紀上半期の議論

続けて「何が中国か？」が論じられた二度目の時代、つまり二十世紀上半期、ほぼ清末から中華民国の時代について論じなくてはなりません。一八九四年から一八九五年の甲午海戦と馬関条約以後、一九四五年の第二次世界大戦の終結までです。この時期に「中国」と「中華民族」について夢中になって論じられたのは、伝統的帝国が現代的国家へと向かう中で、中国は外部からの脅威がもたらした危機に直面し、内部でも多くの問題が出てきたためです。

まず康有為、梁啓超、蔣観雲を代表として、大清帝国が定めたこの多民族、大領域国家を維持すべきだと考えた人々です。梁啓超が率先して「中華民族」というこの概念を提起したのは、一面で大清帝国が残したエスニックグループと領域を維持し、他の一面で当時国際的に言われた「民族国家」という潮流に順応しようとしたからです。当時の世界の趨勢は「民族国家」を樹立することであり、イタリア人のマッツィーニは「一つの民族は一つの国家、一つの民族だけが一つの国家たりうる」と唱えました。この観念は当時非常に大きな影響力があり、日本を含めこの種の議論が流行りました。だがまさに日本はほぼ単一の民族であり国家であったのに対して、中国は、満洲族、モンゴル族、チベット族、漢族などを含み、単一ではありませんでした。この「民族国家」モデルに符合させるため全体としての「中華民族」を創造しなければなりませんでした。

「中華民族」に対応すべき国家は「中国」であり、それは大清帝国のエスニックグループと領域を継承する中国でした。梁啓超だけでなく康有為も一九一二年の中華民国成立以後、黎元洪に手紙を書き、清朝が苦労して平らげた国土、開拓した領土を失ってはならないと告げていました。これらの人々はほぼ近代史の上で保守派と言われる人たちでした。彼らは清朝に対して多かれ少なかれ一定の心情を抱いていたばかりでなく、大清の残した領域を分裂させてはならないと感じていました。

もう一派、つまり「革命派」の章炳麟、孫文、朱執信、汪精衛らはその逆でした。ご存知の通り清末の革命家は「駆除韃虜　恢復中華」のスローガンを叫んでいました。彼らは最初、漢族による一つの中国を回復しようとし、漢族民族主義を革命への動員力としたのです。彼らは、明朝の滅亡以後、中国は滅びたと言っていました。中国は誰に滅ぼされたのか。それは満清の「韃虜」であり、だから「韃虜」から中国を解放すべきだとしたのです。そのため彼らは新しい国際情勢を背景に漢民族の「民族国家」を打ち立てようとしたのです。彼らはそうであってこそ「中国」だと考えたのです。章炳麟の『正仇満論』や『中華民国解』をご覧ください。この二篇の文章から読み取れるのは、彼らの心中にあった「中国」は漢族の国家だということでした。そのゆえに章炳麟は、蒙古、満洲、新疆、チベットはどうでもよい、我々のこの血統と満、蒙、蔵、回はみな別のもので、むしろ朝鮮人、安南人、日本人にさらに近いとまで言ったのです。結局最初の目標は漢族の「中国」を回復することでした。

　この未来の「中国」についての二つの構想の衝突は極めて激しいものでした。だが面白いことは、革命派は天下を平らげたのですが、保守派の考えを受け入れざるを得なかったことです。みなさんは「清帝遜位詔書」〔清帝の退位詔勅〕をすでにお読みでしょうが、そこで中国の「五族共和」の維持が求められていたことです。一九一二年、孫文は臨時大総統就任に際しての演説で、「五族共和」を受け入れました。その理由は複雑で、多くを語る必要はないでしょう。その後、一九一七年ごろ別の人が、中国を「五族」と呼ぶべきではなく、「六族」だと言い出したのです。なぜなら西南にはまだ多くの「苗彝」〔南方の苗族、彝族〕がいたからです。そこで中華民国が清朝と交代した時、中華民国は厖大な領域と異なるエスニックグループを包括する大清帝国の天下を維持せざるを得なかったのです。こうしたことから深刻な問題が出てきました。それは多くの民族、多くの信仰を持つ民衆の生活を一つの共同体、つまり「中国」にどう収めるのかという問題でした。

当時中国に対する日本の影響は非常に大きく、後の京都帝国大学教授の矢野仁一のように、中国は本来一つの国家ではなく、中国は長城以内にあるべきで、関外〔長城外〕、つまり満洲、蒙古は別の国々だと言ったのです。この主張は明治時代に始まりました。当時の日本は中国の領土に意図を抱いており、彼らは、中国はいくつかの国家に分けられるべきだと考えていました。日本の明治・大正期、一部の政客や研究者は、中国は長城以南にあるべきで、漢族の「中国」を守っているべきか、分裂して列強に管理されるべきかだと提案しました。有賀長雄の「支那保全策」、尾崎行雄の「支那処分案」は大きな影響力がありました。だが注意すべきは、日本の中国への影響は一面で非常に強いものの、一方でそれが引き起こした反発も激しいものだったことです。一八九四年に日本と中国の海戦が発生して以後、中国は上から下まで広く中国の未来の敵、脅威は日本から来ると認識しました。日本の世論が中国は分裂すべきだと強調する時、中国は逆に分裂に抵抗し、国土の一体性を守ろうとしたのです。

二十世紀の三〇年代に入り、中国は一息つくことができるようになり、主権と領土を守ろうとする意識はさらに高まりました。まさにこのときに日本は中国への侵略を始めました。一九三一年の「九一八事変」から中国と日本で「満蒙」を巡る論争は一層激しいものとなりました。すべての中国人研究者はみな大一統の中国を強調、満、蒙、蔵、回のエスニックグループとその領域は中国に属することを強調しました。だが日本は逆に満蒙を中国から切り離そうとしたのです。

明治以来、日本の学界は常に日本と朝鮮、満洲、蒙古の歴史的、言語的、人種的、文化的関連性を追求してきたため、不思議なことに日本の研究者は満蒙に対して「〔我が〕国土の如し」という感覚を持つようになり、それが明治、大正年間には朝鮮、満洲、蒙古の研究が非常に盛んになった原因であり、それはまた彼らの侵略的野心を刺激しました。そこで第二次世界大戦中、日本は東亜を連合させ英米植民地主義に反対するという旗を掲げ、侵略活動を進めました。

だが中国を四分五裂にしてしまうという日本のやり方は逆に中国の多民族領域を守ろうとする決意を刺激したのです。そこで二十世紀三〇年代に中国領域史、民族史、辺疆〔国境地帯〕に関する研究熱が高まり、現在なお使われている「中国民族史」、「中国疆域史」〔「疆域」とは国境付近の領域のこと〕の多くは当時執筆されたものです。著名な歴史学者の傅斯年は『東北史綱』を書き、また『中華民族是整体』〔中華民族は一つの統一体〕を書きました。顧頡剛は西北を視察し、「中華民族是一個」という文章を書きました。

皆さんご存知のように、一九三九年ここ雲南で激烈な論争が起きました。顧頡剛、白寿彝、傅斯年ら歴史を学ぶものは、中国は「統一体」だと考え、民族学者による民族識別に反感を持ちました。民族識別をする呉文藻、費孝通らは国内の各民族が自我意識をもつことを許し、中国を分裂させ、帝国主義に口実を与えるものだとさえ述べたのです。この学術的指向から政治的偏向への傾斜は、この時期の歴史学者と民族学者の間に微妙な立場の違いを生み出したのです。私は一九九〇年代に費孝通の回想録を読みました。費は、後に顧頡剛らの考えを理解し、民族識別が当時の外敵の脅威の下での中国の内部分裂に影響を与えることを心配し、そのため自分からそういう話をすることはやめたと述べています。

明らかに一九三九年の論争は統一中国を守るためのもので、非常に大きな現実的な圧力となったのです。その圧力を前に、学術上の不一致は傍らに押しやらざるをえず、全国、全民は一致して、統一中国を守るほかなくなったのです。

清末から中華民国までの期間の最後に、「中国」と「中華民族」に関する二冊のもっとも重要な著作が現れました。その一冊は蔣介石の『中国の命運』〔一九四三年発表〕です。『中国之命運』の最も重要な観点は、中華民族は一つの大家族で、各民族は大家族の分枝で、その源流は一つで、すべてが「親人」〔身内〕である、その故に中華民族、中国は完全に整合するものであるはずだということです。もう一冊の一番重要な著作は、現在読む人や取り上げる人は少ないのですが、河南大学法学院教授であった羅夢冊〔一九〇六—九一年〕の『中国論』〔一九四三年〕です。彼がこの『中国論』で言おうとしたことは現在の一部の研究者と非常に似ており、中国は一つの文明で、帝国のようでもなく、国家のようでもなく、我々こそがまるまる文明であり、この文明こそがまさにみなが一まとまりであることなのだ、と述べています。

三　現在の議論

そこでこの議論の三回目が現在ということになります。多くの人は、なぜ今「何が中国か？」をまた論じなければならないのかと尋ねることでしょう。現在の観念からいえば「中国」とは中華人民共和国であり、領土は九百六十万平方キロ、民族は五十六、人口約十四億、そうしたことに疑問の余地はないようです。なぜ今また「何が中国か？」を論じるのでしょうか。

ご存知の通り中国は台頭してきました。しかし台頭はどんな問題をもたらしたのでしょうか。国力が高まった以外に、外と内の双方での問題があります。外について言えば、中国の台頭に当たって中国と世界で通用している国際秩序の間で一定の衝突が起きます。ケーキを改めて分配すべきか？　利益を改めて調整すべきか？　喩えて言えば混み合った車があり、車には五、六人しか乗れないとします。この五、六人はみな行儀よく立って落ち着いています。だが今や大きく太ったもう一人の新たな乗客が突然乗り込んできて、それまで各自が占めていた空間に変化が生じます。そうなると衝突が起きないでしょうか。皆がその場を占有してきた空間を守りながら、新しい秩序を打ち立てねばならず、それは自分のためにも新しい国境を定めることです。これが一面です。

また別の一面、内部でも問題が起きることもあります。国家が発展を続ける一方で、地域格差、都市・農村格差、社会格差、エスニックグループ間の格差が激化しています。不均衡な情況下では内部のアイデンティティにも問題が出てきます。なぜ皆がこの国家を自分たちのアイデンティティにしなければならないのか、何をもってアイデンティティとするのか、いかなる共通認識の上にそのアイデンティティがあるのか？

ハンチントンの *Who are we?*（『分断されるアメリカ――ナショナル・アイデンティティの危機』鈴木主税訳、集英社、二〇〇四年）を読んだ人は分かると思いますが、アイデンティティの問題は非常に重要です。もし新しいアイデンティティの基礎がなければ、変化した国家はその安定と秩序を確立することは困難です。そこから三つの問題が出てきます。第一に、我々が改めて認識しなければならない歴史上の中国とはいかなるものか、第二に、現在我々はいかなる国家なのか、第三に、未来の中国と世界はいかに共存していくのか。そこで学術界は、「何が中国か？」「中国はどうあるべきか」という問題を討議しているのです。

明らかに学術問題には現実的背景から来る刺激があります。アメリカのハーヴァード大学の会議で各方面の研究者が集まり、ドアを閉めて長時間の討論をしました。参加者は自分達が、政治学者でも経済学者でも、ましてや法学者でもなく、中国の経済、政治、法律に関する問題について、はっきりした発言はできないと感じていましたが、その一部の問題が、中国人の焦慮を引き起こす原因となることが分かりました。いかなる焦慮か？　数えてみると十の非常に重要かつ手が焼ける問題があるようです。

最初が一九九〇年代に出てきた東北工程〔中国東北部（旧満洲）の歴史、領域に関する中国側の研究プロジェクト〕と高句麗問題です。これは中国と南北朝鮮の間で問題となっています。第二は、釣魚島〔尖閣諸島〕と東海〔東シナ海〕海底ガス田に関する日本との争い。第三は、新疆東トルキスタン問題。第四は、チベット問題。第五は、多分多くの人は注目していないでしょうが、内外モンゴル問題。内外モンゴルについて問題がないわけではありません。第六は、中国とインドの国境〔原語「辺界」〕と領土をめぐる問題。第七は、南海〔南シナ海〕問題。第八は、それに続く台湾、第九は、香港問題。ヒマワリ〔台湾での民主化を要求する学生運動〕であれ、雨傘〔香港での民主化要求運動〕であれ、手が焼ける問題です。そして最後の十番目は、中国内部の地方、宗教、民族問題で、これは中国の整合性に関するアイデンティティの問題です。これらが私の言うトラブルなのです。

これらを整理すると三つの種類に分けられます。一つは民族問題、一つは周辺問題、そして国際問題です。それらの問題はすべて私たち歴史研究者の思索を刺激するもので、中国がいかに自分の位置を定め、どうやって自分をそこに落ち着かせるかという問題で、それらは私たちが「何が中国か？」を論じるバックグラウンドとなっているのです。

こうした背景があり、それは学術界に対して「何が中国か？」という問題に注目せざるをえなくしています。ハーヴァードの中国基金会のパネルディスカッションに参加しました。私の記憶では、討論の結果として何人かが提起した重要問題のキーワードは、一つは領域、一つはエスニックグループ、一つは信仰、一つは国家、そしてもう一つがアイデンティティでした。今日ここでの議論も、実際のところこれら五つのキーワードに関するものです。

本題に戻るなら、我々は結局のところ歴史研究者であり、焦慮することがあればこの国家、あるいは歴史的問題にその病因を探すことになります。だが明らかにしておかねばならないのは、我々は病因を診断する医師であり、メスをとって手術をする外科医ではないことです。メスをとり手術するのは政治家の仕事ですが、我々には皆に、歴史的に我々の現在の苦境がいかにしてもたらされたかを告げる責任があるのではないでしょうか。これが今日ここで「何が中国か？」を論じる重要な理由なのです。

四　歴史問題を議論する必要性

それでは、もし我々がこうした歴史問題を議論しなければどんな結果となるでしょうか。第一に、もし歴史学者がこれらの問題をきちんと議論しなければ、中国の領土について固守されてきた「古来」（古来我が国の領土）という観念に皆を慣れさせてしまうでしょう。

皆が知っているように主権、領土、国民、そして政府と制度というのが現代国家の要素です。中国の領土や国境のことになると、皆は「自古以来彫」（古来彫大）という言葉に慣れていて、それで十分だとしているようです。しかし、領土の合法性の問題となると、この「自古以来彫」という万能のお宝も余り効果がなくなるのです。なぜか？　それは伝統的な帝国の領域は変動してきたからです。

あなたも、そして彼も「古来」と言うでしょうが、その「古来」というのはどこまで「古」ければいいのでしょうか。唐代、吐蕃と大唐は明確に境界を分け、互いに統治することはありませんでした。宋代、雲南と大宋はどちらの側も一国でした。もしいわゆる「古来」という根拠が様々なら、皆がそれぞれのことを言ってきたことになります。

私は最近アジア各国の歴史教科書にとくに注目しています。韓国の歴史教科書を見るなら、一部の教科書は、長江以北はかつて高麗の領土であったと述べています。なぜなら韓国では高句麗、高麗、百済、新羅は女真と関係するエスニックグループだと考えられているからです。宋代の洪皓《こうこう》（宋代の官僚。金国に出仕を請われても拒否。忠臣として知られる）は『松漠紀聞』の中で、ワンヤンアクダ（完顔阿骨打）（金の初代皇帝）は本来高麗人で、女真人は彼が有能なことを認め、その首領として戴いたと述べています。ご存知の通り金国は北宋を滅ぼし、長江のあたりまで征服しました。だから長江以北は確かにある時期に金国の領土でした。

さらにベトナムの教科書を見ると古来長江以南は全部ベトナムのものだとしています。なぜか？　ベトナムはベトナム族、白《ペー》族、甌越《おうえつ》、南越などもすべてベトナム人で、古代ベトナム人は確かに長江以南の広大な地域に広がっていました。笑い話をするなら、もし長江以南がベトナムのもので、長江以北が朝鮮のものなら中国は身をおく場所がなくなるのでしょうか。そこでもし領域の変化、再編、移動の歴史過程をきちんと説明せず、単に「古来」という概念を用いても問題を解決することはできません。

第二に、もしこれらの問題をはっきりさせなければ、歴史研究、とくに中国研究の中にきわめて固定的な中心と、その周辺という意識を生み出すことになるでしょう。もし極めて固定的な中心とその周辺という立場をとるなら、それは意識的、無意識的に周辺の意味を軽視し、歴史的にも自分が中心であったと思うことになります。

今日は雲南におりますので、雲南を例としてあげましょう。ここ二十余年来、なぜ西側学界であんなに多くの雲南(当然貴州や広西も含む)に関する著作が出ているのでしょうか。たいへん驚いたことに、その中の一冊ははっきりと雲南は漢文化の周辺にあっただけでなく、漢、吐蕃、天竺、東南アジア、いわゆる西南夷の各種文化が溶け合う中心であったと述べています。もし我々が雲南を見る角度を変え、雲南を「中心」として見るなら、雲南の歴史的な意味や扱い方は多分大きく異なるものとなるでしょう。同じく皆さんが知っているアメリカの「新清史」(序章一八頁参照)の一部研究者は、十八世紀以前の新疆は大清帝国の辺疆ではなく、ジュンガル、ロシアと大清が交錯する中心であるとしています。ではこうした議論にどう返答するのか。もしあなたが視点、立場を変えず、中心と辺疆を「固定化」するなら、多分過去の歴史書に書かれた枠組みを変更できず、新しい資料や文献を見つけることが難しくなるでしょう。

第三に、もしこの理屈が分からなければ、歴史の研究に頭の痛い問題が起きるでしょう。皆さんご存知の通り、史学界における研究分野の区分は非常にはっきりしています。中外関係史、辺疆史地、民族史などです。明らかにこの区分方法は現代の中国の領土と国境に照らした区分です。一般的に見ればみなこれに慣れています。境界内は民族史、境界外は中外関係史で、中核的地区は「内地」、境界に接するところは「辺疆」とされています。

しかしここに一つの問題があります。中国の領域の確定を現代中国の領土、つまり我々の現在の九百六十万平方キロの歴史上の中国としていることです。そこでは中外関係史と民族史が簡単に切り分けられています。しかしこの境界線は古代の辺疆ではなく、現在の国境です。もし歴史の中に戻り、中心や辺地がそんなに固定していなかったことを見れば、この辺疆の歴史や地理に問題が出てきます。辺疆というのは現在の辺疆なのか、それとも古代の辺疆なのか。当時傅斯年は雲南にいたとき「軽々しく辺疆という言葉を使ってはならない」と言っています。当然我々の現代の中国にも辺疆があり、非常に標準化された国境と辺疆があります。しかし歴史上ではそう見ることはできません。

例えばかつて陝西省西部、甘粛省東部の地方は、現在はすでに中国内部と見られています。だが中古の宕昌《とうしょう》（現在の甘粛省隴南市）を研究すれば、そこは中原王朝の朝貢国で、当時は国境の外にありました。同様に明代になり、いわゆる「九辺」（長城北部に沿って設けられた九つの鎮）とはどこのことだったのか。非常に長期にわたって敦煌でさえ明代の中国の内にはありませんでした。「嘉峪《かよくかん》関外は吾土に非ず」と言うように、嘉峪関の外はみな中国ではありませんでした。だから歴史、国境、中心を語るのに固定化し過ぎてはならず、現在の国家をもって歴史を遡ってはならず、歴史過程の中で中国の領域の変遷を見るという立場を堅持するべきです。

五　常に変動してきた中国の「内」と「外」

そこで、我々が議論している「何が中国か?」ということから「内」と「外」という問題まで追究しなくてはなりません。中国の内と外は常に移動し変化してきました。ご存知の通り秦の始皇帝が中国を統一し、中国の基本的枠組みを定めたということに問題はありません。

二つの話をいたします。私が最近出版した『歴史中国的内与外』(香港中文大学出版社、二〇一七年)の最初でこの二つの話を引用しています。一つは、『漢書・西域伝』に秦の始皇帝が「攘却戎狄、築長城、界中国」(戎狄を駆逐し、長城を築き、中国と界する)と言ったとあります。これはどういう意味でしょうか? つまり秦の始皇帝は夷狄を追い払い、長城を築き、中国の国境を定めたということです。では古代の長城は本当に中国の境界だったのでしょうか。現代の歌詞(作詞・閻肅、作曲・孟慶雲の「長城長」。一九九〇年代初期に流行)では長城の両側がともに「中国」となっています。この二つの中国は、古代中国と現代中国では同じではありません。そのゆえに歴史に沿って中国を見るならその一部は、外国がしばしば中国となったもので、「外」が少しずつ「内」となったり、また逆に一部の地方は外国となり、「内」が「外」となったりしたのです。

これが歴史の過程です。私は日本の研究者である桑原隲蔵《じつぞう》と宮崎市定の一部の見方にたいへん賛成です。桑原はかつて、中国の歴史の全体では、簡単に言えば北方の胡人が常に南下し、北方の胡人は常に漢化されたと言っています。これは少し単純化し過ぎています。私が一言補うなら、中国の歴史の大勢は確かに北方の胡人が常に南下し、確かに北方の胡人は南下の過程で常に漢化されましたが、北方の漢人も常に胡化されてきました。北方の漢人は胡人に圧迫され常に南下し、そこで南方の夷人も常に漢化されました。だが南下した漢人も夷人の影響下で常に夷化されました。漢化、胡化、夷化、それが相対的に完全な歴史の過程でした。いま人々は「漢化」ということをタブー視しており、政治的に当然正しく〔ポリティカリー・コレクト〕あらねばなりません。だが漢化、胡化、夷化などは存在し、双方向のものであることは客観的なことであると見てはいけないのでしょうか。

その他、七、八十年前に宮崎市定は、中国の歴史では常に二つの主義が争ってきた、つまり素朴主義と文明主義の力競べで、素朴主義は純粋、純朴で、文明に汚染されていない民族が常に漢族の中国に進入し、漢族の中国は言う所の文明的で、非常に煩瑣複雑な礼儀の文明であり、常に素朴主義の民族を薫陶してきた、この二つの主義は互いに競争し融合してきたと言っています。これには道理があり、当然単純化されています。だが中国の歴史の上でこのような例は非常に多く、中国のエスニックグループと領域が不断に外部を内に納め、そして中国に変えてきたことに気付くでしょう。その中で重要な時代は、モンゴルの元は別にして、清代なのです。

ご存知のように清代に現代中国のエスニックグループと領域が定まったのですが、ここで議論している「何が中国か?」という問題にもっとも多く関係し、また討論されたもっとも重要な時代はほかでもない清代なのです。同じく注意すべきは、なぜ「新清史」熱が高まっているのかということも実際この点と大きく関係しています。もし宋朝と明朝は相対的に漢族が建て統治したので漢族の王朝となったと言うなら、その領域は基本的に秦漢が定めた中核的区域を基本的に守るものでした。宋朝はさらに小さく、明朝は基本的に十五省で、伝統的な「中国本部」(China Proper「中国本土」)でした。この「中国本部」という言葉を使う時に注意すべきは、以前顧頡剛がこれは日本人が陰謀を企んででっち上げたもので、中国を伝統的な漢族地域に制限しようとしたものだと言ったことです。

だが清代は同じではなく、大清帝国はまったく大したものでした。ヌルハチの天命九年(一六二四年)ホルチン部を降伏させ、その後ホンタイジの天聡九年(一六三五年)チャハルを滅ぼして蒙古八旗を設け、同崇徳七年(一六四二年)には漢軍八旗を設けました。彼らはまだ山海関を越えていませんでしたが、すでに満、蒙、漢の三つのエスニックグループを包含する帝国となっていました。

順治元年（一六四四年）になると山海関を越え、康熙二十二年（一六八三年）には澎湖島と台湾を回復し、明代中国のすべての空間より大きくなりました。清帝国は実際に満、蒙、漢を兼ね具え、万里に跨がる大帝国となり、康熙二十七年（一六八八年）には漠北のハルハ蒙古三部が清朝に帰順しました。康熙二十九年（一六九〇年）から同三十五年（一六九六年）にジュンガルを負かし、内外モンゴル、青海のすべてを大清帝国の版図に納めたのです。最後は乾隆二十二年（一七五七年）イリに進入、同二十四年（一七五九年）にはカシュガルへ進入、大清帝国は満、蒙、漢、回を一体とするスーパー大帝国となりました。

そのほか、清朝の雍正年間に西南の苗彝地区で「改土帰流」（序章九頁参照）を行い、西南全体を帝国統治下の州府県庁と戸籍制度に編入し、これで中国は満、蒙、漢、回、苗からなる大帝国となりました。次がチベットで、元代、明代にもチベットを統治する策略はあったのですが、ご存知の通り、雍正六年（一七二八年）に「駐蔵弁事大臣衙門」が設けられ、乾隆五十六年（一七九一年）に侵攻してきたグルカを敗北させ、「蔵内善後章程」を制定、福康安がラサに行き「金瓶掣籤《きんぺいせいせん》制度」（序章九頁参照）を定めるようになって、やっとチベットは本当に中国に納められ、大清帝国はここからその偉業を完成し、満、蒙、漢、回、蔵、苗を合わせ得た大きな枠組みと領域を定めたのです。

しかし帝国には帝国としての悩みがあり、帝国は異なる政治、経済、文化制度で異なる地区やエスニックグループを管理しなければなりませんでした。清朝には内地十六省を管理する六部があり、蒙古、回部、チベットを管理する理藩院があり、盛京（現在の瀋陽）三将軍が管理する東北（満洲）がありました。だが国家の同一性と国民の同一性を追求する現代国家にとって、この種の制度はかなり大きな困難に直面することになりました。中華民国、中華人民共和国が大清帝国のこれらの遺産を継承した後にも、伝統帝国が残した問題は、現代中国にとっても同じような問題となったのです。あの帝国時代にあった地域は外部から内部に変わり、次第に中国に納められました。

このような歴史で形成された領土に合法性がないとは言えません。なぜなら、いかなる現代国家もみな伝統的国家から変身してきたもので、近代国家の国民と領土は歴史の変遷を経てきたものだからです。だが、伝統的帝国から近代国家へいかに転換するか、異なるエスニックグループを近代的国民にいかに転換させるか、伝統的に変動してきた領域をいかにして現代の明確な領土とするか、過去のエスニックグループと地域のアイデンティティをいかに近代国家のアイデンティティに転換させるのか。こうした問題がなお存在します。

実際のところ歴史上で伝統中国が周辺を呑み込み、古代中国で外国を中国に変えたところが多くあるだけでなく、中国から外国に、つまり「内」が「外」になったところもありました。多くの例をあげるまでもなく、西域は現在の新疆から中央アジア一帯で、漢、唐はここを制圧しましたが、宋代になって管理しきれず、明代にさらに難しくなり、中国から外国になりました。同じように安南の大部分は秦漢時代すでに郡が設けられていましたが、北宋以後は独立国家になり、明朝の永楽帝〔成祖〕は再び郡県化しようと何度も派兵し、確かに交趾都指揮司、承宣政使司、提刑按察使司を設け、四十八州、百六十八県、三百余万戸を管理しましたが、宣徳年間〔一四二六―三五年〕になってやはりその独立を認めざるを得ませんでした。『明史』の中で成祖は大寧を、宣宗は安南を、世宗は哈密《ハミ》と河套《かとう》を捨てたとあることを記憶しています。「放棄」の「棄」の字を使ったことから、中国の多くの地方が歴史上「内」から「外」へと変わったことが考えられます。あの偉大な清朝ですら土地を喪失したことがあるのです。たとえば、西のバルハシ湖、イシク湖、ザイサン〔宰桑〕湖、タンヌオラ〔唐努烏梁〕海〔モンゴル国北西部〕、さらに東の外興安嶺からサハリンまでの広大な土地をみなロシアに持っていかれました。

私が言いたいことは、歴史上の中国について現代中国の版図や領土を歴史的に遡らせては絶対にいけないということです。歴史上の中国の中心は相対的に安定していましたが、その周辺は常に動いてきました。もし現在の領土をもって頑固に歴史に遡らせるなら、とくに私たちのような歴史を研究するものにとって、多くの深刻な問題が発生するかも知れません。我々が歴史研究をやっているのを、無理矢理にお前は民族史だ、彼は中外関係史だ、などと区分けされたら、そこにある歴史問題はどうするのでしょうか？　例えば国境に跨がって住む民族のことはどう書くべきなのでしょうか？　延辺の朝鮮族は民族史として、鴨緑江のあたりは中外関係史とすることには多くの問題があると思いませんか。

六 「中国」の「内」と「外」をどう考えるのか

ここで「中国」とは何なのかという問題を要約するなら、結局のところ「中国」の「内」と「外」をどう考えるのかということです。

思うに、我々には我々が判断する角度があります。最近国際学界で流行している一つの見方があります。ベネディクト・アンダーソンの『想像の共同体』(『定本 想像の共同体――ナショナリズムの起源と流行』白石隆他訳、書籍工房早山、二〇〇七年)が出てから、皆は一つの見解、つまり「民族国家は近代が打ち立てたものである」という考え方を受け入れました。だが西側にあってもそれ以外の異なる理論、例えばアントニー・スミスの *National Identity*(『ナショナリズムの生命力』高柳先男訳、晶文社、一九九八年)は、この見解に反駁しています。実のところ、理論からではなく歴史から見れば、ひたすら構造論ばかりであるか、あるいはひたすら本質論ばかりの意見で、いずれも一方をなおざりにしております。歴史上、民族国家は本質的、中核的な一面をもっているとともに、創り上げられ、想像された一面もあるのです。その両面を結合させねばなりません。

そこで我々が言いたいのは、まず中国は想像から出てきた共同体ではないということです。秦漢が基本的な中核的領域を定めて以来、この「中国」はずっと存続してきたわけですから、歴史の上で中国を理解する必要があるのです。当然のことながら中国の内と外も不断に変化してきました。だが、世界の他の地区に比べれば中国、とくにその中核的地域の政治、文化、社会は相対的に安定性を具え、それが現在の中国に影響を与えている重要な要素です。次いで我々は、この中核的地域の安定が維持され、秦漢以来主として拠り所にしてきたもの、一に制度、二に文化、三に社会があり、当然ながら共通の歴史があることを認識すべきです。この点が欧州と同じではないため、中国が伝統国家から近代国家への転換——帝国から民族国家への転換ではないことに注意してください——において中国と欧州とは同じではないのかも知れません。重ねて強調したいのは、漢族は現在の中国で非常に大きな中核的エスニックグループになっていますが、その漢族も混合、融合してできたもので、純粋の漢族なるものはないことです。

最後に、歴史上の中国は変遷と拡張を経ています。その中国は植民地を持った一つの帝国でもあったこと、またかつて自分たちこそが世界唯一の普遍的文明だと考えていたことを認めなければなりません。近代以後になって天変地異が起きました。我々が普遍的文明としてきた華夏文明は、それ以外の異域である西側文明に取って代わられたのです。異域とその文明は本来地域的なものでしたが、近代以来それが普遍的文明になったのです。我々が普遍的文明と考えていたものが逆に地域文明になってしまったのです。これは歴史的変遷の大勢であり、この点を理性的に認識しなければなりません。

七　問題意識はどこから来たか、またどういう方向から答えるのか

ここではじめの問題に戻ります。我々はなぜ「何が中国か？」を今議論しているのでしょうか。歴史学の角度から言えば、我々がこの問題を討論した問題意識はどこから来たのか、またそれにどういう方向から答えるのでしょうか。

第一は、我々の問題意識は中国の歴史学界でのここ数年来の「中国」「中国史」、さらに「民族史」に関する討論から来ているものです。歴史学界は中国史についていかなる内容を扱うべきでしょうか。なにかエスニックグループやその空間の歴史に及ぶべきでしょうか。過去には非常に多くの論争がありました。例えば譚其驤（一九一一—一九九二年）先生、白寿彝（一九〇九—二〇〇〇年）先生は基本的に、現代中国の九百六十万平方キロの領土で起きたことはすべて中国の歴史だということで同意しています。これが主流の見方でした。譚先生は偉大な歴史地理学者で『中国歴史地図集』を編纂なさいました。そして白寿彝先生は「文革」の後にもっとも大部な『中国通史』四十巻の主編を務められま

した。彼らも基本的にこの見方、つまり我々の中華人民共和国の領土で発生した歴史はすべて中国の歴史としました。

しかしこの他に孫祚民〔一九二三―九一年〕を代表とする研究者たちは、歴史上の中国は絶え間なく変化し、すべてを中国の歴史とするわけにはいかず、歴史上一部の地方は外国であり、そのエスニックグループは異族であり、中国には徐々に変化する歴史過程があると考えました。

当然のことですが、前者の主張の目的は現代中国の不可分性を守るためであり、政治上の合理性はあります。だがこの主張は一部の問題を無視しています。第一に、費孝通先生の「多元一体」という言葉を例とすれば、「多元」性は歴史的にも現実のことで、「一体」というのはまだ建設中で完成モデルではないことであり、この変化の歴史過程を認めるべきなのです。第二に、この見方は簡単に「中国」を「百川帰海」〔様々なものが一つに帰する〕の歴史だとし、歴史上一部の地域が「外国」になり、一部の地域が「中国」になり、周辺諸国との紛争となることを軽視しています。ご存知のように、現在〔北〕朝鮮、韓国、モンゴル、ベトナム、ミャンマー、さらにタイとも、我々の歴史記述について多くの論争があります。第三に、もし現代中国を古代中国と同じと考えるなら、漢族が多く、その他すべては「少数民族」という固定的な見方となります。そのため我々の「民族史」研究は往々にして漢民族のことには言及せず、その他の民族のことだけとなってしまいます。かつて一部の民族が建てた王国と中原の王朝との関係が国際関係であったということを無視することにならないでしょうか。この問題は改めて議論することができます。我々の「何が中国か？」との議論は、歴史学界が中国史をいかに書くかという問題にも答えることになると思うのです。

第二は、中国の政治的分野からの問題に答えることです。今言ったように、政権の合法性、領土の神聖性、エスニックグループの統一性を論証するために、我々は「古来中国は厖大」ということに時折頼り過ぎて、古代の領域と現代の領土の違いを無視することです。注意すべきことは、古代について「疆域」という言葉を使い、現代について言う時に我々は「領土」と言いますが、古代の疆域と現代の領土は全く別のことなのです。同時に、この区別をしなければ政府と国家の違い、あるいは王朝と「中国」の違い、さらに歴史と現実の違いさえも混同することになってしまいます。そのため、我々は、ある程度まで中国の政治的分野での一般的習慣や固定化している観念にも対応しなければなりません。

だが、さらに重要なのは第三点です。我々が「何が中国か？」について議論することは、国際学界における一部の疑問や観点に対応するものでもあります。現在国際的に流行している歴史観と歴史学の研究方法は、我々にとって大きな衝撃となっています。たとえば「グローバルヒストリー」（中国語で「全球史」）ですが、それは基本的に国境を超越し、関連する全体的な歴史について語るものです。この「グローバルヒストリー」では、「中国」という概念、「中国」を基本単位とする研究にしばしば疑問が投げかけられているのです。他にも、ポストモダン、ポストコロニアル、ポスト構造主義のような言い方で、過去の歴史研究の中の多くの基本的単位、例えば国家、民族、史実はみな「書写」〔書かれた〕されたもの、「構築」され、「想像」されたものだとしています。

グローバルヒストリーは過去の歴史観念に疑義を提起し、我々の歴史研究にも衝撃を与えるものです。例えば最近我々に挑戦している蒙元史や清史があります。ご存知でしょうが、日本の本田実信元京都大学教授、杉山正明元京都大学教授、岡田英弘元東京外国語大学教授は伝統的見解を覆すような見方、つまり十三世紀から十四世紀は「モンゴル時代史」と呼ぶべきで、「元朝史」と呼んではならないとし、過去に「元朝史」と呼んだものは中国を基礎、あるいは中心としているが、あの時代は世界史とすべきで、中国史だけで研究してはならないとしています。アメリカの「新清史」が提起した挑戦は、つまり清史を歴代王朝史の一つとしてだけでなく、「グローバルヒストリー」という背景の中におき、その周辺の意味、大清帝国内部の漢族本部と周辺異民族との関係の重要性のバランスをとり、漢族中心の重要性をこれ以上強調せず、また清王朝は漢化の成功によって統治を実現したとは認めず、満洲族清朝が政治的に満洲族の本来の特色を維持したことを強調しています。

八　結論

最後に、私の結論を申し上げましょう。

「中国」に関する三冊の本を書き上げ、これ以上この分野の著述をするつもりはなく、私が慣れ親しんできた本業へと戻るつもりです。いま申し上げたように、ここ数年私は友人たちと多くの時間を費やして「何が中国か？」について議論してきました。それは当然歴史的、学術的、また政治的背景が刺激となっていました。そのことになんの疑問もありませんし、ここではこれ以上は申し上げませんが、「何が中国か？」という問題についての最終的ないくつかの見方をまとめておきましょう。

第一に、私は、中国は歴史的過程の中で形成され、歴史上の領域は不断に移動してきたことを強調いたします。我々は、現在の中国の領土とエスニックグループをもって歴史を遡って現代中国のすべてのエスニックグループ、領域と歴史を歴史上の中国のものとしてはならないことを強調します。

第二に、私は、秦漢以来中国は中核的区域の政治的区域、行政制度と、非常に強大な文化的伝統を形成し、また華夏観念、内外観念、さらに非常に強大な中国の歴史的意識を形成してきたことも強調します。

第三に、我々が覚えておかねばならないのは、この中核的区域における「中国」も混合したものであり、それと王朝はかならずしも一致しないことを認めるべきです。本来のエスニックグループ、政治、文化は積み重ねられては凝固し、さらに積み重ねられて凝固するといったことを何度も繰り返した過程の結果で、言葉を換えればエスニックグループと文化が「南下、そして南下」して完成したものです。同じようにこの歴史の中で中国は、かつては帝国であり、征服をし、植民をした、世界の他の帝国と同様のものでした。

第四に、清代以後、中国は伝統国家から近代国家へと転換したのですが、この転換はかなり困難、かつ特殊なものでした。そこには一つの脈絡だけでなく、二つの交錯する脈絡がありました。その一つは「天下から万国へ」〔唯一の天下から世界に多くの国があることに気付いたこと〕で、もう一つは「辺疆を中華に納める」ということでした。この二つの脈絡を合わせることで、現代中国の形成とそれによりもたらされた巨大な問題を理解できるようになるのです。

第五に、まさにこのようなことから、近代国家であり天下の帝国という複雑な性格を併せもつ現代中国は当面の国際秩序の中で多くのトラブルに直面しています。これらのトラブルをどう処理するかには政治家の高度の智慧が必要です。これは歴史研究者が解決できることではありません。

あとがき

これは辻康吾先生の励ましによって編纂された小著である。私はこの書を通じて日本の読者に、一人の中国人研究者がいかに「中国」、「中国史」、「中国文化」を理解しているかを分かっていただきたい。また一人の中国の研究者がいかに理性的に中国とその周辺の現実を分析しているかを理解していただきたい。各国の研究者が歴史と現実に向き合う時、みな民族の立場、文化的心情を抱くことは避けがたいことであることは認める。しかし一人の学者が学者と呼ばれうるのは、その立場や感情の上で、歴史を遡る知識と理性的な思考能力を持っているからである。

本書に収めた序章、第六章、終章は本来いろいろなところでの講演や報告であるが、本書のために前後を整え、本書に収める時、多くの修訂を加え、一部の資料を増補しただけでなく、意識して各章が相互に対応するようにし、通底する一つの内容があるように考えた小著である。

次のことを説明しておきたい。

序章「『中国』の歴史的成り立ちとアイデンティティの混迷」は二〇一二年十一月二

十二日Korea-Academic Research Council(Seoul)が主催したA Series of Special Lectures by Distinguished Scholarsでの講演を改編したもの。原題は「歴史、文化、政治――『中国』の歴史的成り立ちとアイデンティティの混迷」。

第一章「世界観――古代中国の『天下』から現代世界の『万国』へ」は清華大学、復旦大学の「古代中国文化講義」の講義録であり、アメリカ・ミシガン大学における比較文学部で講演したもの。『古代中国文化講義』(台北、三民書局、二〇〇五年)所収。

第二章「国境――『中国』の領域についての議論」は中国深圳で『南方都市報』が企画したある座談会での講演。二〇〇七年八月二十二日『南方週末』に発表。

第三章「『中華民族』の由来――二十世紀上半期の中国知識界の曲折」は、二〇一三年『中国再考』初版の原稿を岩波書店に提出後、補筆の上、二〇一四年同書の華文版『何為中国――疆域、民族、文化与歴史』に第三章「民族――納『四裔』入『中華』(辺疆を中華に納める)」として収録。

第四章「歴史――長期的に中国文化を考える」は二〇一二年十一月二十三日、Korea-Academic Research Council(Seoul)が主催したA Series of Special Lectures by Distinguished Scholarsでの講演録を修訂したもの。原題は「重層し、凝固し、断続するもの――歴史から中国文化をみる」。

第五章「周辺――十六、十七世紀以来の中国、朝鮮、日本の相互認識」は韓国の東北アジア歴史財団(二〇〇七年)、日本の関西大学(二〇〇八年)、タイのバンコク「アジア未来フォーラム」(二〇一三年)での数回の講演を総合したもの。

第六章「現実——中国と西側の文化の相違は衝突に到るか」は二〇一二年十一月、中華文化促進会と太平洋文化基金会共催の北京における「両岸人文対話」での発言稿。未発表。

終章「『何が中国か?』の思想史——論じられた三つの時代」は、二〇一七年六月四日雲南大学での講演記録。

第一—六章は『何為中国』に収録。

岩波書店の協力に感謝したい。この世界的に著名な出版社がこの小著の出版を希望し、私の中国、東アジアに関する一部の見解を日本の読者の理解を得られるように、またこれが中日研究者間のより理性的な交流と学術対話を促進してくださったことに感謝したい。

二〇二一年三月

葛　兆　光

解説　彷徨する中国

辻　康　吾

浅学非才を顧みることなく私が本書の出版に関わったのは、いくつかの偶然によるものであった。第一は北京の書店で著者の葛兆光教授の『宅茲中国』(北京、中華書局)を見付け、その難解な書名に好奇心をそそられ手に取ったことである。第二は、半解ながらも本書を一読し興味を覚え、二〇一二年に私の監修で出版された『しあわせ中国』(新潮社)の原著者である陳冠中氏との話の中でこの本に触れたところ、陳氏は葛教授の知己ということでその紹介を得て、上海でお目にかかることができたことである。そして葛教授から『宅茲中国』の日本での訳出の同意を得たが、専門書である同書の出版は難航したため、著者から改めて論集の形での出版の提案があった。幸い岩波書店の同意を得て、本書の翻訳、出版の運びとなった。言わば偶然からでた本書の日本での翻訳出版ではあったが、その後の情勢を見るにつけても、本書をいま日本で訳出することの意味が極めて大きくなったことに私自身が驚いている。

というのもこの間、日中の国家関係はかつて東西の陣営に分かれていた国交正常化以前ですらなかったような険悪な状態に落ち込み、多くの人々にとって「中国とはなんだったのか？」ということを改めて真剣に考えるべき状況になってきたからである。つまり冷戦時代、あるいは国交正常化以後の友好時代を通じて最近まで様々な考えはあったとしても、それぞれに比較的安定した中国観を抱くことができた。だがここにきて、どんな中国観を抱くにしろ、それらを根底から考えなおす必要が痛感されるようになってきた。喧々諤々《けんけんがくがく》の議論の中でいま必要とされているのは、それぞれの見解や展望の違いは当然としても、共有されるべき客観的、冷静な中国認識である。この点において、本書で著者が示した実証的な中国の歴史像は、中国について考える人々にとっての共通の出発点となるのではないだろうか。

当たり前のように使われている「中国」とはなにか。その領域、民族、文化について多少なりとも真剣に考えると、たちまち大きな困惑に陥る。それほどに中国の時間的、空間的存在は巨大、かつ錯綜し複雑である。本書はこの「中国」と呼ばれるものを再考し、「中国」像再建の前提を明らかにしようとするものである。著者の博覧強記に感嘆し、研究者として客観的に描かれている中国の歴史的実像を理解するだけでなく、なにを普遍性、特殊性とするかはともかく、本書では他の世界とは異なる中国のもつ特殊性から来る多くの課題が提起されている。それらを前提に二十一世紀初頭の現在の中国を考えてみたい。

まず「中国の領域」について著者は「変化する中国」という言葉で「中国」とされる領域が拡大、縮小、分裂を続けてきたことを指摘し、その領域について歴史上のある時期の領域を以て現代中国の領域を説明すべきではなく、また現代中国の領域を以て「中国」の歴史的領域に遡らせてはならないとしている。と同時に伝統的な「大至無辺」(広大無辺)な天下観念を抱きながらも、宋代には国境を設け、他国と対等な貿易関係が結ばれるなど、ある意味では時代的には後になって西欧で形成される民族国家的な国家形態が現れたものの、その後の元朝、清朝の異民族による征服王朝が登場したことによって再び「天下」と「国家」が不分明のまま近代に至ったとしている。

「中国の民族」についても、長い歴史の過程で多様な民族の競合、混在、融合が繰り返されながら完全に融合することなく現在の多民族国家となった。観念的にはともかく、単一民族としての「中国(中華)民族」なるものは実態としては存在せず、今なお域外の民族にも及ぶ多くの問題が残されている。

そして「中国の文化」も同様に、多様な文化が融合、交雑したものであり、これを特定の時期、民族のものだけに固定し、敷衍することはできないとしている。にもかかわらず古代から常に漢族を中心に大きな求心力をもつ一つの「中国文化圏」が形成、継承されてきたことが強調されている。この中国文化の内実は多様であり、多元的でありながらもその中心地域はほぼ変わらず、「中国」と他地域とはあい異なるものとして存在してきた。しかしそれは今日、中国国内、あるいは海外の一部で主張されるような儒教による単一文化ではなく、多くの文明、文化との接触を経て、とくに近代以降に流入してきた海外文明をも含めて変動を続ける文化なのである。

歴史上の是非の評価や主張よりも実証性を一貫して重視している本書ではあるが、この中国文化、とくに現在の文化動向についてはかなり明確な主張、というよりも警告を発している。王朝中国の崩壊からすでに百余年、その後の激動を経て中国は、なお多くの問題を残しながらも近代国家としての形態と経済力をようやく手にした。とりわけ文化大革命以後の大転換を経ていまや急速な経済的発展と国力の増大によって国際的比重を増すとともに、新たな自己認識が求められるようになった。そして国内的、国際的に様々な願望と圧力が強まる中で、狭隘な民族主義、伝統的というより歴史的情念として潜在する「天下主義」が世論、学術、ひいては国策にも強く反映されていることへの危惧が訴えられている。

つまり「領域」については隣接諸国を近代国家として国境協定を結びながら、同時に当面の尖閣諸島、南シナ海、中印国境の紛争のみでなく、「固有の領土」、「核心的利益」という曖昧な言葉で領有権(というより武力使用をも含めた権威圏)の回復を主張する中国の姿勢には多くの国々が疑惑を抱いている。現在の中国の領域が基本的に多民族・征服王朝としての清朝の版図を継承するものであり、さらに歴史的情念として歴代中華帝国への執着、広大な中華帝国の夢の復活を願う向きもあるようだ。さすがに中近東から東欧に及んだモンゴル帝国の復活とまでは言わないまでも、観念の中での国境がない帝国から、現在の国境をもつ近代国家群の一員への転身がなお完成していないようである。

そして著者が本書第六章の末尾で、中国文化が世界文明と適合できなければ「大変面倒なこと、つまり『天下』観念が激化され、『朝貢』イメージを本当だと思い込み、『天朝』の記憶が発掘され、おそらく中国文化と国家感情は逆に、全世界的文明と地域的協力に対抗する民族主義(あるいは国家主義)的感情となり、それこそが本当に『文明の衝突』を誘発することになるであろう」と述べているような危機の到来が危惧されている。

実はまったく別の分野でこの問題に触れている中国人研究者がいる。中ソ関係史の権威である沈志華華東師範大学歴史学部終身教授は最近「『中国と周辺国家』という言い方には不適切なものがあり、中国が中心であるとの印象を与える。それは中国と隣国の関係をどう定めるかという問題であり、今後は『中国と隣国』と改めたい」(中国のウェブサイト「共識網」二〇一三年十二月二十二日)と語っている。この発言も、少なくともアジア地域における中国のアイデンティティ問題について多くを示唆するものである。

「民族」についても、かつての漢・唐帝国のように圧倒的な軍事、経済、文化力によって国境を設けず、多様な民族や文化をほぼ無条件で許容できた時代はとっくに終わり、その栄光のみが歴史的記憶の残像として政治的理念となり、国民の情念の支えになっている。だが現在「中華民族の偉大な復興」が叫ばれる一方で、チベット、新疆、モンゴルなどの民族紛争は絶えるどころかむしろ激化している。歴代王朝時代には、民族問題について様々な紛争があったものの、かなり長期にわたって相対的に安定した民族関係が維持された時期があった。辛亥革命以後の近代中国ではいまだに「中華民族」なるものは形成されていない。愚見ではあるが単一民族として描かれる「中華民族」を構想するよりも、多民族国家であることを積極的に認め、異なるアイデンティティを包含することを前提とする新たなアイデンティティや政策が必要なのではないだろうか。

そして「文化」問題についてはすでに触れたように著者は「中国文化」と呼ぶべきものが存在し、それが歴代政権の範囲と基本的に重複してきたことを指摘している。もし「中国」という存在を客観的に主張するならば、それは領域でも、民族でもなく、その文化こそが「中国」だということになるのだろうか。だが、その文化を当今流行りのソフトパワーと言い換えてみると、当面の中国が国際的にもつソフトパワーは衰弱し、たとえ超革命的であったにしろあの毛沢東時代にも及ばないのではなかろうか。

ともあれこうした諸問題・課題や展望を踏まえて中国近代史を振り返ると、中国の「自分探しの旅」はなお彷徨を続けている。清末以来の康有為、孫文、蔣介石、毛沢東ら英雄の壮図はすべて未完成に終わり、その夢が潰えるたびに多くの犠牲が払われてきた。一九四九年以降の新国家建設の段階でも、「中国はいかなる国家となるべきか」という問題は解決されていない。建国当初の新民主主義に始まり、ソ連型社会主義の導入、強引な中国式社会主義への移行、その極致としてのコミューン国家の建設、その後の「中国の特色ある社会主義」については、その内実を巡っていまだに対立、抗争が続いている。対外的にも中国は大国なのか、開発途上国なのか、社会主義国なのか、資本主義国なのか、ひいては帝国なのか、近代国家なのかと議論されるこの頃である。またその彷徨の過程で指導者、指導グループ間の権力の争いが繰り返し現れることにも問題があるようだ。いま描かれている「中華の夢」はそうした問題への回答となるのだろうか。近代中国のアイデンティティ上の彷徨の過程に深く関わってきた日本にとっても、これまで以上に真の中国を理解することが重大な課題となっている。本書の訳出がそのようがとなることを願っている。

余談になるが、上海で発行されている読書雑誌『書城』の二〇一三年十二月号から葛教授自身による家史の連載が始まっている。その第一回によれば、福建省福州の名家である葛家の祖先についてある伝説がある。『明史』に記載があるように永楽十八年(一四二〇年)、南海の島国である麻刺朗国の国王が中国に朝貢し、帰途福建で病死した。陪臣の一部は福州に残り王の喪を守った。その一人が葛家の祖先だったとされている。その真偽はさておき、葛家はその後も福州の名家として続いてきたという。邸宅は今、福州の観光地点になっている。私は一九八〇年、建国後初めて外国人記者に開放された福建省を訪れたが、地元の幹部は私たちに「台湾との往来は長らく北京によって禁止されていたが、最近では交流できるようになって喜んでいる」と語ったのでびっくりし、北京との距離を感じた。葛家にも古来開放的であった福建の血が流れているのであろうか。

末尾になり恐縮だが、本書の訳出にあたり著者の葛教授から与えられた多くの教示、助言に深く感謝したい。またすでに述べたように浅学非才の私を助けて下さった獨協大学の永田小絵准教授、字句の考証について貴重な助言をいただいた舩越國昭氏など、多くの人々の協力によって本書はようやく形をとることができた。そして、東西世界の古代から現代に及ぶ広範な論述を綿密に整頓して下さった岩波書店の林建朗氏の労苦に感謝したい。

二〇一四年一月

追記

二〇一四年に発行された岩波現代文庫『中国再考　その領域・民族・文化』は版を重ね、また「第二十六回アジア・太平洋賞大賞」(二〇一四年　一般社団法人アジア調査会)を受賞するなど、多くの関心を集め、日本の中国研究に一石を投じるものとなった。同書出版後、その中文版として『何為中国——疆域、民族、文化与歷史』(Oxford University Press China, 2014)が出版され、その機会に著者の葛兆光教授は「民族——納『四裔』入

『中華』」と題する論文をその第三章として加筆した。また二〇一七年葛教授はこの分野での研究を総括するものとして雲南大学で「什麼時代中国要討論〝何為中国〟？」と題する講演を行った。この論文と講演はそれぞれ「『中華民族』の由来――二十世紀上半期の中国知識界の曲折」と「『何が中国か？』の思想史――論じられた三つの時代」という邦訳タイトルで岩波書店『思想』誌の二〇一六年六月号と同誌二〇一八年六月号に訳載されている。今回の『完本　中国再考』の発行にあたり上記の論文と講演を同書の第三章と終章として収録した。なお完本版発行に際し多少の字句の加筆、訂正を行った。

すでに邦訳、発表されているこれらの資料を収載して「完本」として一体化したのは、葛教授が論究してきた「何が中国か？」という設問の重大性が一層高まってきたためである。いうまでもなく文化大革命終結後、近代化政策へと大転換した中国は、経済、軍事面などにおいて急速な成長を遂げ、その国際的比重もかつてなく高まっている。だがその中国とはいかなる存在なのか、あるいはいかなる存在であるべきかという問題に、中国自身を含めそれを見詰める世界も困惑しているというのが現実であろう。本書はこの「何が中国か？」という問題に立ち向かう前提として、歴史がもたらしたその多元性、複雑性、多様性を理解すべきであるとし、その基本的構造を明らかにしている。おそらくここが中国に関連する多くの問題を考える出発点となるであろう。なお歴史学者としての葛教授の研究活動は広範かつ多岐にわたっているが、「何が中国か？」という本書の課題へと至る業績としては『中国は〝中国〟なのか――「宅茲中国」のイメージと現実』(原題『宅茲中国』橋下昭典・佐藤実共訳、東方書店、二〇二〇年十二月)が出版されている。

末尾になるがこの『完本 中国再考』の上梓にあたっては旧版と同様、林建朗氏と舩越國昭氏に多大なご協力をいただいたことを記したい。また岩波書店の中西沢子氏にも複雑な編集作業で大きなご尽力をいただき感謝している。

二〇二一年八月

(つじ こうご/現代中国論/現代中国資料研究会代表)

岩波現代文庫［学術］

G435
宗教と科学の接点
河合隼雄
「たましい」「死」「意識」など、近代科学から取り残されてきた、人間が生きていくために大切な問題を心理療法の視点から考察する。〈解説〉河合俊雄

G436
増補
軍隊と地域
―郷土部隊と民衆意識のゆくえ―
荒川章二
一八八〇年代から敗戦までの静岡を舞台に、矛盾を孕みつつ地域に根づいていった軍が、民衆生活を破壊するに至る過程を描き出す。

G437
歴史が後ずさりするとき
―熱い戦争とメディア―
ウンベルト・エーコ
リッカルド・アマデイ訳
歴史があたかも進歩をやめて後ずさりしはじめたかに見える二十一世紀初めの政治・社会の現実を鋭く批判した稀代の知識人の発言集。

G438
増補
女が学者になるとき
―インドネシア研究奮闘記―
倉沢愛子
インドネシア研究の第一人者として知られる著者の原点とも言える日々を綴った半生記。「補章　女は学者をやめられない」を収録。

G439
完本
中国再考
―領域・民族・文化―
葛兆光
辻康吾監訳
永田小絵訳
「中国」とは一体何か？　複雑な歴史がもたらした国家アイデンティティの特殊性と基本構造を考察し、現代の国際問題を考えるための視座を提供する。

2021.11

岩波現代文庫［学術］

G430
被差別部落認識の歴史
―異化と同化の間―
黒川みどり

差別する側、差別を受ける側の双方は部落差別をどのように認識してきたのか――明治から現代に至る軌跡をたどった初めての通史。

G431
文化としての科学／技術
村上陽一郎

近現代に大きく変貌した科学／技術。その質的な変遷を科学史の泰斗がわかりやすく解説、望ましい科学研究や教育のあり方を提言する。

G432
方法としての史学史
―歴史論集1―
成田龍一

歴史学は「なにを」「いかに」論じてきたのか。史学史的な視点から、歴史学のアイデンティティを確認し、可能性を問い直す。現代文庫オリジナル版。〈解説〉戸邉秀明

G433
〈戦後知〉を歴史化する
―歴史論集2―
成田龍一

〈戦後知〉を体現する文学・思想の読解を通じて、歴史学を専門知の閉域から解き放つ試み。現代文庫オリジナル版。〈解説〉戸邉秀明

G434
危機の時代の歴史学のために
―歴史論集3―
成田龍一

時代の危機に立ち向かいながら、自己変革を続ける歴史学。その社会との関係を改めて問い直す「歴史批評」を集成する。〈解説〉戸邉秀明

2021. 11

G425
岡本太郎の見た日本
赤坂憲雄

東北、沖縄、そして韓国へ。旅する太郎が見出した日本とは。その道行きを鮮やかに読み解き、思想家としての本質に迫る。

G426
政治と複数性
―民主的な公共性にむけて―
齋藤純一

「余計者」を見棄てようとする脱‐実在化の暴力に抗し、一人ひとりの現われを保障する。開かれた社会統合の可能性を探究する書。

G427
増補 エル・チチョンの怒り
―メキシコ近代とインディオの村―
清水透

メキシコ南端のインディオの村に生きる人びとにとって、国家とは、近代とは何だったのか。近現代メキシコの激動をマヤの末裔たちの視点に寄り添いながら描き出す。

G428
哲おじさんと学くん
―世の中では隠されているいちばん大切なことについて―
永井均

自分は今、なぜこの世に存在しているのか？友だちや先生にわかってもらえない学くんの疑問に哲おじさんが答え、哲学的議論へと発展していく、対話形式の哲学入門。

G429
マインド・タイム
―脳と意識の時間―
ベンジャミン・リベット
下條信輔
安納令奈 訳

実験に裏づけられた驚愕の発見を提示し、脳と心や意識をめぐる深い洞察を展開する。脳神経科学の歴史に残る研究をまとめた一冊。〈解説〉下條信輔

2021.11

岩波現代文庫［学術］

G419
新編 つぶやきの政治思想
李 静和
秘められた悲しみにまなざしを向け、声にならないつぶやきに耳を澄ます。記憶と忘却、証言と沈黙、ともに生きることをめぐるエッセイ集。鵜飼哲・金石範・崎山多美の応答も。

G420-421
ロールズ 政治哲学史講義（Ⅰ・Ⅱ）
ジョン・ロールズ
サミュエル・フリーマン編
齋藤純一ほか訳
ロールズがハーバードで行ってきた「近代政治哲学」講座の講義録。リベラリズムの伝統をつくった八人の理論家について論じる。

G422
企業中心社会を超えて
―現代日本を〈ジェンダー〉で読む―
大沢真理
長時間労働、過労死、福祉の貧困……。大企業中心の社会が作り出す歪みと痛みをジェンダーの視点から捉え直した先駆的著作。

G423
増補 「戦争経験」の戦後史
―語られた体験／証言／記憶―
成田龍一
社会状況に応じて変容してゆく戦争についての語り。その変遷を通して、戦後日本社会の特質を浮き彫りにする。〈解説〉平野啓一郎

G424
定本 酒呑童子の誕生
―もうひとつの日本文化―
髙橋昌明
酒呑童子は都に疫病をはやらすケガレた疫鬼だった――緻密な考証と大胆な推論によって物語の成り立ちを解き明かす。〈解説〉永井路子

G414
『キング』の時代
―国民大衆雑誌の公共性―
佐藤卓己

伝説的雑誌『キング』――この国民大衆誌を分析し、「雑誌王」と「講談社文化」が果たした役割を解き明かした雄編がついに文庫化。〈解説〉與那覇 潤

G415
近代家族の成立と終焉 新版
上野千鶴子

ファミリィ・アイデンティティの視点から家族の現実を浮き彫りにし、家族が家族であるための条件を追究した名著、待望の文庫化。「戦後批評の正嫡 江藤淳」他を新たに収録。

G416
兵士たちの戦後史
―戦後日本社会を支えた人びと―
吉田 裕

戦友会に集う者、黙して往時を語らない者……戦後日本の政治文化を支えた人びとの意識のありようを「兵士たちの戦後」の中にさぐる。〈解説〉大串潤児

G417
貨幣システムの世界史
黒田明伸

貨幣の価値は一定であるという我々の常識に反する、貨幣の価値が多元的であるという事例は、歴史上、事欠かない。謎に満ちた貨幣現象を根本から問い直す。

G418
公正としての正義 再説
ジョン・ロールズ
エリン・ケリー編
田中成明
亀本 洋
平井亮輔 訳

『正義論』で有名な著者が自らの理論的到達点を、批判にも応えつつ簡潔に示した好著。文庫版には「訳者解説」を付す。

2021.11

G409
普遍の再生
—リベラリズムの現代世界論—
井上達夫

平和・人権などの普遍的原理は、米国の自国中心主義や欧州の排他的ナショナリズムにより、いまや危機に瀕している。ラディカルなリベラリズムの立場から普遍再生の道を説く。

G410
人権としての教育
堀尾輝久

『人権としての教育』(一九九一年)に「『国民の教育権と教育の自由』論再考」と「憲法と新・旧教育基本法」を追補。その理論の新しさを提示する。〈解説〉世取山洋介

G411
増補版 民衆の教育経験
—戦前・戦中の子どもたち—
大門正克

子どもが教育を受容してゆく過程を、国民国家による統合と、民衆による捉え返しとの間の反復関係(教育経験)として捉え直す。
〈解説〉安田常雄・沢山美果子

G412
「鎖国」を見直す
荒野泰典

江戸時代の日本は「鎖国」ではなく「四つの口」で世界につながり、開かれていた——「海禁・華夷秩序」論のエッセンスをまとめる。

G413
哲学の起源
柄谷行人

アテネの直接民主制は、古代イオニアのイソノミア(無支配)再建の企てであった。社会構成体の歴史を刷新する野心的試み。

G404
象徴天皇という物語
赤坂憲雄

この曖昧な制度は、どう思想化されてきたのか。天皇制論の新たな地平を切り拓いた論考が、新稿を加えて、平成の終わりに蘇る。

G405
5分でたのしむ数学50話
エアハルト・ベーレンツ
鈴木 直訳

5分間だけちょっと数学について考えてみませんか。新聞に連載された好評コラムの中から選りすぐりの50話を収録。〈解説〉円城 塔

G406
デモクラシーか 資本主義か
—危機のなかのヨーロッパ—
J・ハーバーマス
三島憲一編訳

現代屈指の知識人であるハーバーマスが、最近十年のヨーロッパの危機的状況について発表した政治的エッセイやインタビューを集成。現代文庫オリジナル版。

G407
中国戦線従軍記
—歴史家の体験した戦場—
藤原 彰

一九歳で少尉に任官し、敗戦までの四年間、最前線で指揮をとった経験をベースに戦後の戦争史研究を牽引した著者が生涯の最後に残した「従軍記」。〈解説〉吉田 裕

G408
ボンヘッファー
—反ナチ抵抗者の生涯と思想—
宮田光雄

反ナチ抵抗運動の一員としてヒトラー暗殺計画に加わり、ドイツ敗戦直前に処刑された若きキリスト教神学者の生と思想を現代に問う。

2021.11

G399
テレビ的教養
―一億総博知化への系譜―
佐藤卓己

「一億総白痴化」が危惧された時代から約半世紀。放送教育運動の軌跡を通して、〈教養のメディア〉としてのテレビ史を活写する。〈解説〉藤竹 暁

G400
ベンヤミン
―破壊・収集・記憶―
三島憲一

二〇世紀前半の激動の時代に生き、現代思想に大きな足跡を残したベンヤミン。その思想と生涯に、破壊と追憶という視点から迫る。

G401
新版 天使の記号学
―小さな中世哲学入門―
山内志朗

世界は〈存在〉という最普遍者から成る生地の上に性的欲望という図柄を織り込む。〈存在〉のエロティシズムに迫る中世哲学入門。〈解説〉北野圭介

G402
落語の種あかし
中込重明

博覧強記の著者は膨大な資料を読み解き、落語成立の過程を探り当てる。落語を愛した著者面目躍如の種あかし。〈解説〉延広真治

G403
はじめての政治哲学
デイヴィッド・ミラー
山岡龍一
森　達也　訳

哲人の言葉でなく、普通の人々の意見・情報を手掛かりに政治哲学を論じる。最新のものまでカバーした充実の文献リストを付す。〈解説〉山岡龍一

2021. 11

岩波現代文庫創刊二〇年に際して

二一世紀が始まってからすでに二〇年が経とうとしています。この間のグローバル化の急激な進行は世界のあり方を大きく変えました。世界規模で経済や情報の結びつきが強まるとともに、国境を越えた人の移動は日常の光景となり、今やどこに住んでいても、私たちの暮らしは世界中の様々な出来事と無関係ではいられません。しかし、グローバル化の中で否応なくもたらされる「他者」との出会いや交流は、新たな文化や価値観だけではなく、摩擦や衝突、そしてしばしば憎悪までをも生み出しています。グローバル化にともなう副作用は、その恩恵を遥かにこえていると言わざるを得ません。

今私たちに求められているのは、国内、国外にかかわらず、異なる歴史や経験、文化を持つ「他者」と向き合い、よりよい関係を結び直してゆくための想像力、構想力ではないでしょうか。

新世紀の到来を目前にした二〇〇〇年一月に創刊された岩波現代文庫は、この二〇年を通して、哲学や歴史、経済、自然科学から、小説やエッセイ、ルポルタージュにいたるまで幅広いジャンルの書目を刊行してきました。一〇〇〇点を超える書目には、人類が直面してきた様々な課題と、試行錯誤の営みが刻まれています。読書を通した過去の「他者」との出会いから得られる知識や経験は、私たちがよりよい社会を作り上げてゆくために大きな示唆を与えてくれるはずです。

一冊の本が世界を変える大きな力を持つことを信じ、岩波現代文庫はこれからもさらなるラインナップの充実をめざしてゆきます。

（二〇二〇年一月）

完本 中国再考――領域・民族・文化　　葛兆光

2021年11月12日　第1刷発行

監訳者　辻《つじ》 康《こう》吾《ご》

訳　者　永田《ながた》小絵《さえ》

発行者　坂本政謙

発行所　株式会社 岩波書店
〒101-8002 東京都千代田区一ツ橋 2-5-5

案内 03-5210-4000　営業部 03-5210-4111
https://www.iwanami.co.jp/

印刷・精興社　製本・中永製本

ISBN 978-4-00-600439-2　　Printed in Japan

人名索引

人名の配列順は，カタカナの人名を前に置き，漢字の人名は姓を日本語読みした場合の五十音順，同音の場合は筆画数順，半濁音・濁音は後置．太字は当該人名が章・節のタイトルの一部になっている箇所．

ア 行

カ 行

サ 行

タ 行

ナ 行

ハ 行

事項索引

事項の配列は五十音順．太字は当該事項がタイトルの一部になっている箇所．

ア 行

カ 行

サ 行

タ 行

ナ 行

ハ 行

マ 行

ラ 行

ワ 行

原　注

序　章

（1）葛兆光『宅茲中国 ── 重建有関「中国」的歴史論述』(北京：中華書局，2011年．台北：聯経出版事業公司，2011年)．同書は韓国語版がある(2012 by Geulhangari Publishing Co., Seoul, Korea)〔日本語版については訳注序章〔3〕参照〕．

（2）私は『中国思想史』2巻本の最終章の最後の一節「1895年の中国」で，1894年の「甲午敗戦」〔日清戦争の敗北〕と1895年調印の「馬関〔下関〕条約」は，中国思想史，また中国史上最大の転換点であったと指摘した．葛兆光『中国思想史』第2巻(上海：復旦大学出版社，2003年)，531-550頁．

（3）『史記』(北京：中華書局，1959年)巻六「秦始皇本紀」，239頁．『礼記・中庸第三十一』の中ではこの理想を「天下車同軌，書同文，行同倫」〔車は同じ幅，書は同じ文字，行動は同じ倫理〕と総括している．『十三経注疏』(中華書局影印本，1980年)，1634頁．

（4）「王覇道雑之」は漢の宣帝の言葉．『漢書・孝元帝紀』に「宣帝作色曰：漢家自有制度，本以覇王道雑之，奈何純任徳教，用周政乎？」〔宣帝は厳しく「我が漢朝には自分の決まった制度がある．本来仁義と法制を合わせたもので，純粋に道徳的教育によるいわゆる“周代”の伝統を用いることができようか」と言った〕とあるのを見よ．「独尊儒術」は董仲舒が元光元年(前134年)武帝に建議したもの．『漢書』巻五十六「董仲舒伝」に，「今師異道，人異論，百家殊方，指意不同，是以上亡以持一統……臣愚以為諸不在六芸之科，孔子之術者，皆絶其道，勿使並進」〔いま知識人の考える「真理」，各人の「議論」は様々でございます．各学派にはみな独自の理論があり，その意図も一様ではありません．そのゆえ統治者は思想のないまま国家を治め

統一します．……思いますに儒家の六芸に入らぬもの，儒家の思想に属さぬものはすべて禁止し，彼らが朝廷に入る機会を与えてはなりません〕とあるのを見よ．2515 頁．この建議はあるところまで漢の武帝が採用し，中国思想の主流を定め，後に「罷黜百家，独尊儒術」〔百家を退け，ひとり儒家のみを尊しとする〕に統一された．

（5） 二十四史を見ると，元代に書かれた『宋史』になってはじめて「外国伝」，「蛮夷伝」若干があり，「外」と「内」がはっきりと分かれている．それは現代の「国家」意識にも似たものであった．

（6） 宋代，周辺は強敵に囲まれていた．まさに米国のモリス・ロッサビ（Morris Rossabi）が編集した宋代国際関係の論文集の書名が *China among Equals* であることに示されているように，この時代から「中国棋逢対手」〔中国は好敵手にめぐり合った〕（ある人は「互角の力を持つ国々の中の中国」と訳している）となった．またその副題が *The Middle Kingdom and Its Neighbors, 10th–14th Centuries* であることもまさにそのことを示唆している．この時代，中国は強大な隣人の中にいることをはじめて意識した．Morris Rossabi ed., *China among Equals: The Middle Kingdom and Its Neighbors, 10th–14th Centuries*〔『中華帝国とその隣邦 10–14 世紀』〕, University of California Press, Berkeley, 1983.

（7） 葛兆光「“中国”意識在宋代的凸顕 ── 関於近世民族主義思想的一箇遠源」，原載『文史哲』2004 年第 1 期．『宅茲中国』収録，北京：中華書局，2011 年．第 1 編第 1 章，41–65 頁．

（8） 『隋書・東夷伝・倭国伝』に記載．当時日本の国書には「日出処天子致書日没処天子無恙」〔日出ずる処の天子，日没する処の天子に書を致す．恙無しや〕と記されていた．『日本書紀』巻二十二「推古天皇」（《日本古典文学大系》68『日本書紀』下，岩波書店，1965 年）〔現在はオンデマンドブックス，2017 年〕，189–191 頁．またある日本の研究者は，日本は天武天皇

の時期(673-686年)「大王」に替えて「天皇」の称号を使い(唐高宗上元元年，674年に「天皇」と称した)，それは中国皇帝と対等にするためで，中国の冊封を受けていた新羅国王よりも高い位置にあり，自国の地位を確立しようとしたものと考えている．『詳説日本史研究』(山川出版社，2008年)，59頁を見よ．

(9)　川添昭二『蒙古襲来研究史論』(雄山閣，1977年)は，この侵入事件は重大な征服や植民という結果をもたらさなかったが，日本人の心理に大きな影をなげかけることになったと指摘している．26-28頁．それゆえ，以後，1293年の前後，日本の文献には各種各様の蒙古来襲時の想像や伝聞が現れた．たとえば『蒙古襲来絵詞』(京都東山御文庫蔵，2巻)，室町時代と江戸時代には臨済宗僧侶の瑞渓周鳳『善隣国宝記』(1470年訂補)の記載，儒医の松下見林『異称日本伝』(上中下三巻，1688年の自序有り)の記載，津田元顧(?-1784年)の『蒙古襲来記』，その養子の津田元貫(1734-1815年)の『参考蒙古入寇記』などがある．それ以後更に大量の著作が生み出され，たとえば『元寇始末』，『蒙古寇記』，『蒙古諸軍記弁疑』，『元寇記略』などがある．内藤湖南は，蒙古襲来の刺激と足利義満の統一の意義を強調し，「応仁の乱は日本文化独立の契機であった」と考えた．そして後宇多天皇(1267-1324年)など南朝系に改革思想があったので日本は文化的に独立に向かおうとする内在的要因があり，他方蒙古の中国統治と日本への襲来と大敗北と撤退は日本に「神霊之国」との自信と，中国を超越したという考え方をもたせたが，これは外来的要因であると考えた．連清吉『日本近代的文化史学家 —— 内藤湖南』(台北：学生書局，2004年)に内藤のこの思想についての比較的明確な論述がある．

(10)　明の武宗正徳11年(1516年)ポルトガル人のラファエル・ペレストレロ(Rafael Perestorello)が船で中国に来航し，西洋東進の序幕を開いた．鄭鶴声『中国近世史』の「近世中西史日対照表・自序」(《民国叢書》第四編第75冊，上海書店出版社影

印本)はこのポルトガル人の中国到来の年を中国近世史の始まりとし,「明末以来, 海運が大いに発達し, 欧米の文明がどっと東来したことによって, そこから多くの国際問題が発生し, あらゆる活動について世界各国との関係が生まれるようになった」と述べている.

(11) 米国のリン・A・ストルーブ(Lynn A. Struve, 司徒琳)は明代の帝国が有効に支配した範囲は15省に過ぎず, モンゴル, 回部, 満洲, 朝鮮はなおざりにされ, 清代になってはじめて大きな変化が起きたと指摘している. 司徒琳編『世界時間与東亜時間中的明清変遷』(趙世瑜らの中訳本, 北京:三聯書店, 上下, 2009年), 下巻「引言」3頁.

(12) 実際のところ天聡9年(1635年)に蒙古八旗が成立し, 崇徳7年(1642年)漢軍八旗が成立した. 山海関を越える以前の後金《こうきん》〔清の前身〕はすでに満, 蒙, 漢の混合帝国であった.

(13) 『清史稿』巻五十四「地理一」(北京:中華書局)に, 大清帝国は「東極三姓所属之庫頁島, 西極新疆疏勒至于葱嶺, 北極外興安嶺, 南極広東瓊州崖山, 莫不稽顙内郷, 誠係本朝」〔東の果ては三姓《さんせい》(清朝の東北部辺境にあった都市名)に属する樺太, 西の果ては新疆疏勒《そろく》(東トルキスタンの都市カシュガル)から葱嶺《そうれい》(パミール高原の中国での古称), 北の果ては外興安嶺(シベリア南東部スタノヴォイ山脈), 南の果ては広東瓊州崖山《けいしゅうがいざん》(海南省との海峡を望む広東省の網州), 内に向かって拝さぬものなく, 間違いなく本朝である〕とある. 1891頁.

(14) 章太炎が「仇満」,「排満」の説を唱えたように孫中山も満・蒙を放棄することを考えていた. この問題については多くの研究者が考察しており, ここでは省略する.

(15) 1895年以後, 中国は世界, アジア, あるいは東アジアの歴史の中に組み入れられ, そこにおけるアイデンティティ, 領域, エスニックグループなどの問題について考えざるを得なくなった. これらの問題は本来「顕在化」するようなことはなかったのだが, 1895年以降これらの問題が出てきて, 2000年以

後，中国の政治，文化，経済は国際環境の中で変化し，より避けられない問題となった．これも我々がなぜ「中国」というこの問題を議論すべきかの一つの原因となっている．

(16)　多民族・多地域で構成される国家は必ずや伝統的帝国であって，現代的国家ではないのか．必ず連邦制でなければ統一的政府ではないのか．これは掘り下げて議論する価値がある．于逢春『中国国民国家構築与国民統合之歴程 —— 以20世紀上半葉東北辺疆民族国民教育為主』(黒龍江教育出版社，2006年)では，「『多民族国家としての近代中国』は，その存在自体が『単一民族から成る国家』である欧米列強や日本に対する論理的な挑戦であり」，「今日において『多民族も近代国家でありうる』ことは一般的な常識であるけれども，20世紀前半の世界にあっては認知されていなかった」と指摘している(同書7頁)．

(17)　白寿彝「論歴史上祖国国土問題的処理」(原載『光明日報』1951年5月5日)，後に『学歩集』(北京：三聯書店，1978年)に収録，2頁．

(18)　彼は中国のここ八百年来の変化で重点的に考慮すべきは，①各地域内部での発展，②各地域間での移民，③政府による組織，④エリート分子の社会・政治的行動の変化であると提案している．彼は唐末から明代中葉の中国歴史研究の重心を，当初の中国全体からそれぞれ異なった地域へと移行させ，本来同一とされた士大夫階級を国家エリート(founding elite)，職業エリート(professional elite)と地方エリートあるいは郷紳(local elite or gentry)に分解し，とくに「地方エリート」というこの新しい階層の存在を強調した．

(19)　ウィリアム・スキナー(William Skinner，施堅雅)『十九世紀中国的地区城市化』．原文は1977年彼自身が編纂した『中華帝国晩期的城市』(*The City in Late Imperial China*, Stanford University Press, 1977)，中訳本(葉光庭等訳，北京：中華書局，2000年)，242-252頁．

(20)　葛兆光「辺関何在 —— 従十九，二十世紀之交日本『満蒙回

蔵鮮』之学的背景説起」，『宅茲中国』第 7 章，231-253 頁．

(21) 福沢諭吉の 1898 年発表の『十四年前の支那分割論』，中島端の 1912 年発表の『支那分割の運命』，酒巻貞一郎の 1917 年発表の『支那分割論』などはみな類似の見方をしている．しかし内藤湖南は 1914 年に発表した有名な『支那論』〔文春学芸ライブラリー，2013 年〕でこれらの議論に反駁したが，彼も中国のいわゆる「五族共和」は空想に過ぎないと考えていた．

(22) 矢野仁一『近代支那論』(弘文堂書房，1923 年)と『大東亜史の構想』(目黒書店，1944 年)．

(23) 杜正勝「新史学之路 —— 兼論台湾五十年来的史学発展」，『新史学』(台北：中央研究院歴史語言研究所，2002 年)第 13 巻第 3 期，39 頁．

(24) 米国のリチャード・フォン・グラーン(Richard von Glahn, 万志英)は，最近の学術思潮では清帝国を一つの意識的，多民族的，植民的大帝国として描き，明代の封鎖，隔離と対比することで清帝国の特徴を確定し，かつ清朝の「中国文化」における「漢化」を否定していると指摘している．前掲のストルーブ編『世界時間与東亜時間中的明清変遷』下巻の序文，1 頁．

(25) 米国のマーク・エリオット(Mark C. Elliot，欧立徳)『満洲之道 —— 八旗与晩期中華帝国的族群認同』(*The Manchu Way: The Eight Banners and Ethnic Identity in Late Imperial China*)，パメラ・クロスリー(Pamera Kyle Crossley，柯嬌燕)『孤軍 —— 満洲三代家族与清世界的滅亡』(*Orphan Warriors: Three Manchu Generations and the End of the Qing World*)，ジェイムズ・ミルウォード(James Millward，米華健)『新清帝国史 —— 内陸亜洲帝国在清代承徳之形成』(*New Qing Imperial History: The Making of Inner Asian Empire at Qing Chengde*)などを参照．とくにジョアンナ・ウェイリー＝コーエン(Joanna Waley-Cohen，衛周安)の書いた『新清史』(*New Qing History*)は「新清史」研究についての明確な説明となっている．中訳本『清史研究』(北京：2008 年第 1 期)．

(26)　想像の共同体についてはベネディクト・アンダーソン(Benedict Anderson，班尼迪克・安徳森)『想像的共同体 ── 民族主義的起源与散布』(*Imagined Communities: Reflections on the Origin and Spread of Nationalism*，呉睿人中訳本，台北：時報出版公司，1999年)〔邦訳『定本　想像の共同体 ── ナショナリズムの起源と流行』白石隆・白石さや訳，書籍工房早山，2007年〕.

(27)　この種の理論を中国に適用するには問題がある．プラセンジット・ドゥアラ(Prasenjit Duara，杜贊奇)は米国のインド系研究者で，インドは英国による植民を経て，南アジアは後にベンガル，パキスタンに分割，画定され，カシミール地区は今に到るもその帰属が明確でない．つまりインドの経験はこうした研究者が比較的国家に関するポストコロニアル理論を受け入れやすいものとしている．他にもたとえばインド生まれのガヤトリ・スピヴァク(Gayatri C. Spivak，斯皮瓦克)，またホミ・バーバ(Homi K. Bhabha，霍米・巴巴)がいる．彼らが自身の感覚，経験，立場から現代民族国家に関するポストモダン歴史学の考え方や論拠を明らかにしていることは，彼らの正しい一面である．この引き裂かれたエスニックグループと国家の再建の中で西側民族国家と照らし合わせて歴史を再建する現象が確かにある．だがこの理論を持ち込んで中国について語ることはできない．一貫して続いてきた中国は近代になって再建された新しい民族国家とは異なっているからである．

(28)　プラセンジット・ドゥアラ『従民族国家拯救歴史 ── 民族主義話語与中国現代史研究』(*Rescuing History from the Nation, Questioning Narratives of Modern China*，王憲明中訳本，北京：社会科学文献出版社，2003年)．この議論には彼の理論的背景と個人的経験があるように思われる．我々も彼が望む民族国家の歴史的枠組みの超克を十分理解している．だがこの議論はいかなる結果をもたらすか．それは我々によりよく「中国」を理解させることができるであろうか．

(29)　日本の東亜研究所は，第二次世界大戦中，中国占領のために歴史的経験を編纂し提供した『異民族統治中国史』(中訳本，商務印書館〈内部本〉，1964年)で，北魏，遼，金，元，清の中国統治がついに衰亡してしまった原因を「異民族の角度から見て」，もっとも重要なことは統治民族の精神的緊張が弛緩すること，言葉を換えていえば王朝の漢化であると総括している．20頁．

(30)　これらの歴史的現象はみな欧州と東アジアの日本，朝鮮と比較できるし，情況は中国と明らかに異なっている．宗教(たとえばカトリック，仏教)は古代の日本あるいは欧州での地位は古代中国よりも高いものであり，地方(あるいは諸侯，国王，将軍)の力も古代欧州や日本では中国に比べ強力であり，官僚や実力者の国王(あるいは皇帝)に対する制約力は古代欧州と日本においては中国と比べて大きかった．

(31)　ドゥアラ前掲書．

(32)　『宅茲中国』，31頁．

(33)　この点については譚其驤編『中国歴史地図集』に示された各時代の領域の大きさに違いのある「中国」を参照．つまり現代の政治的境界を念頭に歴史的中国を振り返る必然性はない．高句麗は「唐王朝管轄下の地方政権」ではないし，吐蕃(チベットの古名)も当時の「中国(大唐帝国)の版図」ではなかった．現在の東北，チベットは中華人民共和国政府の統治範囲にあるが，歴史上は必ずしも古代中国の領土ではなかった．他方，簡単に歴史上の中国を以て現代中国を見てはならない．歴史上，安南(ベトナム中・南部)は内附(朝廷所属地)であり，モンゴルもかつて清帝国の管轄下にあり，琉球は進貢していた．そこでベトナムの独立，外モンゴルと内モンゴルの分離，琉球が結局のところ日本に帰属したことなどを今になって容認したり理解することはできないと考えたり，同様に，かつて高句麗であった東北地区が現在中国の版図に帰属したことで朝鮮民族の感情を害しているなどと考えたりする必要はない．

(34)　少なくとも宋代から中国は文化的に次第に一つの「共同体」を形成してきた．これは「実際的」なものであり，「想像上」のものではない．

第1章

(1)　洪煨蓮(業)「考利瑪竇世界地図」，『洪業論学集』(北京：中華書局，1981年)所載．現在この地図の詳細な研究に黄時鑒・龔纓晏の『利瑪竇世界地図研究』(上海古籍出版社，2004年)がある．

(2)　古代中国の「天下」知識と観念については，邢義田「天下一家 ── 伝統中国天下観的形成」，『秦漢史論稿』(台北：東大図書公司，1987年)，1-14頁．羅志田「先秦的五服制与古代的天下中国観」，『民族主義与近代中国思想』(台北：東大図書公司，1998年)，1-34頁．葛兆光「天下，中国与四夷」，王元化主編『学術集林』(上海遠東出版社，1999年)第16巻を参照．

(3)　『尚書・禹貢』，『十三経注疏』(北京：中華書局影印本，1979年)，153頁下．また『国語・周語上』祭公謀父語(上海古籍出版社，1988年，1995年)，4頁．葛兆光『中国思想史』第1巻第1編第5節「後世思想史的背景 ── 儀式，象徴与数字化的世界秩序」(上海：復旦大学出版社，2004年)，52頁を参照．

(4)　『周礼注疏』巻二十九，北京：中華書局，『十三経注疏』影印本，835頁．

(5)　袁珂『山海経校注(増補修訂本)』(成都：巴蜀書社，1993年)，257頁，153頁，416頁．

(6)　逯欽立校注『陶淵明集』巻四(北京：中華書局，1979年)，133頁．

(7)　『周髀算経』巻下，銭宝琮校点『算経十書』(北京：中華書局，1963年)，54頁．

(8)　『呂氏春秋』「序意」，「二十二子」(上海古籍出版社影印清光緒年間浙江書局本，1985年)，726頁．

(9)　米国のウー・ホン(Wu Hong，巫鴻)著，柳揚・岑河訳

『武梁祠』(北京：三聯書店，2006年)，264-266頁〔ウー・ホンはシカゴ大学教授〕.

(10)　鄒衍の言い方については，『史記』巻七十四「孟子荀卿列伝」(北京：中華書局，1959年)，2344頁を見よ.

(11)　黄懐信等『逸周書匯校集注』巻七『王会解第五十九』(上海古籍出版社，1995年)，985頁.

(12)　『穆天子伝』，『叢書集成初編』第3436冊(上海：商務印書館，1937年).

(13)　『史記』巻百二十三「大宛列伝」(北京：中華書局，1959年)，3157-3160頁.

(14)　『晋書』巻五十六「江統伝」(北京：中華書局，1996年)，1529-1534頁.

(15)　桑原隲蔵「仏教の東漸と歴史地理学上における仏教徒の功労」，『桑原隲蔵全集』第1巻(岩波書店，1968年)，293-334頁.

(16)　『元史』巻四十八「天文」，999頁.

(17)　英国のギャヴィン・メンジーズ(Gavin Menzies，孟席斯)『1421── 中国発現世界』(*1421: The Year China Discovered the World*)，鮑家慶訳，台北：遠流出版社，2003年.

(18)　銅鏡銘文，林素清「両漢鏡銘所見吉語研究」，国立政治大学中文系編『漢代文学与思想学術研討会論文集』(台北：文史哲出版社，1991年)，172頁を見よ.

(19)　陸九淵『陸九淵集』巻二十二「雑著」(北京：中華書局，1980年)，273頁を見よ.

(20)　『礼記正義』巻十二，『十三経注疏』(北京：中華書局影印本，1980年)，1338頁.

(21)　葛兆光「周孔何以不言？── 中古仏教，道教対儒家知識世界的拡充与挑戦」，『中国史新論── 思想史分冊』(台北：聯経出版事業公司，2012年)，251-282頁を見よ.

(22)　西晋法立・法炬訳『大楼炭経』巻一(『大正新修大蔵経』第1巻，277頁)，『法苑珠林』巻二「界量部第五」(『大正新修大蔵経』第53巻，280-281頁)を見よ.

(23)　ペリオの「四天子説」は，『通報』(T'oung Pao)1923年原載，中訳文は馮承鈞『西域南海史地考証訳叢』(北京：商務印書館重印本，1995年)，第1巻第3編，81-103頁収載．彼は『十二游経』のこの部分は現行本にはないようだと指摘している．だが『経律異相』巻三(516年に書となる)，『法苑珠林』巻四十四(668-671年に書となる)にはある．

(24)　道宣撰の『続高僧伝』巻四「玄奘伝」(650年に書となる．『大正新修大蔵経』第50巻，454頁)．同じく道宣の「釈迦方志」にも「四主」の言い方がある．ただしそれは胡国，突厥，振旦，印度を指している．

(25)　『仏祖統紀』巻三十一(『大正新修大蔵経』第49巻)，303頁．

(26)　現在，一幅が日本で所蔵されている．それは明代初期に李朝朝鮮で描かれたものであり，もとは元代の中国で描かれた二幅の地図で，世界地理の知識も多分アラブ人からもたらされた『混一疆理歴代国都之図』である．これによって，13-14世紀の中国人の世界に関する知識はすでに相当豊富であったことが分かる．この地図が描いた「世界」は，東は朝鮮と日本列島，東南は麻逸(今のフィリピンのルソン島)などの島嶼，三嶼(今のフィリピンのパラワン島)などの島嶼，西南は渤泥(ブルネイ)，三仏(今のスマトラ島)，馬八児(今のインドのマラバール)などの島嶼であり，真西は逆錐形のアフリカ大陸とアラビア半島，北にはすでに大沢(今のバイカル湖)が描かれ，ほぼヨーロッパ，アジア，アフリカの三大洲を含んでいる．宮紀子『モンゴル帝国が生んだ世界図』(日本経済新聞出版社，2007年)を見よ．この地図についてはこれ以前に高橋正の研究もある．「混一疆理歴代国都之図再考」と「混一疆理歴代国都之図続考」などを見よ．『龍谷史壇』(龍谷大学，1966年)第56-57合併号と『龍谷大学論集』(同前，1973年)第400-401合併号に発表．

(27)　西欧の宣教師が来航する前夜，欧大任(1516-95年)という

文人は仏教の世界観の荒唐無稽を厳しく批判し,『欧虞部集』「文集」巻七「同文録序」の中で「惟五岳巍然表天下矣,而為寥廓之説者謂有須弥之山,其高数万里,日月経行隠見,逓照四洲,中国其南贍一隅耳.聞而大笑者十九,駭者十三,疑者十一,信之者百無一焉」〔天の下には泰山,衡山,嵩山,華山,恒山の五岳が聳えているが,ほら話が好きな仏教徒は須弥山があり,高さ数万里,太陽と月がその回りを巡り,見え隠れし,四大洲を順に照らし,中国はその中の南瞻部州の一部分にすぎないと言う.この話を聞いたものの十人中九人は大笑いし,三人は驚き,一人は疑う.これを信じる者は百人中一人もいない〕と語っている.『欧虞部集』「附李英集四巻都下贈言一巻」(『北京図書館古籍珍本叢刊』第81種(北京:書目文献出版社,出版年無し,659頁)を見よ.

(28) 海野一隆「明清におけるマテオ・リッチ系世界図——主として新史料の検討」,『新発現中国科学史資料の研究(論考篇)』,512頁を見よ.また船越昭生「坤輿万国全図と鎖国日本」(『東方学報』41巻,1970年)を見よ.鄒振環はマテオ・リッチの地図には出所が三カ所あり,「欧州十五・十六世紀の銅板エッチングの地図及び関係資料,中国輿図及び通志資料と本人の旅行中の実測,見聞雑記などである.選ばれた西方の地図資料は主として16世紀のメルカトール(Gerard Mercator,麦克托),オルテリウス(Ortelius,奥代理),プランシウス(Peter Plancius,普蘭息阿斯)などのフレミング学派の世界地図であった」と指摘している.『影響中国近代社会的一百種訳作』(北京:中国対外翻訳出版公司,1996年),4頁を見よ.

(29) 『皇朝文献通考』巻二九八「四裔」(『四庫全書総目』巻七十一,中華書局影印本,1981年),633頁を見よ.

(30) リッチの地図の学術への影響については,陳観勝「利瑪竇対中国地理学的貢献及其影響」(『禹貢』第五巻所載,第3・4合期,1936年)を見よ.同地図の社会的影響については,林東陽「利瑪竇世界地図及其対明末士人社会的影響」(『紀念利瑪竇来華

四百周年中西文化交流国際会議論文集』台北：輔仁大学出版社, 1983年), 311-378頁を見よ.

(31) 裴化行『利瑪竇評伝』下冊(中訳本, 商務印書館, 1993年), 559頁を見よ. ただし彼は多くの士大夫の不満を招くことになり, 反感と制約を受けることになった.

(32) 『隋書』巻八十一「東夷列伝」(北京：中華書局, 1997年), 1827頁.

(33) フランスのアラン・ペールフィット(Alain Peyrefitte, 佩雷菲徳)『停滞的帝国 ── 両個世界的撞撃』(王国卿等訳, 北京：三聯書店, 1992年)の257頁以下の第37章を参考.

(34) 米国のジョゼフ・リーヴェンソン(Joseph R. Levenson, 列文森)『儒教中国及其現代命運』(鄭大華等中訳本, 北京：中国社会科学出版社, 2000年). 第1部分第7章は「近代中国思想の大部分の時期は, 『天下』が『国家』になる過程であった」と指摘している. 87頁.

第2章

(1) 杜甫「春望」, 浦起龍『読杜心解』(北京：中華書局, 1981年), 巻三之一, 363頁を見よ.

(2) 顧炎武の言葉は『日知録』巻十三「正始」に見られる. 顧炎武は, 「『亡国』〔国が滅びる〕と『亡天下』〔天下が滅びる〕とは同一ではなく, 『異姓改号』は単なる『亡国』で, その意味は政権交代で単に統治者が交代するに過ぎないのであるが, しかし『仁義充塞』〔道徳が塞がれること〕こそは『亡天下』のことで, 文明がひとたび亡くなるや礼儀や廉恥が失われて天下が徹底的に崩壊してしまうことである. 非常にはっきりしているのは, 空間的意味における国家, 政治的意味における政府(王朝)は, 文化的意味における共同体と同じものではないということである」と述べている. 彼は, 国家(政府あるいは王朝)を守ることはただ政治家の仕事に過ぎないが, 文明を見守るのは人びとの責務であると考えていたのである. 『顧炎武全集』(上海古

籍出版社，2011年)収録，第18冊，527頁.

(3) 「多元一体」は費孝通の概念である．彼の『中華民族の多元一体構造』(西沢治彦等訳，東京：風響社，2008年)を見よ.

(4) この論争の情況については，南黎明『韓国対中国的文化抗議』，銭文忠『高句麗是中韓共同文化遺産』を参照できる．『亜洲週刊』(香港，2004年7月25日，16-20頁)収載.

(5) 葛兆光「辺関何処？──従十九，二十世紀之交日本『満蒙回蔵鮮』之学的背景説起」，『宅茲中国』第7章，231-253頁.

(6) 矢野仁一「支那無国境論」(『近代支那論』，1頁)．本書には「満蒙蔵は支那本来の領土に非る論」もある(92-112頁)．五井直弘「東洋史学与馬克思主義」，『中国古代史論稿』，58頁(姜鎮慶・李徳龍訳，北京大学出版社，2001年)収録．五井氏は，第二次世界大戦時期の日本の中国占領は，当時の日本の東洋史熱をたぎらせ，矢野のこの種の論点はますます広がったと指摘している．たとえば，『世界歴史大系』(1933-36年，平凡社，全26巻)や『岩波講座　東洋思潮』(1934-36年，岩波書店，全18巻)は，まさにこの潮流のなかの産物である.

(7) 矢野仁一『大東亜史の構想』(東京：目黒書店，1944年，31頁以下)．この観念に対する批判は，傅斯年の「東北史綱」(『傅斯年文集』之一，上海古籍出版社，2012年)に見えるが，彼は，これは「指鹿為馬」(是非を転倒した論)であり，しかも日本の「東北への侵略の一つの理由」だというが，それは1930年代に直面した国難に刺激されてなされた反撃でもある，と指摘している.

(8) 前出白寿彝「論歴史上祖国国土問題的処理」，『学歩集』，2頁.

(9) 序章原注(16)参照.

(10) 孫祚民「中国古代史中有関祖国疆域和少数民族的問題」，『文匯報』1961年11月4日．また孫祚民「処理歴史上民族関係的幾個重要準則」，『歴史研究』1980年第5期．のち『中国民族関係史論文集』(北京：民族出版社，1982年)上冊，157頁.

(11)　ラティモア(拉鉄摩爾)『中国的亜洲内陸辺疆』(Owen Lattimore, *Inner Asian Frontiers of China*, 1940)，唐暁峰中訳本，江蘇人民出版社，2005年)，156頁.

(12)　アメリカのニコラ・ディ・コスモ(Nicola Di Cosmo，狄宇宙)はかつて古代中国には異なる境界〔原語「辺界」〕があると指摘した．彼の『古代中国とその敵国──東アジア史上の遊牧民の興起』(*Ancient China and Its Enemies: The Rise of Nomadic Power in East Asian History*, Cambridge University Press, 2002；賀厳・高書文訳『古代中国与其強隣──東亜歴史上遊牧力量的興起』中国社会科学出版社，2010年)，370頁以下を参照．ただし，彼の指摘した境界〔原語「辺界」〕の分類は少し複雑である．実際のところ，古代中国と周辺の境界〔原語「疆界」〕には，もとより文化的な華夷の別があり，観念と地図上の境界〔原語「辺界」〕があったとしても，それは軍事力によって支配された行政上の境界〔原語「辺界」〕であり，また国と国との協議によって形成された境界〔原語「劃界」〕であり，例えば中唐時代の唐・吐蕃間の同盟の誓約によって定められたような境界〔原語「辺界」〕であった.

(13)　邵伯温『邵氏聞見録』巻一(北京：中華書局，1983年)，4頁．実際，この種の国土についてのいかんともしがたい心情は，はるか後の知識人の心理を依然として悩ませたのである．たとえば，現存する南宋の淳祐年間(1247年)の石刻の『地理図』の碑文のように，作者の黄裳は天下の地勢図を描くときにやむを得ず，この天下は不完全であって，「国朝芸祖櫛風雨平定海内」「太宗之世王師三駕」〔宋代の初代皇帝，趙匡胤は風雨を冒して中国を統一し，第二代皇帝の趙匡義の時代には三度兵を率いて遼に出征した〕のであるけれども，「幽薊之地卒為契丹所有，不能復也」〔幽州，薊州などはなお遼に占領され，回復できない〕，「(4字欠)南北形勢，使人観之，可以感，可以憤」〔南北の形勢にみなは感慨を抱き，怒りを引き起こす〕ゆえんである，との叙述が見られる．『中国古代地図集(戦国至元)』の附録で

ある銭正・姚世英「地理図碑」(文物出版社，1990 年)からの引用.

(14) 張希清等編『澶淵之盟新論』(上海人民出版社，2007 年).

(15) 『宋会要輯稿』「蕃夷二」(北京：中華書局影印本，1997 年)，7700 頁.

(16) 以上はみな陶晋生『宋遼関係史研究』(北京：中華書局，2008 年)第 5 章「北宋朝野人士対于契丹的看法」，31 頁，99 頁，101 頁に見られる.

(17) 唐代にあっても，大唐と吐蕃の間でかつて盟書〔同盟の誓約書〕という形式がとられたことがあり，「涇州至西弾箏峡西口，隴州西至清水県，鳳州西至同谷県，暨剣南西山大渡河東，為漢界」〔涇州から西にゆき弾箏峡西口に至り，隴州から西にゆき清水県に至り，鳳州から西にゆき同谷県に至り，暨剣の南西山，大渡河の東をもって漢界となす〕」と確定した．ただし，この盟書はもう一方の側が吐蕃との境界だとは述べておらず，「舅甥の国」であると約定しているが，これは決して平等であるということではなく，便宜的な区画の境界線である．『旧唐書』巻百九十六「吐蕃下」，5247 頁.

(18) この方面に関しては，さらに，王賡武「小帝国的辞令 —— 宋代与其隣国的早期関係」を見よ．原載は〔モリス・ロッサビ編の〕*China among Equals: The Middle Kingdom and Its Neighbors, 10th-14th Centuries*，姚楠中訳『王賡武自選集』(上海教育出版社，2002 年，61-82 頁)に収録.

(19) 前出葛兆光「"中国" 意識在宋代的凸顕」(『宅茲中国』第 1 編第 1 章，41-65 頁)参照.

(20) 葛兆光『中国思想史』第 2 巻第 2 編第 3 節「国家与士紳双重支持下的文明拡張 —— 宋代中国生活倫理同一性的確立」(上海：復旦大学出版社，2004 年)，253 頁以下参照.

(21) まさにこの現象のために，近ごろでは，一部の歴史学者は，後にできた政治空間である「民族国家」を基礎として歴史記述を進めるよりも，歴史研究の中で「民族国家」という概念が果

たしている役割を弱めたほうがよいと主張している．だから最近，これに類似する「想像の共同体」「境界を超える歴史」のようなポストコロニアル理論の流行が見られるのである．前出アンダーソン『想像的共同体──民族主義的起源与散布』を参照．

(22)　前出葛兆光「“中国”意識在宋代的凸顕」参照．

(23)　西川長夫「国民国家論から見た『戦後』」(『国民国家論の射程』柏書房，1998年，256-286頁)参照．

(24)　たとえば，エリック・J・ホブズボーム(Eric J. Hobsbawm, 霍布斯邦)『民族与民族主義』8頁〔原題は *Nations and Nationalism since 1780: Programme, Myth, Reality.* 邦訳『ナショナリズムの歴史と現在』大月書店，2001年〕．彼はすでに「これ(民族国家)は特定の地域および時間空間の環境下での歴史的産物」であることに注意し，民族国家の言語問題を議論する際に，「中国の情況は大きな例外にすぎない」とまで述べている(李金梅中訳本，台北：麦田出版，1997年，75頁)．

(25)　近来，吉本道雅は「中国古代における華夷思想の成立」において西周から戦国時期の「華夷」観念について議論し，戦国中期以前には「同化」,「遺棄」,「羈縻(懐柔)」の三種の方式があったと指摘している．しかし辻正博の「魏氏高昌国と中国王朝」は魏氏高昌国を例として中古時期の中国は周辺異民族国家への朝貢，羈縻，冊封，征服など種々の策略をとったとして，高昌国の運命と高句麗，百済，新羅などを比較し，中国王朝は一つの側面として，その対外的立場は常に国際環境の変化によって変化してきたと指摘している．上記2篇は夫馬進編『中国東アジア外交交流史の研究』(京都大学学術出版会，2007年)所収．

(26)　張広達「従安史之乱到澶淵之盟」，黄寛重主編『基調与変奏──七至二十世紀的中国』(台北：政治大学歴史系，2008年)，18頁．

(27)　「天下」という語に古代中国では「中国」の意識はなかっ

たと考えられ，漢代の自称も「天下」であったといわれるが，漢代の銅鏡銘文中にしばしば「中国」という語が出てきており，それは「匈奴」と対比して使われたものである．日本でも，自分の国家を「天下」と呼び習わしている．西嶋定生はかつて，日本でいう「天下」とは大和政権の支配する領土，すなわち倭国の領域に過ぎないと指摘し，中国については，「天下」とは中国を中心とする世界としているようだが，倭国については，倭国自身もまた自分は「天下」であったのだ，と述べている．西嶋定生『日本歴史の国際環境』(東京大学出版会，1985年)，77–78頁参照．

(28)　顧頡剛の1926年の著作「秦漢統一的由来和戦国人対於世界的想像」，『顧頡剛全集』(北京：中華書局，2010年)第6冊，33頁．

(29)　刁書仁「中朝辺界沿革史研究」，『中国辺疆史地研究』(2001年第4期)．楊昭全・孫玉梅『中朝辺界史』(長春：吉林文史出版社，1993年)参照．

(30)　この歴史過程の別の面については，次章第3章を参照．

(31)　この問題については，第3章を参照．実際これに関しては，それ以前から顧頡剛と史念海等の著作である『中国疆域沿革史』(商務印書館，1938年)がある．『顧頡剛全集』第6冊，1–192 頁を参照．しかし，この著作は抗日戦争の情況下で執筆されたので，主たる目的は多民族中国の国土の合法性を守り抜くという点にあり，このため古来より次第に形成されてきた「中国」がおおよそ統一された領域を有してきたということを比較的強調している．この後の著作に葛剣雄『歴史上的中国——中国疆域的変遷』(上海錦繡文章出版社，2007年)があり，このような思考の筋道に沿って，とても良い論述をしている．

(32)　この点は，実は西嶋定生がすでに指摘している．西嶋は，『中国古代国家と東アジア世界』(東京大学出版会，1983年)の第6章「東アジア世界と日本史」のなかで，もともと日本を含んでいる東アジア文化圏には4つの指標として，漢字・儒教・

仏教・律令制があったが，東アジア諸国の意識が勃興して日本の主体性が醸成されたことは，唐が9世紀から10世紀にかけて凋落したことと関係がある，と述べている．彼は，宋代は，燕雲十六州が契丹に占有されて，西北の西夏が建国されて宋と対抗し，契丹と西夏が宋と対等に同じように皇帝を称したために，東アジアの国際関係は唐代には唐のみが君主を称し，周辺諸国を冊封して藩国と称していた時代とは大きく変化し，それ以後周辺諸国は中国の王朝を中心とする東アジアの国際秩序を認めないようになったと指摘している〔本文第4章129頁参照〕.

(33)　『清史稿』巻五十四「地理一」(北京：中華書局，1998年)，1891頁.

第3章

(1)　米国リーヴェンソン「儒教中国及其現代命運」(鄭大華等訳，北京：中国社会科学出版社，2000年)，87頁．徐中約(Immanuel C. Y. Hsu)「中国加入国際社会」(*China's Entrance into the Family of Nations: The Diplomatic Phase, 1858–1880*, Harvard University Press, 1960).

(2)　1950年代のジョン・キング・フェアバンク(John King Fairbank，費正清〔1907–91〕)やリーヴェンソンのこのような理論は，ここ数十年来厳しく批判されてきた．そうした批判者には当然道理はあるが，私は，この種の近代主義的な「衝撃と反応」モデルには問題があるにしろ，それに些かの修正や補充を加えるなら，やはり歴史解釈において大きな力を具えていると補足しておきたい.

(3)　もしこの2つの歴史的展開の交錯について注意を怠るならば，現在の「中国」を理解できないであろう．なぜ中国が現代において現代的国家のようでもあり，また伝統的帝国のようでもあるか，なぜ今の中国が依然として周辺国家が離れていく傾向におかれているのか，現代欧米諸国からの大きな衝撃と内部の異なるエスニックグループと地域のアイデンティティという

「三重の苦境」の中にあるのかなどを理解できないであろう．中国の学術界と思想界においてなぜ国家の転換の現代的意味を追究したり，とりわけ国家の「多元的一体性」を強調したり，「漢化」とか「涵化」〔文化融合〕などと叙述することを簡単には放棄しないのかを理解できないであろう．

（4） この部分については日本の吉開将人の「苗族史の近代」(1-7)，『北海道大学文学研究科紀要』第124-134号(2008-11年)所載を参照．とくに第1篇から第3篇まで．私はこの著作の書評の執筆過程で多くの啓発を受けた．私の書評は「在歴史，政治与国家之間的民族史」，『南方週末』2012年9月7日掲載．

（5） 「討満洲檄」，『章太炎全集』(上海人民出版社，1985年)第四冊『太炎文録初編』巻二，190頁．

（6） 「駁康有為論革命書」同前，173頁．

（7） 「中夏亡国二百四十二年紀念会書」同前，188頁．

（8） 鄒容『革命軍』〔1903年〕(中華書局〔重版本〕，1971年)は「数千年来の様々な専制体制を一掃し，数千年来の種々の奴隷の性質から離脱し，五百万のケダモノ同然の満洲族を滅ぼし，二百六十年来の残虐，惨苦を耐え忍んだ恥辱を洗い流す」(1頁)と述べている．

（9） 陳天華「絶命書」(1905年)，張丹・王忍之編『辛亥革命前十年時論選集』第2巻，153頁を見よ〔「絶命書」は『警世鐘』の一篇で，上記『選集』に収録〕．

(10) 范祖禹『唐鑑』(上海古籍出版社影印本，1981年)，巻六．

(11) 章太炎「駁康有為論革命書」，『章太炎全集』第四冊『太炎文録初編』巻二，197頁．章太炎は『中華民国解』の中で，民族主義を主義とはせず，手段とすると述べている．『章太炎全集』第四冊「別録」巻一，256頁．

(12) 『中華民国解』には「中国と呼ぶのは辺疆とは異なるためである」とある．同前，252頁．

(13) 梁啓超『中国史叙論』第5節「人種」，『飲冰室合集』(北京：中華書局影印本)の六，5-7頁を見よ．

(14)　梁啓超「国家思想変遷異同論」,『飲冰室合集』の六, 20-21頁を見よ.

(15)　観雲(蔣智由)「中国上古旧民族之史影」,『新民叢報』第31号「歴史」, 1-13頁.

(16)　中国之新民(梁啓超)「歴史上中国民族之観察」. 当時の彼の中国の民族分類の見方と,『中国史叙論』でのそれとはやや異なっている.『新民叢報』第56号(光緒31〔1905〕年2月15日), 第57号(光緒31年3月1日).

(17)　観雲(蔣智由)「中国人種考」(一),『新民叢報』第35号,「中国人種考」(二),『新民叢報』第37号.

(18)　梁啓超「中国地理大勢論」,『飲冰室合集』(北京：中華書局影印本)第2冊の十所載. 77-78頁.

(19)　この問題についての研究は多い. 楊天石「従"排満革命"到"聯満革命"」, 楊天石主編『民国掌故』(北京：中国青年出版社, 1993年), 20頁所載. 黄興濤「現代"中華民族"観念形成的歴史考察 —— 兼論辛亥革命与中華民族認同之関係」,『浙江社会科学』2002年第1期, 張永「従"十八星旗"到"五色旗" —— 辛亥革命時期従漢族国家到五族共同建国模式的転変」,『北京大学学報』2002年第2期を見よ. 周競紅「従漢族民族主義到中華民族主義 —— 清末民初国民党及其前身組織的辺疆民族観転型」,『民族研究』2006年第4期. 孫宏年「辛亥革命前後治辺理念及其演変」,『民族研究』2011年第5期所載.

(20)　この二篇の論文や二人と類似した内容の講演が何度も翻訳, 掲載されたことからも, 中国でここに注目した者が多かったことが分かる. 以下で列挙したもの以外, 前者〔尾崎行雄〕の講演「支那滅亡論」,『清議報』75-76冊(1901年11月2日)所載, および単行本の『併呑中国策』(王建善訳, 開明書店, 1903年)がある. 後者〔有賀長雄〕には『外交報』29期(1902年11月14日),『経世文潮』4期(1903年8月8日)などへの掲載がある.

(21)　有賀長雄は中国政治に深く関わり, 袁世凱の顧問を務めたこともある. 彼の中国観が日本の政界に与えた影響は極めて大

きい.

(22) 酒田正敏『近代日本における対外硬運動の研究』(東京大学出版会, 1978年), 113頁, 坂野潤治「東洋盟主論と脱亜入欧論 —— 明治中期アジア進出論の二類型」, 佐藤誠三郎等編『近代日本の対外態度』(東京大学出版会, 1974年), 39頁所載を見よ.

(23) 江上波夫編『東洋学の系譜(一)』大修館書店, 1992年, 3頁〔同書の引用部分は田中正美執筆〕.

(24) 桑原隲蔵は「東洋史上より観たる明治時代の発展」(1913年)の中で,「朝鮮の併合」,「東亜に覇を唱える」,「世界の一等国家」,「文化の輸出」,「アジア人の覚醒」をタイトルとして日本の台頭を回顧し, 当時の日本の学界に広まっていた興奮を伝えている. 桑原隲蔵「東洋史上より観たる明治時代の発展」,『桑原隲蔵全集』第1巻, 岩波書店, 1968年, 551-563頁.

(25) 「保全支那論」(『外交時報』から訳出),『清議報全編』(横浜新民社編印)第五輯「論中国」, 7頁.

(26) 尾崎行雄「支那の運命」(『支那処分案』第2章),『清議報全編』(横浜新民社編印)第五輯「中国論」, 92-93頁.

(27) 民国初期「中華民族」という言葉が広く使われるようになったことは「辺疆(各種族)を中華に納める」との意識が広く賛同を得てきたことを示している. 陳連開「中国・華夷・蕃漢・中華・中華民族 —— 一個内在的関係被認識的過程」, 同『中華民族初探』(北京：知識出版社, 1994年)を見よ.

(28) ラクーペリの『初期中国文明的西方起源』と『漢民族以前的中国諸語言』は日本経由で伝えられ, 中国の学界に強い刺激を与え, 当時多くの議論が引き起こされ, 章太炎, 劉師培はもちろん, 梁啓超, 蔣智由らまで多くの学者がすべてその影響を受けた. それは当然清朝末期の大きな思想の流れと関係しているが, ここでは詳述しない.

(29) 顧頡剛「与劉胡二先生書」(『読書雑誌』第11期原載, 1923年7月1日),『古史弁』(上海古籍出版社重版本, 1982年)第1

冊所載，96-102 頁.

(30)　胡適の日記に貼られた新聞報道を見よ．曹伯言整理の『胡適日記』(合肥：安徽教育出版社，2001 年)第 5 冊，380-382 頁.

(31)　龔徳柏訳，川島浪速「請看倭人併呑中国書」，『留日学生季報』1 期 1 号(1921 年 3 月 15 日).

(32)　私が見た比較的早いものとしては 1927 年 7 月の蘇州中学党義研究会刊行の『驚心動魄之日本満蒙積極政策 ── 田中義一上日皇奏折』．1927 年から 1931 年の間に，「田中上奏文」の各種版本が出版された.

(33)　1920 年から中国の新聞雑誌では繰り返し，日本人の満，蒙，回，蔵，苗の調査，研究が報道され，人々にその背後にある野心への警戒を呼びかけた．例えば『晨報』1920 年 11 月 18 日の「日人図謀満蒙之研究熱」，『申報』1926 年 8 月 30 日の「日対華文化局組織満蒙探検隊」，『中央日報』1928 年 5 月 30 日の「鳥居龍蔵赴蒙古調査人類考古学」，『益世報』1928 年 8 月 15 日の「日本学生考察満蒙」など．そのため『益世報』は 1928 年 10 月 16 日に「窺探満蒙，日人視察東省者何多」〔満蒙スパイ　日本人の満蒙視察は何と多いことか〕を発表し，人々に警戒を呼びかけた.

(34)　1936 年 1 月 2 日に発表された顧頡剛「禹貢学会研究辺疆計画書」は後に「禹貢学会研究辺疆学之旨趣」と改題された．『顧頡剛全集』第 36 冊，215-216 頁.

(35)　前出，顧頡剛「禹貢学会研究辺疆学之旨趣」，『顧頡剛全集』第 36 冊，215 頁.

(36)　『傅斯年全集』(長沙：湖南教育出版社，2003 年)第 4 巻，125-127 頁.

(37)　丁文江の「中央研究院的使命」は，「中国は容易に統一することができない．最大の原因は我々に公共〔共通〕の信仰がないからである．この種の信仰の基礎は自分に対する認識の上に築かれたもので，歴史学と考古学は我が民族の過去を研究し，言語学人種〔人類学〕，その他の社会科学は我が民族の現在を研

究し，我が民族の過去と現在の研究が明らかになれば，そこで我々は自分を認識できるようになる」と述べている．『東方雑誌』(上海)第32巻第2号(1935年1月16日)．

(38) 傅斯年「夷夏東西説」，『傅斯年全集』第3巻，226頁．

(39) 馬戎「読王桐齢〈中国民族史〉」，『北京大学学報』2002年第3期，125-135頁．馬戎先生が自身の修訂本を贈呈して下さったことに感謝する．

(40) 李済，*The Formation of Chinese People*: Harvard University Press, 1928. 中国語版「中国民族的形成」，『李済文集』(上海人民出版社，2006年)，第1巻，51-249頁，とくに221頁を見よ．

(41) 王道還「史語所的体質人類学家」，杜正勝等編『新学術之路』(台北：中央研究院，2003年)上冊，181頁．

(42) 査暁英「正当的歴史観 —— 論李済的考古学研究与民族主義」，原載『考古』2012年第6期，82-92頁を見よ．査暁英は，李済の「人類史という意識は少なくともその民族主義的情緒と同様に強烈であり，彼は一部の文化的内容は本土の自生であると述べるとともに，多くの外来的要素を強調した」と指摘している．同じく1923年シロコゴロフ(S. M. Shirokogorov，史禄国1889-1939年)は華北で行った形質人類学調査にもとづいて「華北人類学研究」を発表，1925年に発表した「華東与広東人類学研究」は民族主義的意味があったとは言えないと語っている．

(43) 張光直の言葉については「二十世紀後半的中国考古学」，『考古学専題六講』(北京：三聯書店，2010年新版)を見よ．

(44) 傅斯年「城子崖・序」，『傅斯年全集』第3巻，235-236頁．

(45) ここで「人類学」という言葉を使っているが，後に述べる民族学の領域を含むものである．この領域の歴史については王建民『中国民族学史』(雲南教育出版社，1997年)上巻，とくに第4章「中国民族学的創建」，102-122頁．

(46) 楊成志『従西南民族説到独立玀玀』，1929年，吉開将人

「苗族史の近代」(四),『北海道大学文学研究科紀要』130号(2010年), 57頁からの引用.

(47) 凌純声『松花江下游的赫哲族』(中研院歴史語言研究所, 1934年, 重印本, 上海文芸出版社, 1990年), 1頁.

(48) 李逸園はかつて, 民国23年(1934年)凌純声の『松花江下游的赫哲族』が出たことは「中国の民族学研究上の最初の科学的民族誌となっただけでなく, 同時に, 1922年にマリノフスキー(B. K. Malinowski)が *Argonauts of the Western Pacific*〔邦訳『西太平洋の遠洋航海者』増田義郎訳, 講談社学術文庫, 2010年〕を出版してから1935年まで, 全世界の文化人類学者が全力で基本的な民族誌を収集, 著述した中でも重要な一冊である」と指摘した.『李逸園自選集』(上海教育出版社, 2002年), 431頁.

(49) 矢野仁一「満蒙蔵は支那本来の領土に非ざる論」,『外交時報』412号にあり. 外交時報社, 1922年.

(50) 僰人の問題については米国のグラハム(D. C. Graham, 葛維漢. かつて成都華西大学在職)が1932年, 英文で『華西辺疆研究学会雑誌』(*Journal of the West China Border Research Society*)第5巻に「四川省的古白人墳」(Ancient White Men's Graves)と題する短文を発表, また芮逸夫に「僰人考」(『史学所集刊』第二十三本上, 1951年)がある.

(51) 李金花「何為通古斯 ── 従比較視野看史禄国与凌純声的通古斯人歴史研究」,『文化学刊』2012年第1期, 111-115頁所載.

(52) 凌純声, 芮逸夫『湘西苗族調査報告』(重版本, 北京：民族出版社, 2003年)序文.

(53) 張秋東「"文化猟奇"与"政治自覚" ── 凌純声等与石啓貴的湘西苗族研究比較分析」,『楽山師範学院学報』第25巻3期(2010年), 108-112頁.

(54) 陶雲達「関於麼些之名称分布与遷移」,『歴史語言研究所集刊』第七本第一分(1936年), 126頁.

(55) 『傅斯年全集』第3冊, 131頁.

(56) 李済「記小屯出土之青銅器(中篇)後記」,『李済文集』第5巻.
(57) 李済「中国上古史之重建工作及其問題」,『李済文集』第1巻.
(58) 梁思永『昂昂渓史前遺址』(『史語所集刊』第四本第一分,1932年)はアンダーソンと鳥居龍蔵に触れている.彼は満洲地区の文化独立化という日本の主張に反駁,「昂昂渓の新石器文化は蒙古熱河の新石器文化の東への分枝に過ぎない」と述べている.44頁.
(59) 馬大正,劉狄『二十世紀的中国辺疆研究』(黒龍江教育出版社,1998年)は当時の出版物から関係の著述を列記し,これらの著述は20世紀30年代に集中しており,「愛国救亡社会運動の産物であった」と指摘している.77頁.
(60) 柳詒徴「史地学報序」,『史地学報』第1巻1期(1921年11月),1頁.
(61) そのため彼は1942年に書いた『国史要義』(上海:商務印書館,1948年)の序文で「領域を正しく,民族を正しく,道義を正しくする」ことを強調,「領域が正しくなければ恥,民族が正しくなければ恥」と述べている.以上は陳宝雲『学術与国家――史地学報及其学人群研究』(安徽教育出版社,2010年)の関係記述を見よ.
(62) 顧頡剛の1926年の「秦漢統一的由来和戦国人対於世界的想像」,『顧頡剛全集』第6冊,33頁を見よ.
(63) 『顧頡剛日記』(台北:聯経出版公司,2007年)第3巻,(1933年12月31日).譚慕愚(惕吾)の顧頡剛にとっての重要性については余英時『未尽的才情――従〈顧頡剛日記〉看顧頡剛的内心世界』(台北:聯経出版公司,2007年),とくに118頁を見よ.
(64) 顧頡剛「辺疆週刊・発刊詞」,『宝樹園文存』(四),『顧頡剛全集』第36冊,319-321頁を見よ.
(65) 顧頡剛「中華民族是一個」,「宝樹園文存」(四),『顧頡剛全

集』第36冊，94-108頁.「我為什麼写〈中華民族是一個〉」，同上，109-116頁．この文章の大きな影響については周文玖，張錦鵬「関於〈中華民族是一個〉学術論弁的考察」，『民族研究』2007年第3期，22頁.

(66)　傅斯年「致朱家驊，杭立武」(1939年7月7日)，『傅斯年遺札』(台北：中央研究院歴史語言研究所，2011年)第2巻，1012-1018頁.

(67)　『顧頡剛日記』(台北：聯経出版公司，2007年)第4巻(1939年2月7日)，197頁.

(68)　費孝通「関於民族問題的討論」，『益世報』1939年5月1日.

(69)　費孝通「顧頡剛先生百年祭」，『費孝通文集』(北京：群言出版社，1999年)第13巻，26-27頁．後に，費孝通が晩年に「中華民族多元一体構造」の理論を提起したのは，実は彼が「一面的に民族を『多』とする立場を強調したのをやや変更したもので，顧頡剛の主張する観念も一部それとなく吸収し，より包容性がある『多元一体構造』の主張となった」と指摘するものがいる．趙旭東「一体多元的族群関係論要」，『社会科学』2012年第4期，53頁を見よ.

(70)　『傅斯年信札』第2巻，1942年2月，1229頁を見よ.

(71)　顧頡剛と馬毅が1941年6月に民国政府教育部第2期辺疆教育委員会に提出した「建議訂正上古歴史漢族駆逐苗族居住黄河流域之伝説，以掃除国族団結之障碍案」(重慶：中華民国教育部編，1941年)による.

(72)　蔣中正〔蔣介石〕『中国之命運』(三青団平津支部印，1946年)，2-3頁.

(73)　注意すべきことは，『中国之命運』が発表された後，中国共産党を代表して陳伯達が『評〈中国之命運〉』(新華書店晋察冀分店，1944年)を執筆し，その文中で蔣介石が中華民族について各族が「同一血統の大小の宗族・支族」としたことをファシズムの血統論だと批判したことである．だが実際のところ，陳

は，①民族は「共通の言語，地域，共通の経済生活(経済的つながり)と，共通の文化として現れている共通の心理構造」であり，②中国は歴史上多民族であり，友好的に融合したのではなく，苛烈な闘争によって次第に同化したとの2点を論拠とした．陳の「闘争同化論」も漢族民族主義の色彩が濃いものであったが，彼は，『中国之命運』を批判して「大漢族主義を唱えて，国内の弱小民族を侮蔑している」と述べた．4-8頁．

第4章

(1) 本書〔*Strategic Vision: America and the Crisis of Global Power* (Basic Books, 2012)〕は未見だが，2012年2月14日にブレジンスキーが中国の指導者である習近平と会見した際に本書が贈られたといわれる．「台頭後の自己錯覚」については，『南都週刊』(2012年第7期)の「習近平在美国」に拠る．

(2) サミュエル・P・ハンチントン(Samuel P. Huntington，亨廷頓)は『文明衝突与世界秩序的重建』(*The Clash of Civilizations and the Remaking of World Order*，黄裕美中訳本，台北：聯経出版事業公司，1997年)〔邦訳『文明の衝突』鈴木主税訳，集英社，1998年〕のなかで，「血縁，言語・文字，宗教，生活様式はギリシャ人の共通点であり，またペルシャ人や他の非ギリシャ人とは異なる点を持っていた」と述べているが，ならば中国人の漢族は同様に，エスニックグループ，言語・文字，宗教，生活様式などの文化的要素を包括しているわけで，その他の民族区分とは区別されるわけである．当然ながら，ハンチントンは，「文化」と「文明」とを明確に区別しているわけではない．

(3) 漢字と表音文字は異なる．日・月・木・水・火・手・口・刀などのように多くの文字が「象形」であり，さらに非常に多くの字がより綿密で複雑な表記を求められる．刀に点が加えられ「刃」となるが，これは刀の「峰」のことではない．手を樹の上にかざして「采」，牛が囲いに入っていて「牢」などのよ

うに新たな工夫をしてちょっとしたものを加えているが，これが「会意」である．「会意」だけでは不十分で，江・河・松・柏などのように，さらに音符を加えて異同を表すようになり「形声」ができた．ただし，やはり基礎は「象形」であり，多くの漢字の意味は字形や構造から推測ができるもので，しかも多くの字の意味も象形文字から生み出されたものである．「木」が樹を指し，「木」が「日」のなかにあって，太陽が東方にのぼるからこそ「東」となる．「日」は太陽で，もし「草」のなかに落ちれば，それが「莫」(暮)となる．「手」は力を象徴し，手が木の棒を持つことで権力を掌握する「尹」，またきびしい「父」になり，下に「口」を加えれば，言葉で戦い腕力は用いない者を表示するのがまさに「君」である．漢字は人の思考や想像に影響し，中国人に「文字から臆測判断してしまう」という閲読と思考の習慣を持たせることになり，中国人が文字を崇拝し信仰するようになったということは，胡適の「名教」という一文に見られる(『胡適文集』第4冊第1巻，北京大学出版社，1998年，51-62頁)．

(4)　米国の許烺光「東西方文化的差異極其重要性」では，中国文化と西洋文化の差異は，西洋文化が個人の自己依存(self reliance)を強調するのに対して，中国文化では集団の相互依存(mutual dependence)が強調されることである，とされている(張瑞徳中訳本『文化人類学新論』，台北：聯経出版事業公司，1980年，附録236頁)．

(5)　つまり「修身」「斉家」「治国」「平天下」である．米国のフェアバンクは『美国与中国』(中訳本，北京：商務印所館，1973年，64頁)〔邦訳『中国』上下，市古宙三訳，東京大学出版会，1972年〕のなかで，誠意ある「格物致知」から「修身・斉家・治国・平天下」〔身を修め，家を斉え，国を治め，天下を平らかにする〕に到るという説は，かつての古代中国においては学者の信条であったが，「ギリシャ人の目から見ると，一連の奇妙で非合理的な推論に過ぎない」ものであると述べている．

(6) この方面では，費孝通『郷土中国』(1948年初版，上海人民出版社，2006年重版)と許烺光『祖蔭下 ── 中国郷村的親族，人格与社会流動』(原名：*Under the Ancestor's Shadow*，王芃・徐隆徳訳，中訳本『許烺光著作集』に収録，台北：南天書局，2001年)の研究を参照.

(7) 宋の孝宗「原道弁」，後に「三教論」に改名，史浩『鄮《ぼう》峰真隠漫録』巻十．これは宋代では珍しく韓愈に焦点を絞った論文で，理学が徐々に隆盛してきた宋代初期において，すぐに反発を惹起したが，宋の孝宗は皇帝の位にありながらなぜこの一篇を書いたのであろうか．これは検討に値するであろうし，これが確かに，范成大，史浩，程泰之のそれぞれの議論を呼び起こしたのである．李心伝『建炎以来朝野雑記』乙集巻三「原道弁易名三教論」(北京：中華書局，2000年)参照.

(8) この伝統が形成されるには，東晋から唐代にかけての「沙門不敬王者論」の論争を経なければならなかったであろうし，唐代に到って，宗教の徒は父母と君主を礼拝すべきであり，伝統的な「孝」と「忠」，すなわち古代中国伝統の家庭倫理と政治倫理を受け入れなければならない，との裁断がついに朝廷によりなされたのである．葛兆光「七世紀前中国的知識思想与信仰世界」(『中国思想史』第1巻，第4編第6節「仏教征服中国？」，上海：復旦大学出版社，1998年，568-581頁)参照.

(9) 葛兆光『屈服史及其他 ── 六朝隋唐道教的思想史研究』(北京：三聯書店，2003年).

(10) なぜなら，まさに「三教合一」である古代中国の宗教世界は，政教一体で宗教が絶対的影響力を擁するイスラム世界とは異なり，西洋の中世において政権と相拮抗し，西洋の精神と文化の根源となったキリスト教とも異なるからである.

(11) 「陰陽」はすでに日月，天地になぞらえられ，君臣，上下をも象徴でき，陰陽からさらに冷暖，尊卑，貴賤にまで意味を押し広げ，さらに一系列の調節が技術的に加えられ，古代中国にあって宇宙の最も基礎となる5種類の基本的な元素「金木水

火土」の「五行」を暗示しているわけである．「五行」は宇宙，社会，生命のなかの種々の結合する事物と現象，そこに人間に相応する五種の道徳である「仁義礼智聖」でさえも含まれていて，人々は「五行」は宇宙間の一切，たとえば五色，五声，五味，五法，五臓などに帰納し整理される．そうでなければ社会はすぐにも混沌となり，宇宙はただちに無秩序化されてしまうとあまねく信じられているのである．

(12)　五行説の縁起については多くの論述が見られるが，現代の考古資料において，馮時「上古宇宙観的考古学研究」(『史語所集刊』第82本第3分)が，2006年12月-2008年8月発掘の安徽省蚌埠市双墩一号墓春秋時代の鍾離国(前518年に呉に滅ぶ)の墓を紹介している．この墓の発掘報告は，『考古』2009年7期に発表されているが，注目すべきは，①墓の封土と墓内の塡土はすべて五色，青・白・赤・黒・黄による混合で，五色五方五行の観念に関係していること，②五色の封土の下には白色の石英を砕いたものが積み重ねられた円壁の遺跡であることであり，蓋天の観念と関係している．

(13)　近年の考古学的発見の一部である早期の文献では，たとえば湖北省張家山出土の「引書」のなかでも，国家を治めるには「尚(上)可合星辰日月，下可合陰陽四時」〔国の統治は，上は天上の日月星辰と，下は陰陽四季と整合〕しなければならず，人の生活でさえも「天地四時」に適合すべきであり，まさに「治身欲与天地相求，猶橐籥也」〔身体を整えるには天地変化と一致しなければならず，丁度ふいごと同様に息が揃わねばならない〕であり，天地の規律は四季のようであり，人の生活にも影響するため，人は天と同様に「春産，夏長，秋収，冬蔵，此彭祖之道也」〔春に生まれ，夏に育ち，秋に実り，冬に収穫するのが，あの伝説上の最長寿者の彭祖の方法である〕のようにあるべきで，もしも人が天の「燥湿寒暑」と相応すれば，すなわち永久不変を得ることができる，と述べている．

(14)　古代中国人の念頭では，およそ「天」を真似るものは，

「天」の神秘と権威を保有でき，そこで，この「天」の意味は，祭祀の儀式では神秘的な支配力に転化され，占いの儀式では神秘的な対応関係に転化し，生存時間のなかでは神秘的な希望の持てる世界となって，人々の信仰を支えて，人々のために種々の困苦を解決したのである．一般の民衆だけでなく，人間世界の権力を握っている皇帝や貴族でさえも，「天」を理にかなった拠り所とし権力の礎とすることを信じていて，秦・漢代の皇宮の建築は天を模倣した構造にしようとし，漢代の墓室の頂部には天空の星に現れる現象を描くようにし，漢代の皇室の祭祀はことさら天空の神祇を祭り，祭祀の場所は天体と同じ構造を模倣させるようにした．人々の念頭において「天」はずっと無類の崇高な地位を占め，「天」は自然の天象であって究極の果てであり，至上の神祇で，言うまでもないすべての前提であり拠り所とされたのである．

(15)　『史記』(北京：中華書局校点本，1959年)で，夏の禹は「黄帝之玄孫而帝顓頊《せんぎょく》之孫也」と説かれ，殷は帝嚳《ていこく》からつながり，帝嚳も黄帝の曽孫であると言われ，周の后稷《こうしょく》の母親も帝嚳の元妃であるとされるように，〔夏・商・周は〕いわば黄帝の子孫になるわけである．

(16)　傅斯年が1935年に発表した「夷夏東西説」，『傅斯年全集』第3冊(台北：聯経出版事業公司，1980年，864頁)を見よ．

(17)　許倬雲『我者与他者 —— 中国歴史上内外文際』(北京：三聯書店，2010年)，9頁．

(18)　李済「安陽最近発掘報告及六次工作之総估計」(『李済文集』第2巻，上海人民出版社，2006年)．彼は以前に，中国古代史研究者は「長城内に引きこもった中国文化観を打ち破り，我々自身の目と足を用いて，長城以北に行って中国の古代資料を探そう．そこには我々のさらに古い故郷がある」と提起している．李済「記小屯出土之青銅器(中篇)後記」(『李済文集』第5巻，134頁)参照．彼は「中国上古史之重建工作及其問題」のなかでも，中国文化は孤立した世界ではなく，その拠って来たる所

は「黒海から，中央アジア平原，新疆のジュンガル，モンゴルのゴビを経て，満洲にいたるまで探し出せるだろう」との見解を出している(『李済文集』第1巻，354–355頁).

(19)　『左伝』宣公3年(紀元前606年)に，楚子が陸渾の戎(異民族)を討伐したことが記載されているが，陸渾の戎は意外にも現在の河南省嵩県にいて，東周王は洛陽付近に都を定めていて，楚，戎と華夏が地域的に入り乱れていたのである．楚子はなんと分不相応にも周王朝王権のシンボルである九鼎を欲しがったのであるが，それも，当時すでに各集団は同一の共同体である「中国」(周)の構成部分であったことを説明している．

(20)　ある言い方では，陰陽・五行・八卦の観念は，3種の異なった占いの技術，すなわち亀卜・卦卜・枚卜に分別され，古代中国の東方・西方・南方の異なった文化を代表していたが，東周つまり戦国末期になってやっと漸次統合され，「一部屋の中での大融合が発生した」わけで，あわせて種々の道徳と政治の解釈が付け足されたとされている．龐朴「陰陽五行探源」(『中国社会科学』1984年第3期所載)を見よ．

(21)　余英時「綜述中国思想史上的四次突破」，もとは2007年名古屋での日本中国学会第59回大会での講演「我与中国思想史研究」で，『中国文化史通釈』(香港：牛津大学出版社，2010年)に原載．また，余英時「天人之際」，『人文与理性的中国』(『余英時英文論著漢訳集』，上海古籍出版社，2007年)所載，特に1–7頁．

(22)　『史記』巻六「秦始皇本紀」は「過秦論」を引いて秦の統一を「南取百越之地，以為桂林，象郡」〔南で百越の地を取り，桂林，象郡とした〕，「使蒙恬北築長城而守藩籬，却匈奴七百余里」〔蒙恬をして北に長城を築かせ藩の境界を守り，匈奴を七百余里も退けた〕と説いている(中華書局校点本，1959年，280頁).

(23)　たとえば，漢代の銅鏡銘文で「胡虜」あるいは「四夷」と対照的に「国家」の字句がしばしば現れる．「侯氏作鏡四夷服，

多賀国家人民息，胡虜殄滅天下服，風雨時節五穀熟」〔侯家の匠が銅鏡をつくり，四夷は治まり，国家は祝賀し，人民は安んじ，蛮族は滅び，天下は服従し，風雨は秩序を保ち，五穀は豊穣となった〕のごとくである．しかも，司馬遷『史記』の「大宛列伝」，「匈奴列伝」などでは，周辺の異国異族の存在を通して，すでに「中国」意識が芽生えていた．

(24)　『史記』巻六「秦始皇本紀」，中華書局校点本 239 頁．

(25)　『漢書』巻五十六「董仲舒伝」に董仲舒の上書建議が記載されていて，「諸不在六芸之科，孔子之術者，皆絶其道，勿使併進」〔すべて儒家の六芸＝礼，楽，射，御，書，数の中で孔子の道に従わぬものはすべて禁止し，朝廷に入れさせてはならない〕とあり，その目的は「統紀可一，而法度可明，民所知従矣」〔政治と倫理は統一されるべきで，刑法律令は明確であるべきで，民衆はそれを知り従うようになる〕であり，まさに漢帝国で確立されたものと一致する政治と文化である．中華書局校点本 2523 頁．

(26)　『史記』巻六「秦始皇本紀」，中華書局校点本 239 頁．

(27)　『史記』巻百二十九「貨殖列伝」，中華書局校点本 3261-3270 頁．

(28)　ちょうど仏教で述べられる「一一国中，種類若干，胡漢羌虜，蛮夷楚越，各随方土，色類不同」〔異なる国々で人も種類が異なり，胡人，漢人，羌人，越人がいて，各地の違いがあり，風俗性情も異なる〕と同じである．『法苑珠林』巻二「界量部第五」(『大正新修大蔵経』第 53 巻，280-281 頁)を見よ．

(29)　『晋書』巻五十六，中華書局校点本，1529-1530 頁．江統の以前に，西晋の傅玄は「胡夷獣心，不与華同，鮮卑最甚……宜更置一郡於高平川，因安定西州都尉募楽徙民，重其復除以充之，以通北道，漸以実辺」〔胡人や蛮族の性情は野蛮で，華人とは異なる．中でも鮮卑が一番ひどい……高平川地方に郡を設け，西州の武官の徴兵を安定させれば，そこに人々は進んで移住し，秩序を設け彼らを安定させるべきである．この方法で北方に通

じる道を確保し，次第に北部辺境を充実させられる〕と述べているが，郭欽も「裔不乱華，漸徙平陽，弘農，魏郡，京兆，上党雑胡」〔辺境の異民族に漢族の中華を乱させてはならない．そのゆえに平陽，弘農，魏郡，京兆，上党地区の胡人を引き続き駆逐する〕などの策を提起したことがある．『晋書』2594頁，1322頁を見よ．

(30)　譚其驤「近代湖南人中之蛮族血統」，『史学年報』第2巻第5期，1939年．のち葛剣雄編『長水粋編』(石家荘：河北教育出版社《二十世紀中国史学名著》，2000年)に収録，234-270頁．

(31)　蘇其康『文学，宗教，性別与民族 ── 中古時代的英国，中東，中国』の「丙篇」(台北：聯経出版事業公司，2005年，237-365頁)参照．とくに序言の「糸路上的胡人」，237-241頁．また，『北史』巻九十二「韓鳳伝」(中華書局校点本)に北斉の宦官・韓鳳(本籍漢族)について，「恨不得遇『漢狗』飼馬．又曰：刀只可刈『漢賊』頭，不可刈草」〔漢はイヌ野郎で殺してウマの餌にしてやりたい．あるいは，良い刃物は漢人の頭を切るのだけに使い草刈りに使ってはならない〕と記されていて，また，しばしば「狗漢大不可耐，唯須殺却」〔漢のイヌ野郎には我慢ができない．ぶっ殺してやるだけだ〕云々とあり，漢人が胡人と自ら任ずる，つまり「エセ毛唐」になる現象が見られる．

(32)　『新唐書』巻八十「太宗諸子」(中華書局校点本)で，かれ〔李承乾〕は配下に「数十百人習音声，学胡人椎髻」〔百人近くに胡人の音楽を学ばせ，かつ胡人のやり方で髪をまとめさせた〕．しかも彼自ら「好突厥言及所服，選貌類胡者，披以羊裘，辮髪，五人建一落，張氈舎，造五狼頭纛」〔突厥語を好み，突厥の衣服を着用し，突厥人のように育った人は羊皮の上着を着，突厥式の弁髪を編み，五人一組で羊の皮の天幕に住み，また五つのオオカミの頭が付いた旗を作らせ〕，さらに自ら死んだ胡人(北西の異種族)の君主を演じ，胡人の習慣を学び，兄弟の分隊と戦闘をしている．3564-3565頁．興味深いのは，唐代，あるいは唐代以前に，異民族の言語を学ぶことが流行していて，『顔氏

家訓』巻上「教子篇」には，北斉のある士大夫は，自身の子供が鮮卑語を学んで，琵琶を弾くことを，「以此伏事公卿，無不寵愛，亦要事也」〔この方法で大官に仕えたものはみな愛された．これも重要な事柄であった〕と誇りにしているのである．ただし，宋代になると，士大夫官吏は異民族の言葉を話せるのは，意外にも過失となってしまい，外国と通じているとの嫌疑をかけられ処罰さえ受けたのである．たとえば，欧陽脩の「贈刑部尚書余襄公道碑銘」の記載によれば，余靖(安道)は西夏との和議を主張し，自ら交渉に成功したものの，「坐習虜語，出知吉州」〔坐して虜の言葉を学び，出でて吉州を知る〕のために，彼を恨むものに中傷されて郷里に戻っているのである．『欧陽脩全集』巻二十三(北京：中華書局，2001 年，367 頁)参照．この資料は，劉子健が早くに指摘しているが，彼は「討論北宋大臣通契丹語的問題」という短文のなかで，「儒臣は異民族の言語という瑣末なものは学ばず，大半は通訳を使って中国文化の自己中心的な態度を反映して，外国の事情に対しては注意を払わないのである．あわせて，外国語に通じることで皇帝から疑われてレッテルを貼られて，外国と密かに通じているとの嫌疑をかけられてしまう可能性があるといわれている」と語っている．『両宋史研究論集』(台北：聯経出版事業公司，1987 年)，89 頁参照．

(33)　1977 年に西安市長安県でインド人の瞿曇の墓誌が発見されたが，上面に「法源啓祚，本自中天(中天竺)，降祉聯華，著于上国，故世為京兆人也」〔この一族の故郷は本来中部インドであったが，彼らは続々と中国に来て長安に住んだ．そのため代々京兆人＝首都近郊の住民，となった〕と記されていた．このインドから来た瞿曇氏は，仏陀とも同一の姓で，隋から唐への変わり目に中国に来て以降，五代にわたってすべて長安に居住し，そのうえ彼らは熟知していた天文暦法星占学によって中国の官吏となって，『開元占経』を著し，『九執暦』を翻訳した．晁華山「唐代天文学家瞿曇譔墓的発現」(『文物』1978 年 10 期)

参照.

(34)　『旧唐書』巻百九十八「西戎・波斯伝」(中華書局校点本)などの文献に記載されている.ササン朝ペルシャの末代の帝王ヤズデギルド(Yazdagird)の子ペロズ(Peroz)は，その国がアラブ人に滅ぼされて後，中国に逃れ，唐高宗咸亨4年(673年)と5年のいずれの年にも長安に入った.その従者が中国に「ペルシャ寺」を建立したのが，すなわちゾロアスター教の寺院で，彼の子供と従者の貴族，従僕・僧侶は何千人にもなり，彼らもすべて中国に定住したのである.方豪『中西交通史』(長沙：岳麓書社重印本，1987年，上冊)に記述がある.

(35)　『周書』巻四「明帝紀」で皇帝の詔書から「三十六国九十九姓，自魏氏南徙，皆称河南之民.今周室既都関中，宜改称京兆人」〔三十六カ国九十九種の姓の人が多く，北魏の王室が南に大同から洛陽へ移動したのに従って移動し，以後自分たちは河南人だと称した.今も北周は関中を国都としているので，“京兆人”と呼ぶべきであろう〕を引いている.中華書局校点本，1971年，55頁.『隋書』巻三十三「経籍志」史部譜系類序に「後魏遷洛，有八氏十姓，咸出帝族.又有三十六族，則諸国之従魏者.九十二姓，世為部落大人者，併為河南洛陽人」〔北魏が国都を洛陽へ移して後，皇室出自の八大姓，十氏族がおり，北魏に依存していた小国の貴族，また本来は各部落の指導者たちである九十二の世家がいて，現在はすべて河南洛陽の人となっている〕とある.中華書局校点本，1973年，990頁.

(36)　陳寅恪「李唐氏族推測後記」，『陳寅恪文集』の『金明館叢稿二編』に収載，北京：三聯書店，2001年，344頁.

(37)　エドワード・H・シェーファー(Edward H. Schafer，謝弗)著，中訳本，呉玉貴訳，『唐代的外来文明』(西安：陝西師範大学出版社，2005年).

(38)　バーソルド・ローファー(Berthold Laufer，労費爾)，中訳本，林筠因訳，『中国伊朗編』(北京：商務印書館，1964年，2001年)〔邦訳『シノイラニカ —— 古代アジア・ペルシャに由

来する植物と文化の博物史』，松下富子訳，本の風景社，2008年〕.

(39) 栄新江「『歴代法宝記』中的末曼尼及弥師訶」，『中古中国与外来文明』所載，北京：三聯書店，2001年，343頁以下.

(40) 瞿兌之は『日本之再認識』で，「唐代も純一な中国ではないというのは，唐朝は民族が大いに混合した時代で，各地で日本，新羅の学生僧侶がしばしば見られたし，ペルシャの商人，インドのバラモン僧，南洋の黒人，その他が中国人と一緒に雑居していたからである．しかもいわゆる中国人は，皇室皇族から公卿・士大夫・学士まで，また下は兵卒まで，漢代末から各異民族の血が混じり合っていたのである．すべての風俗は混じり合い，言語文字でさえも変化の兆しを見せていた」と語っている．彼はまたさらに元稹や白居易の例を挙げ，元稹は〔鮮卑の〕拓跋氏の子孫であり，白居易もウイグル族のひとつの九姓の出身であり，「種族とのつながりから，詩の風格も漢族とはいささか異なっていた」としている．『銖庵文存』(遼寧教育出版社，2001年)，129頁参照.

(41) 米国のヴァレリー・ハンセン(Valerie Hansen，韓森)『開放的帝国 ――1600年前的中国歴史』(*The Open Empire: A History of China to 1600*, New York and London, W. W. Norton & Company, 2000, 中訳本，梁侃・鄒勁風訳，南京：江蘇人民出版社，2009年).

(42) 米国のジョアンナ・ウェイリー＝コーエン(Joanna Waley-Cohen，衛周安)『北京的六分儀 ―― 中国歴史中的全球趨向』(*The Sextants of Beijing: Global Currents in Chinese History*; New York and London: W. W. Norton & Company, 2000).

(43) 前出葛兆光「“中国”意識在宋代的凸顕 ―― 関於近世民族主義思想的一箇遠源」(『宅茲中国』収録).

(44) 西嶋定生「東アジア世界と日本史」，『中国古代国家と東アジア世界』第6章(東京大学出版会，1983年)，616頁.

(45) この転変は非常に重要である．これは伝統中国の華夷観念

と朝貢体制を，観念的には，現実的制度から想像的な秩序に転換させ，制度面での確固として上に立つ立場から，想像する世界のなかの自己満足に変え，政治的には，過去のその種の不遜な天朝大国の態度を現実的な対等な外交の戦術に変え，思想面では，士大夫知識階級が天下・中国・四夷の観念の主流に関して，やはりあまねく天のもとすべて王土とする天下主義を自己想像の民族主義に転化させたのである．

(46)　鄧小南『祖宗之法』第2章「走出五代」のなかの胡漢問題の解消に関する論述(北京：三聯書店，2006年，特に92-100頁)参照．

(47)　陳寅恪「論韓愈」(『金明館叢稿初編』収載，上海古籍出版社，1980年，285-297頁)．

(48)　葛兆光『七至十九世紀中国的知識思想与信仰』(『中国思想史』第2巻)第2編第3節「国家与士紳双重支持下的文明拡張――宋代中国生活倫理同一性的確立」(上海：復旦大学出版社，2003年，365-386頁)．

(49)　朱元璋「大誥序」,『全明文』(上海古籍出版社，1992年)第1冊，586頁．

(50)　『明太祖実録』巻百七十六，2665-2666頁．

(51)　興味深い一つの例は，何炳棣が以前に言及していることである．もともと鮮卑の血を引いていた文人，元好問〔1190-1257年，金文学者〕は，政治的には女真人が建てた大金国と一体感をもち，また新たなモンゴル帝国の統治の下で，漢族の文学的特徴が極めて濃厚な詩歌集の『中州集』を編纂し，金国の文脈での歴史的記憶をとどめた．

(52)　劉夏「陳言時事五十条」,『劉尚賓文続集』巻四，『続修四庫全書』影印本，1326冊，155頁．

(53)　王褘「時斉先生兪公墓表」,『全元文』(南京：鳳凰出版社，2004年)55冊，618頁．

(54)　『明太祖実録』巻三十，525頁．

(55)　『皇明条法類纂』巻二十二，『中国珍稀法律典籍集成』乙編

第4冊，978頁.

(56)　以上はすべて，復旦大学歴史学部の張佳の博士論文「洪武更化 ―― 明初礼俗改革研究」(復旦大学，2011年)参照.

(57)　葛兆光『彼此環繞和糾纏的歴史 ―― 評夫馬進『中国東亜近世交渉史』，『読書』2008年第1期掲載.

(58)　Evelyn S. Rawski(エヴリン・S・ロウスキ，羅友枝)，"Presidential Address: Reenvisioning the Qing: The Significance of the Qing Period in Chinese History", *The Journal of Asian Studies*, 55, No. 4〔Nov. 1996〕, pp. 829-850; Ping-ti Ho(ピン・ティ・ホー，何炳棣)，"In Defense of Sinicization: A Rebuttal of Evelyn Rawski's Reenvisioning the Qing", *The Journal of Asian Studies*, 57, No. 1，〔1998〕，123-155頁. 中訳本，張勉励訳，「扞衛漢化 ―― 駁伊芙琳．羅斯基之『再観清代』」，『清史研究』(北京)2000年第3期(2000年8月)所載，101-110頁.

(59)　文語(雅語)と口語(俗語)の間の境界は徐々に薄れていったが，それは実際には単なる一つの言語現象というだけでなく，伝統的社会のなかの上流集団が徐々に解体され，周辺あるいは低階層が徐々に主流になっていった象徴でもあり，文化(価値観も含む)が言語の変化のなかでも徐々に変化するうちに，過去の上層の高雅な教養のある言語が徐々にその文化における高い地位を喪失し，しかも卑語・俗語が書籍や舞台，コミュニケーションのなかに大量に入り込み，現実に現代文化史における大きな転移をもたらしたのである.

(60)　イマニュエル・C・Y・シュー(Immanuel C. Y. Hsu，徐中約)は『中国加入国際社会』(*China's Entrance into the Family of Nations, The Diplomatic Phase, 1858-1880*, Harvard University Press, 1960)の第1頁で，いわゆる「国際社会」というのは本来西欧国家のことだが，その後膨張を続け，その秩序もそれにともなって国際秩序となった，だがそれが極東にまで発展してきた時，中国が仕切ってきたもう一つの「国際社会」

(another family of nations)に直面し，この相互に排斥し合う秩序(the two mutually exclusive systems)の間で衝突が発生し，その結果中国の秩序は相次いで侵入してくる西欧秩序に呑みこまれることになったと指摘している．そうして，「儒教的世界帝国」(confucian universal empire)は「近代的民族国家」に変わってしまったのである．

(61)　許倬雲『我者与他者 —— 中国歴史上内外文際』(北京：三聯書店，2010年，21頁)．

第5章

(1)　この点についての詳細は葛兆光「預流，立場与方法 —— 追尋文史研究的新視野」，『復旦学報』(上海：復旦大学)2007年第2期を参照．葛兆光『宅茲中国』「結論」(北京：中華書局，2011年，273-304頁)収録．

(2)　第2章原注(25)参照．

(3)　この第2段階の中国人の「天下観」と「世界観」については本書第1章を見よ．

(4)　詳細な討論は葛兆光『想像異域 —— 読李朝朝鮮燕行文献札記』(北京：中華書局，2014年)を参照．

(5)　この問題については，朝鮮通信使が残した多くの漢文文献，筆談，詩歌の唱和からはっきりと見て取れるが，ここでは省略する．

(6)　『湛軒書』内集巻三「直斎答書」，また洪大容『又答直斎書』．この方面の研究については，山内弘一「洪大容の華夷観について」(『朝鮮学報』159輯，天理時報社，1996年)，あるいは葛兆光「従朝天到燕行 —— 十七世紀中葉後東亜文化共同体的解体」，『中華文化史論叢』(上海古籍出版社，2006年，第1期・総81期)を見よ．

(7)　韓国の洪大容『湛軒燕記』巻五「干浄筆譚」上(『燕行録選集』上冊，ソウル：成均館大学校，1961年，388頁)．

(8)　呉晗輯『朝鮮李朝実録中的中国史料』下編巻八「英宗実

録」, 元年四月壬辰(北京：中華書局, 1962 年, 4397 頁).

（9） 日本の林春勝等編『華夷変態』, 東洋文庫叢刊第十五上(東京：東方書店, 1981 年), 22 頁, 4145 頁.

(10) 趙珩『扶桑日記』, 仲尾宏等編《大系朝鮮通信使　善隣と友好の記録》(明石書店, 1993-96 年)第 3 冊影印本, 60 頁.

(11) 信夫清三郎『日本近代政治史』(周啓乾中訳, 第 1 巻「西欧的衝撃与開国」, 49 頁. 台北：桂冠図書公司, 1990 年).

(12) 大庭脩編「安永九年安房千倉漂着南京船元順号資料」(『江戸時代漂着唐船資料集』五, 関西大学東西学術研究所資料集刊 13-5, 1991 年, 29-30 頁).

(13) 松浦章編「寛政元年土佐漂着安利船資料」(『江戸時代漂着唐船資料集』三, 関西大学東西学術研究所資料集刊 13-3, 1989 年, 351-352 頁).

(14) 「得泰船筆語」, 田中謙二・松浦章編「文政九年遠州漂着得泰船資料」(『江戸時代漂着唐船資料集』二, 関西大学東西学術研究所資料集刊 13-2, 1986 年, 108 頁).

(15) 山鹿素行「中朝事実」,『山鹿素行全集』13 巻(岩波書店, 1942 年), 226 頁.

(16) 松浦章編「寛政元年土佐漂着安利船資料」(『江戸時代漂着唐船資料集』三, 関西大学東西学術研究所資料集刊 13-3, 1989 年, 357 頁).

(17) 仲村尽忠『唐船漂着雑記』中に引用の『清俗紀聞』の言葉, 藪田貫編「寛政十二年遠州漂着唐船万勝号資料」(『江戸時代漂着唐船資料集』六, 関西大学東西学術研究所資料集刊 13-6, 1997 年, 223 頁).

(18) 艾儒略著, 謝方校釈『職方外紀校釈』(北京：中華書局, 1996 年, 巻首, 7 頁).

(19) 周孔教「妖書惑衆懇乞蚤遏乱萌因根本疏」,『周中丞疏稿, 西台疏稿』巻一(『四庫存目叢書』影印明刻本, 史部 64 冊, 126 頁)所載.

(20) 佚名「万国来朝図」, 聶崇正主編『清代宮廷絵画』(『故宮博

物院蔵文物珍品全集』, 香港：商務印書館, 1996 年).

(21)　信夫清三郎『日本近代政治史』(周啓乾中訳, 台北：桂冠図書公司, 第 1 巻第 1 章「鎖国」1990 年, 49 頁以下).

第 6 章

(1)　第 4 章原注(2)参照.

(2)　第 4 章原注(1)参照.

(3)　第 4 章第 1 節の議論を参照.

(4)　たとえば中国文化は「中庸」を強調し,「倫理」を重んじ,「家庭」を重視したことなど.

(5)　第 1 章の議論を参照.

(6)　ヘンリー・キッシンジャー(Henry Kissinger, 基辛格)『論中国』(*On China*, 胡利平等中訳本, 北京：中信出版社, 2012 年)〔邦訳『キッシンジャー回想録　中国』上下, 塚越敏彦他訳, 岩波書店, 2012 年, 岩波現代文庫, 2021 年〕. 英国のマーチン・ジャック(Martin Jacques, 馬丁・雅克)『当中国統治世界』(*When China Rules the World*, 張莉等中訳本, 北京：中信出版社, 2010 年). マーチン・ジャックは「中国は多分東アジアとの関係で民族国家体系ではなく朝貢体制に照らした構想をますます強めるであろう」と述べている.「結論」部分, 333 頁を参照.

(7)　『朝鮮日報』(韓文)2012 年 11 月 28 日のインタビュー, A23 頁.

(8)　「文明」と「文化」の区分については, ドイツのノルベルト・エリアス(Norbert Elias, 埃里亜斯)『文明的進程』の中の記述を参照(王佩莉・袁志英等中訳本, 北京：三聯書店, 1998-99 年)〔邦訳『文明化の過程』上下, 赤井慧爾他訳, 法政大学出版局, 2010 年〕.

(9)　『清史稿』巻五十四「地理一」, 中華書局校点本, 1891 頁.

(10)　たとえば, 米国のジェイムズ・ヘヴィア(James Hevia, 何偉亜)の『懐柔遠人 ── 馬嘎爾尼使華的中英礼儀衝突』(中訳

本，北京：社会科学文献出版社，2002 年)は，単に新しい理論で再叙述したもので，真実の歴史ではない．

(11)　これは外交部門の決まり文句である．

(12)　これもハンチントンの前掲書にあり，彼はフェアバンクの論述に依拠している．

(13)　たとえば 7 世紀中葉，ササン朝ペルシャがトルコに敗北した後，ペルシャ人は大唐に救援を求めた．大唐は出兵を望まなかった．16 世紀末，万暦年間，〔明は〕出兵して朝鮮の対日戦を助けたが，それは朝鮮が大明帝国の一番近くの藩属国であったためであった．これは古老たちの伝統的観念であろうが，『公羊伝』の記載によれば魯の隠公が戎に会ったことがあったが，漢代の経学家の何休は，本来「王者不治夷狄，録戎者，来者勿拒，去者勿追」〔王道を行う君主は，野蛮人を管理せず，外国人は採用しない．来たいものは拒まず，去るものを追うことはない〕と説明し，外界世界はとるに足りないものとしていたようだ．『春秋公羊伝注疏』巻二隠公 2 年．『十三経注疏』(北京：中華書局影印本，1980 年，2202 頁)．

(14)　章潢『図書編』巻五十「制馭四夷典故」(『影印四庫全書』本第 970 冊，188 頁)．

(15)　前出葛兆光『宅茲中国』28 頁．

(16)　この点は近代日本と大きな違いがある．

(17)　最近ある人が「綏靖」を伝統中国の文明拡大の方式とし，「征服」を地中海欧州文明の拡大方式とした．林崗「征服与綏靖 —— 文明拡展的観察和比較」(『北京大学学報』2012 年第 5 期，68-78 頁)に見られる．

(18)　晋の江統の『徙戎論』は，古代中国には華夷をはっきりと管轄区域外として隔絶させる考えがあったと述べている．宋代前期に流行した「尊王攘夷」観念は，実際は中国の士大夫の考え方を示したもので，北方は遼，西夏と地画して治め，南方は南詔の大理でさえ統治しなくてもよいとした．多少特殊なのは，モンゴルの元がかつて渡海して日本を征服しようとしたことで，

モンゴルは度重なる東征に失敗するや日本への関心を失い，漢民族王朝の明朝は手の及ばない遠方の国を「不征之国」とした．地理的に比較的遠方にある異国への無関心は康熙・乾隆年間(17世紀末から18世紀末まで)の対日認識をその例としてあげられる．朱尊彝，姜宸英，翁広平ら中国人も日本について語っているが，大多数は書物からの歴史的知識で，さらには伝聞によるものですらあり，正確な日本認識が一番多かったのも『吾妻鏡補』〔翁広平著．中国人による初の日本通史〕の水準であった．

(19)　中国の「大一統」の観念は非常に強く，問題がひとたび，台湾，東海・南海〔東シナ海・南シナ海〕，新疆・チベットのような「核心的利益」に触れるとその衝突はかなり激烈なものとなる．

(20)　たとえば中国の安全に関わりがなければ中国はそ知らぬ顔をする．国連加盟初期の中国代表が一部の重要な国際問題についていつも棄権したのもその一例である．ハンチントンの『文明衝突与世界秩序的重建』はイスラム文明と儒教文明が手を取り合って西側文明に対抗すると述べているが，私は少なくとも「手を取り合って」という点は歴史的根拠がないと考える．つまり伝統的な中国の文化意識の中では，中国から比較的近い回教文化は，少なくとも歴史的にも実際に儒教文化の尊重するところではなかったし，さらに言えば西側文化に比べようもないものであった．

(21)　前出ハンチントン『文明衝突与世界秩序的重建』43頁．

(22)　仏教は例外である．ハンチントンは，仏教は大宗教ではあるが，一つの文明の基礎にはならなかったという．仏教はその発祥の地では衰退しながらも，各地方には伝わった．だがそうしたところにはその地域のもとからの文明的基礎があり，仏教は融合か，吸収されることになり，その地の文化に取って代わって共同体の基礎となることはできなかったと考えている．

(23)　「三武一宗」の法難とは，魏の武帝，北周の武帝，唐の武

宗，北周の世宗が仏教を弾圧した事件.

(24) 唐の太宗・高宗・則天武后期では結局のところ「仏(教)が道(教)の上か」,「道が仏の上か」の間を反復した. 宋代の徽宗の時期には仏陀を金仙と改称，仏教徒を「徳士」とする詔令が出された. 元代の『化胡経』についての議論の後，道観を仏寺に改める現象もあった.

(25) たとえば中期以降の唐の三夷教(マニ教，キリスト教ネストリウス派，ゾロアスター教)への禁令，清代嘉慶期のカトリックへの禁令.

(26) たとえば仏教にはいわゆる「不依国王，法事難立」〔国王に頼らなければ，仏教の理想を実現できない〕という考えがあり，「皇帝菩薩」の庇護を争うという願望があった. 中国宗教は「法輪常転」(仏道は永遠に栄え衰えない)でありながら，同時に「皇図永固」(皇帝の事業は永遠に確固たるものである)も必要であった.

(27) 仏教，道教は早くから「不依国王，法事難立」ということを理解していただけでなく，その始まりから朝廷の管轄下に入った. 北魏に宗教官員が設けられて以降，各時代すべてで僧録司，道録司，僧統，道統および元代の僧総統があり，唐代の仏教は「祠部」に属し，明清道教の張天子は正三品に過ぎなかった.

(28) 日本の仏教に僧兵があったことは東アジアでは例外であった.

(29) ローレンス・トンプソン(Laurence G. Thompson，湯普森)の名著『中国宗教』(*Chinese Religion: An Introduction*, Wads-worth Publishing Company, 1996, Ver. 5, p. 1)は冒頭から「中国の宗教は中国文化の一部の現象である」(manifestation of the chinese culture)とある.

(30) たとえば道教は上層士大夫の間では清浄に身を修め，心気を養うこと，あるいは道観の中では俗世とそれなりに隔絶した山林で暮らすことを提唱した. 士大夫は深山幽谷での清らかな

生活と心の平静さを求めた．これらはみな普通の宗教が提唱する絶対唯一性をもつものではなく，常々提唱したのは隠退と従容であった．

(31)　いわゆる「多元的現代性」と言われるものは，ある種のかなり混乱した論者の二律背反の窮地を示すものである．一方では，伝統の現代化への転化を承認せざるを得ず，また一方で思想，文化，価値観における自主性を守ろうとし，「多元」という言葉を使って想像の中で理論上の自己解釈を求めるものである．

(32)　注目すべきは，ここ十余年来，中国で「大国」という言葉が流行していることである．過去にも学界，政界を問わず，「大国の台頭」，「大国の興廃」，「大国の責任」などの研究や議論があった．

(33)　当然のことながら，誰がこの規則を定めるのか，なにを根拠とし，また解釈するのかという疑問が出るであろう．近代以降，西側がその規則を定め，我々に遵守を求めるのか．当面の各種の適切でないところもある規則の中で，問題は，これらの規則は相対的に公平な規則なのかということである．この一連の規則を放棄した場合，我々にはそれ以外のものがあるのか，みなが認める代替できる方案はあるのだろうか．

(34)　これらの著作は比較的早くからある．哲学的立場から問題を論じた趙汀陽の『天下体系 ── 世界制度哲学導論』(南京：江蘇教育出版社，2005年，修訂版，北京：中国人民大学出版社，2011年)．最近のものでは歴史を表面的になぞっただけで，「尭舜以降」の伝説をみな歴史として論じている姚中秋の『華夏治理秩序歴史』第1巻「天下」(海口：海南出版社，2012年)がある．

(35)　こうした論述が最近中国の学術界と思想界で相当流行っている．ここで引用した言葉については『封面選題 ── 反思中国外交哲学』の「編者按語」や盛洪「儒家的外交原則及当代意義」(原載『文化縦横』2012年第8期，17頁，45頁)など．

(36)　盛洪「従民族主義到天下主義」(原載『戦略与管理』，北京：戦略与管理雑誌社，1996年第1期).

(37)　この点と関連するイマニュエル・C・Y・シューの議論については第4章原注(60)参照．しかし，もし現代の国際秩序が欧州から来たものであるなら，逆に改めて「天下」や「朝貢」が代表する中国の秩序をそれに替えることにも一定の道理があることになるのだろうか．

(38)　趙汀陽は，「天下」は帝国時代の想像であり，また広大無辺な地理的，心理的，社会制度の三者合一の「世界」であり，この「天下」の意義を改めて提起することは「ある種の『世界制度』を，さらに世界制度が保障する『世界政府』を想像し追究してみること」と考えている．「天下体系，帝国与世界制度」(『世界哲学』2003年第5期，5頁)を見よ．このため彼が2年後に出版した『天下体系』には「世界制度哲学導論〔序論〕」という副題がつけられている．

(39)　王小東の言葉は，宋暁軍等編『中国不高興』(南京：江蘇人民出版社，2009年)，99頁を見よ〔邦訳『中国が世界を思いどおりに動かす日 ── 不機嫌な中国』邱海濤・岡本悠馬訳，徳間書店，2009年〕．馬立誠『当代八種社会思潮』(北京：社会科学文献出版社，2012年)第1部分第6章「圧彎的樹枝 ── 狂飆突進的民族主義」，133-160頁も参照．

(40)　中国芸術研究院の摩羅の言葉．『中国站起来』(武漢：長江文芸出版社，2010年，255頁)を見よ．摩羅の自由主義から国家主義への思想の転換については，許紀霖「走向国家祭台之道 ── 従摩羅的転向看当代中国虚無主義」(原載『読書』，北京：三聯書店，2010年，8-9期)を見よ．

(41)　趙汀陽「天下体系，帝国与世界制度」(『世界哲学』2003年第5期，13頁)．

(42)　北京大学社会科学部の強世功の言葉．陳冠中『中国天朝主義与香港』(香港：牛津大学出版社，2012年，87-130頁)の引用と評論．

(43)　『春秋公羊伝』隠公元年に「所見異辞，所聞異辞，所伝聞異辞」〔自分で見たところの時代について異なる記載があり，自分で聞いたところでも異なる記録があり，伝聞した時代については更に異なる記載がある〕とある．これについて後に何休〔後漢の学者〕は春秋時代の魯国の十二代の諸侯の時代を分けたものと解釈して，それぞれ「昭，定，哀」三代は，孔子の父と自身が自分の目で見た時代，「文，宣，成，襄」四代は父が伝聞として聞いた時代，「隠，桓，荘，閔，僖」の五代，そして高祖は曽祖父が伝聞として耳にした時代であるとし，それぞれの境遇，立場，観念が異なるので，「異詞」があったのであろうと解釈した．しかしその後，それは「内其国而外諸夏」，「内諸夏而外夷狄」，「天下遠近小大若一」〔「本国を内として，その他の華夏諸国を外とする」，「華夏全体を内とし，夷狄を外とする」，「天下各国の遠近や大小を問わず，みな一律に平等視する」〕の三種の天下の秩序とした．この解釈は，後のいわゆる「今文《きんぶん》学者」によって現実と理想の「天下秩序」の一種の重要な論述だとされた．『十三経注疏』(北京：中華書局，1980年)，2200頁．

(44)　たとえば『開放時代』(広州：広州市社会科学院，2013年第2期，5-70頁)に「世界歴史的中国時刻」という一文がありこれを論じている．ここで引用したのは姚中秋の発言(6頁)．その後まもなく姚中秋はこの考えを「世界歴史的中国時刻」という一文にまとめ，「現代以前の中国人が一貫して奉じた天下の理念は，世界の歴史に責任をもつ中国人にもっとも合致するものである」と考えている．『文化縦横』(北京：文化縦横雑誌社，2013年第6期)，80頁．

訳　注

序　章

〔1〕 **台頭〔原語「崛起」〕** 「崛起《くっき》」(juéqǐ)とは山が大地から聳え立つ様だが,「草莽崛起」のように在野の者が頭角を現す意味でも使われる. 2006年に中国中央テレビが『大国崛起』というタイトルで世界の大国9カ国の興亡をドキュメントとして連続番組を制作し, 次の大国としての中国の「崛起」を呼び掛け, 大きな話題となった. この中で日本も「百年維新」というタイトルで肯定的に紹介された. しかしその史観と従来の革命史観とは大きく異なるため一部から批判が出て, 再放映は途中で中止された.「崛起」という言葉はその後も中国の大国化を示す言葉として使われている. 日本語では「台頭」と訳される場合が多いが, いかにも「大国主義願望」を示唆するものとして中国の知識人の間では余り使われない.

〔2〕 **琉球問題** 琉球王国はかつて日清両国への両属関係にあったが, 明治12年(1879年), 日本に帰属して沖縄県となった. 以後清朝, 中華民国, 中華人民共和国は日本領であることを承認してきたが, 2013年5月8日の『人民日報』が「歴史上未解決の琉球問題を再論できる時期が来た」と題する評論を掲載, 日本が激しく反発した.

〔3〕 **『宅茲中国』** 本書の著者である葛兆光氏が2011年に出版した歴史書. 正式の書名は『宅茲中国——重建有関「中国」的歴史論述』(『宅茲中国——「中国」の歴史論述の再建』). 本書はその一部と要旨であるが,『宅茲中国』ではさらに詳細な歴史的論証が行われている.「宅茲中国」とは1963年陝西省宝鶏で出土した西周の銅器何尊《かそん》(酒器)の銘文中の4文字で,「中国」の2文字の初出として知られる. 葛教授によれば「宅茲中国」とは「茲《ここ》中国に宅す(居を構える)」と読み,「ここ」とは洛陽

を指すものとされている．訳書は，橋本昭典訳『中国は“中国”なのか ―― 「宅茲中国」のイメージと現実』(東方書店，2020年12月)．

〔4〕 **十五省** 十五省は明朝の漢族の領域で京師(北京)，南京，山東，河南，山西，陝西，四川，江西，湖広，浙江，福建，広東，広西，雲南，貴州を指し，**十八省**(138頁)は清代の「本部十八省」，つまり直隷，江蘇，山東，河南，山西，陝西，四川，江西，湖南，湖北，安徽，浙江，福建，広東，広西，雲南，貴州，甘粛を指す．

〔5〕 **駆除韃虜** 「韃虜」は本来北方のモンゴル系民族を指し，北方の異民族への蔑称であったが，清末革命派は満洲族を韃虜と呼び，清朝の駆逐を呼びかけた．

〔6〕 **大一統** 中国古代の暦法から始まったと見られる伝統思想．後に周の天子を中心とする諸侯による天下統一を指し，さらに封建王朝の統一的統治を意味する．「一統」とも言う．

〔7〕 **オリエンタリズム** 欧州から見た東方(オリエント)文明，とくに美術への関心から近代欧州で起きた東洋趣味，東洋研究を意味したが，1978年エドワード・サイードが「オリエンタリズム」という概念を欧米の異質の文明に対する差別，蔑視を意味すると主張する著書『オリエンタリズム』(板垣雄三・杉田英明監修，今沢紀子訳，平凡社，1986年，平凡社ライブラリー版，1993年)を発表した．以後，主として欧米優越主義を批判する場合に使われるようになった．

〔8〕 **想像の共同体** 1983年ベネディクト・アンダーソンが『想像の共同体』を発表し，近代民族国家は国民国家形成のためのイデオロギーであるナショナリズムが生み出した想像上の共同体であると論じた．これはその後の国家論，脱近代化論，グローバリズム論に大きな影響を与えた．

〔9〕 **華夷** 古代中国において，黄河中流の華夏族が周辺民族(夷)との差異を意識し，華を尊び，夷を蔑視した観念のことで，これは今に伝わる伝統的観念となった．

第2章

〔1〕 **オーウェン・ラティモア**(Owen Lattimore, 1900-89) アメリカの東洋学者．長く中国，モンゴルに滞在し多くの著作を残した．戦時期にはアメリカの対中政策の形成に関与．戦後赤狩りに遭い，イギリスに去りリーズ大学で教鞭をとった．代表作に『中国 ── 民族と土地と歴史』(妻エリノアとの共著，岩波新書，1950年)がある．

第3章

〔1〕 **J・R・リーヴェンソン**(Joseph R. Levenson, 1920-69) 米カリフォルニア大学教授，中国近代思想研究者．著書に *Liang Ch'i-ch'ao and the Mind of Modern China* などがある．

〔2〕 **関内** 河北省の山海関以西，甘粛省の嘉峪関以東の漢族地域．「域内」も同じ．

〔3〕 **ラクーペリ**(Albert Étienne Terrien de Lacouperie, 1845-94) 英国の東洋学者，中国古代文明西方起源論で著名．

〔4〕 **中国本土** 英語で「チャイナ・プロパー(China Proper)」と言い，歴史的には辺疆を除く漢民族地区を指す．清代の直隷，江蘇，山東，河南，山西，陝西，四川，江西，湖南，湖北，安徽，浙江，福建，広東，広西，雲南，貴州，甘粛の十八省(十八行省)に当たる．

〔5〕 **アンダーソン**(Johan Gunnar Andersson, 1874-1960) スウェーデンの地質学者．北京原人，彩陶の発見などで著名．

〔6〕 **「田中上奏文」** 1920年代末，米国から流布された田中義一首相の名で記された国策案．日本の中国侵出を献言したものとされるが，日本語版がないことなど偽書であることが証明されている．しかし当時，中国をはじめ国際的に日本の侵略的意図を示すものとして伝えられた．

〔7〕 **ペリオ**(Paul Pelliot, 1878-1945) 敦煌文書の発見，中央アジア探検などで著名．著書に『元朝秘史』など．

〔8〕**「救亡が啓蒙を圧倒した」** 1980年代初期，中国社会科学院哲学研究所の李沢厚(1930年生)が唱えた中国近代史観．近代中国は近代化のための啓蒙と列強の侵略による亡国に対する救国(救亡)という2つの流れがあり，救亡が啓蒙を圧倒したと主張し，大きな注目を集めた．

〔9〕**「霊台，神矢を逃るるに計無し」** 魯迅の日本留学時代の詩「自題小像」の一節．霊台は自分の心，逃れられないキューピッドの矢の神話を借りて祖国の暗黒から逃れるすべがないとうたった愛国詩．

〔10〕**百霊廟** 現在の内蒙古自治区中西部ウランチャブ盟達爾罕《ターアルハン》茂《マオ》明安連合旗の中心地．包頭の北北東．

〔11〕**『中国の命運』** 日中戦争期の1943年，蔣介石(同書の著者名としては蔣中正を使用)が発表した基本国策書．抗日戦の意義を説き，三民主義による国家建設を呼びかけた．

第5章

〔1〕**「文化熱」** 1978年から1989年まで中国の学術・文化・思想界で起きた「伝統文化」に関する研究の盛り上がり．それには歴史学界での中国文化の再検討，文学界でのルーツ(祖先)探求，文革で政治権力が及ぼした人間性への「傷痕」を描いた小説の登場，哲学界での儒仏道への再評価などが含まれていたが，実際には現実の政治への不満を示すものであった．

〔2〕**華夷変態** 支配民族の交代(漢族から満族へ)をともなった1644年の明朝から清朝への王朝交代における中国の変動を意味する．江戸幕府の儒官であった林春斎父子が渡来した清の商船などからの聞き書きを編纂した『華夷変態』がある．

第6章

〔1〕**「現代」** 現代中国語の「現代」(xiàndài)，「現代化」(xiàndàihuà)の意味は日本語とは微妙に異なっている．多くの場合日本語の「近代」，「近代化」と一致するが，厳密には中国

語の「現代」は1911年の辛亥革命，または1919年の五四運動以降を指す．「現代化」は「農業・工業・国防・科学技術の国際水準化」を意味し，日本語の「近代化」に含まれる民主，法治，人権などの概念は必ずしも含まれていない．世界史の時代区分としての「近代」は中国にとって半植民地化の始まった時代でもあることに関連し，通常「近代化」(jìndàihuà)は使われない．本書では原文のまま「現代」，「現代化」としたが，日本語の「近代」，「近代化」と読み直してもよい．

終　章

〔1〕**「一個中国，各自表述」**「一つの中国，各自の表現」すなわち，「それぞれが一つの中国を自称する」という意味．1992年の中台香港協議のさいに口頭で合意が成立した「一つの中国」原則を堅持しつつ，その解釈権を中台双方が留保するといういわゆる「九二共識」のこと．これは現在の台湾問題についての中国側の立場であるが，台湾現当局は認めていない．

〔2〕**「一辺一国」**　中国大陸と台湾は「それぞれの側が別々の一つの国」という意味で，2002年の陳水扁総統の談話．

本書は『中国再考　その領域・民族・文化』(二〇一四年二月、岩波現代文庫)に、第三章「『中華民族』の由来──二十世紀上半期の中国知識界の曲折」(『思想』二〇一六年六月号)と、終章「『何が中国か?』の思想史──論じられた三つの時代」(『思想』二〇一八年六月号)の二章を加えたものである。第三章は、同書の中国語版(『何為中国──疆域、民族、文化与歴史』Oxford University Press, 2014)が刊行された際に加わり、また終章は、著者の観点を総括した二〇一七年の雲南大学での講演を訳出したものである。なお完本版刊行に際し、多少の字句訂正を行った。